全数字化综合审计体系

实践精要

国网审计部 编

中国电力出版社
CHINA ELECTRIC POWER PRESS

内 容 提 要

本书是对国家电网有限公司近年来数字化审计实践的系统总结和理论归纳。全书共五个部分,战略篇、架构篇、方法篇、实践篇、展望篇,以中国特色内部审计理论为核心,以系统论为方法论,以研究型审计理念重构审计思维,以大数据理论深挖审计数据价值,以数字化审计项目实践检验审计成效,对全数字化综合审计体系进行了系统分析、全面介绍,具有科学性、完整性、实用性和前瞻性。

本书可作为企业与组织特别是大型企业与组织内部审计人员的工作指导书,也可作为数字化审计理论研究与教学参考用书。

图书在版编目(CIP)数据

全数字化综合审计体系实践精要/国网审计部编. —北京:中国电力出版社,2023.1
ISBN 978-7-5198-7567-1

Ⅰ. ①全… Ⅱ. ①国… Ⅲ. ①审计－数字化－研究 Ⅳ. ① F239.1

中国国家版本馆 CIP 数据核字(2023)第 009614 号

出版发行:中国电力出版社
地　　址:北京市东城区北京站西街 19 号(邮政编码 100005)
网　　址:http://www.cepp.sgcc.com.cn
责任编辑:熊荣华(010-63412543)
责任校对:黄　蓓　郝军燕
装帧设计:王红柳
责任印制:吴　迪

印　　刷:三河市万龙印装有限公司
版　　次:2023 年 1 月第一版
印　　次:2023 年 1 月北京第一次印刷
开　　本:787 毫米 ×1092 毫米　16 开本
印　　张:18.5
字　　数:328 千字
定　　价:128.00 元

序言

党的二十大报告提出加快建设网络强国、数字中国的发展目标。信息化、数字化、网络化、智能化技术在经济发展和企业经营中，已经并将更加充分发挥其放大、叠加和倍增作用，在赋能现代智慧电网、积极构建新型电力系统中扮演重要角色。国家电网有限公司（以下简称公司）审计工作主动落实习近平总书记"坚持科技强审，加强审计信息化建设"的要求，从 2017 年开始积极探索审计工作数字化转型之路，将做深做实数字化审计作为全面履行审计监督职责、全面提升审计监督效能的关键一招和重要保障。

六年来，在公司党组的坚强领导和鼎力支持下，公司系统审计人员全员参与、迎难而上、砥砺奋进、创新实践，坚持建用结合、建用并举，强化大数据思维，苦练大数据分析本领，着力推进新技术、新工具与审计业务深度融合，创新建立了上下贯通的数字化审计工作室，开发建设了"开放、融合、动态、智能"的数字化审计平台，培育厚植了并驱争先的数字化审计生态，探索实践了以数字化审计为主的典型审计模式，主持承担了《国家能源局电力行业数字化审计标准》编制任务，数字化审计成效得到了审计署、国资委的高度认可，也得到了公司党组和主要领导的充分肯定。基于此，我们系统总结公司近年来在数字化审计方面的研究思考和探索实践所得，编写了这本因时而变的《全数字化综合审计体系实践精要》。

本书坚持守正创新、问题导向、系统观念的世界观和方法论，通过对公司探索实践数字化审计的历程进行全面、系统总结和理论归纳提升，提出问题，分析问题，解决问题，不仅提炼、固化了公司各单位既往优秀实践和领先经验，构建了高效服务"一体四翼"发展布局的全数字化综合审计体系，也将为公司审计工作未来的创新发展提供指引和方向。

本书包括战略篇、架构篇、方法篇、实践篇、展望篇五个部分，以中国特色内部审计理论为核心，以系统原理为方法论，以研究型审计理念重构系统性审计思维，以大数据理论深挖审计数据价值，以数字化审计项目实践检验审计成效，对全数字化综合审计体系进行了系统分析和全面介绍，具有科学性和实用性，能够从理论构建和实践探索两个方面为大型企业或组织的内部审计数字化转型提供创新思路和经验。

本书是在广泛征求学术界和企业界专家意见的基础上，经公司数字化审计专家团队骨干成员深入研究并多次研讨后编写完成，具有鲜明的实践性和可操作性，可以作为内部审计理论研究和实践探索的参考用书。衷心希望本书能成为引领公司数字化审计不断创新发展的纲领性指南，更好地发挥保障公司审计"三项职责"履行的关键作用，为迈上新征程的审计工作实现高质量发展贡献力量。也希望本书能给其他单位的内部审计人员带来有益的启发和思考，对内部审计的数字化转型发展起到推动作用。

限于编写时间和水平，书中难免存在不尽如人意之处，真诚欢迎广大读者批评指正，我们将根据大家的意见和建议及时修改完善！

编　者

二〇二三年一月

目录

序言

第一部分

战略篇

当今，后疫情时代，世界政治、经济环境、国家政策、企业发展等审计环境已经发生重要变化，传统的审计定位已经无法满足现实环境的需要，国家电网有限公司（以下简称公司）必须进行审计数字化转型，创新全数字化综合审计新模式。大数据时代，审计技术的成熟、手段的丰富、方式的多样也为更好地开展全数字化综合审计提供了可能。鉴于此，内部审计工作要立足新发展阶段，贯彻新发展理念，构建新发展格局，要把保障中央和国家重大政策措施和公司重大决策部署的落实作为首要职责，把推进公司治理体系和治理能力现代化作为重要职责，把对公司经营管理中权力运行、规范管理、重点领域、关键环节和重要岗位的有效监督作为基本职责，推动公司内部审计三项职责的实现。为更好地履行三项职责，需要从审计质量、审计技术和审计队伍等方面完善三项保障机制。审计环境和审计定位的变化体现了全数字化综合审计研究的必要性和紧迫性，审计技术的发展提供了全数字化综合审计研究必备的技术支撑。因此，本章将立足"三项职责"和"三项保障"，从时代大背景出发，构建全数字化综合审计体系。

本篇第一章从战略角度分析审计数字化转型的内、外因，厘清了国家对内部审计的新定位以及疫情常态化对内部审计的冲击，研判了数字化审计发展趋势，全面梳理党和国家、审计署、国资委以及公司党组对审计工作提出的新要求，根据审计环境的新变化、审计定位的新转变等，提出构建全数字化综合审计体系的必要性与紧迫性。

在审计环境方面，一是要把握数字时代发展的新机遇。数字经济正加速改变世界，也是公司顺应潮流、提质增效的必由之路。二是贯彻落实国家政策的新使命。国家提出要坚持科技强审、实施内部审计全覆盖，作为特大型国有企业，公司必须坚决贯彻落实党和国家重大决策部署，充分发挥监督职责，为国有企业全面高质量发展提供监督保障。三是应对全球新冠疫情的新挑战。疫情常态化和长期化曾对公司内部审计工作造成了持续性影响。如今，远程审计成为工作常态，数字化审计成为公司应对后疫情时代的现实之需。

在审计定位方面，随着国家对审计工作要求的提高，内部审计定位正在不断变化。在政治站位上，新时代要求内部审计工作必须要有更高的政治站位。这就要求审计目标需要实现从服务公司发展到助推国家治理现代化的全新转变，审计内容也需要从微观审计向宏观审计全面覆盖。在治理目标上，随着宏观经济运行模式和国家治理体系的不断变革，内部审计亟待向更高层次的综合审计职能转型，完成由合规导向到价值导向的全面转变。在监督职能上，新时代要求内部审计工作更具有前瞻性，实现由事后监督向事前预防的实质性转变。

本篇第二章指出公司数字化战略是审计数字化转型的驱动器，大数据等新技术的大量使用是数字化审计转型的加速器。当前大数据时代，计算机审计技术已不再是传统审计的辅助工具，而将成为引领审计信息化发展的重要一环。进入了数字化审计时代，如何更快地适应审计工作环境的变化，更迅速、准确地处理数据，积极探索和创新大数据时代审计方法，应对大数据给审计带来的机遇和挑战，已经成为审计人员面临的重要课题。随着各种大数据技术的普及，审计技术在审计手段、审计模式、审计查证方面的新发展为审计工作数字化转型提供了必备的技术支持。目前，联网审计技术、远程传输技术、信息数据平台、大数据技术的广泛应用，不仅可以推进全量审计，也有利于后疫情时代"远程 + 现场"审计工作模式的开展。同时，审计人员可以通过大数据技术和业务、审计平台进行智能查证，可以极大地提高工作效率。

本篇第三章综合分析国内外大型企业与组织数字化审计发展与现状，以期从中得到启发并凝练经验。公司审计工作需要借鉴大型企业与组织在审计领域，特别是数字化审计方面的好经验、好做法。经过充分调研和文献查证，以及课题组综合分析后，决定将中国人民银行（以下简称央行）、中国电信集团有限公司（以下简称中国电信）、中国石油化工股份有限公司（以下简称中国石化）、IBM（International Business Machines Corporation，国际商业机器公司）、华为技术有限公司（以下简称华为）这五家大型企业与组织作为研究对象，分析并凝练几家单位在数字化审计转型方面的成功经验和典型做法，为构建公司全数字化综合审计体系提供实施思路。其中，央行"五位一体"的内部审计信息化体系、中国电信智慧审计平台的实践方式、中国石化依托数字化审计的技术方法都为我们构建全数字化综合审计体系提供了参考。

第一章
审计数字化转型的背景

第一节　审计数字化转型的动因

因时而变，因势而动。当今，在全球疫情冲击等黑天鹅事件的不断冲击以及数字时代飞速发展的大背景下，世界政治与经济环境正面临着深刻变化，公司所面临的审计环境也必然受到国际和国内形势的双重影响。随着社会经济发展的不断演进，国家对内部审计的综合性、全面性、宏观性要求不断提高，公司内部审计工作必须紧跟国家和时代发展步伐，充分发挥审计监督职能。本章从时代大背景出发，结合当前审计环境、审计定位的重大变化对内部审计工作提出的全新要求，提出构建全数字化综合审计体系的必要性与紧迫性（见图1-1）。

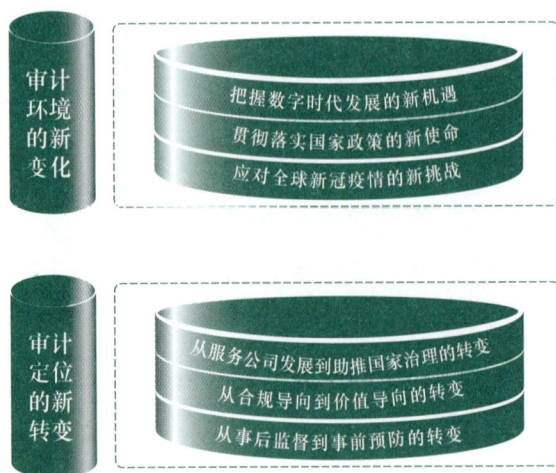

图 1-1　审计数字化转型的动因

一、审计环境的新变化

在新一轮信息技术革命的推动下，数字经济已成为拉动经济增长的重要动力，成为催生发展新动能的重要力量，审计环境在数字时代也随之发生显著变化。

加之三年来全球疫情肆虐，世界政治与经济环境发生了深刻变化，我国企业所面临的内外部形势也日趋复杂。为此，我们需要系统梳理公司内部审计工作所面临的内外部环境变化，提出因时而变的全数字化综合审计体系。

（一）把握数字时代发展的新机遇

新一代信息技术革新带来的数字化、智能化发展趋势，使得全数字化综合审计成为把握和应对数字时代机遇与风险的必然选择。数字经济正加速改变世界，也是公司顺应潮流、提质增效的必由之路。如今，公司在经营管理方面同时面临着机遇和挑战，要想在数字时代更好地生存与发展，公司就必须顺应形势的变化和时代的要求。目前，大多数企业都面临着降本增效的现实需要，而数字技术为企业转型升级提供了新的发展动能。互联网在经济活动中的全面融入又为企业数字化转型扫清了障碍，企业可以在自身经营管理决策的各个环节应用数字化技术，提高管理水平和经营效率。

习近平总书记在中央审计委员会第一次会议讲话中对审计工作指出，要坚持科技强审，加强审计信息化建设。为此，公司提出八大战略工程，在"科技强企工程"中提出了"数字化转型"战略，要找准内部审计在数字化转型进程中的定位，明确数字化转型工作的目标和愿景，以此为依据制订内部审计的长期战略规划，确保内部审计工作能够支撑公司战略转型目标的实现。利用新一代大数据技术开展全数字化综合审计是适应数字时代背景下国有企业管理理念、经营模式、方式方法转变的内在要求，发展新的审计监督模式也是适应公司数字化转型工作的应时之举。

（二）贯彻落实国家政策的新使命

新发展阶段，党和国家对内部审计工作赋予了新的使命，建立集中统一、全面覆盖、权威高效的审计监督体系势在必行。2020 年 5 月，《国企改革三年行动方案（2020—2022 年）》对国企改革作出重大战略部署，要求大力推进国有企业管理体系和管理能力现代化。2020 年 9 月，国资委《关于深化中央企业内部审计监督工作的实施意见》（国资发监督规〔2020〕60 号），要求积极推动内部审计监督无死角，实施内部审计全覆盖。作为党和国家监督体系的重要组成部分，国有企业的内部审计工作必须坚决贯彻落实党和国家重大决策部署，充分发挥监督职责，为国有企业全面高质量发展提供监督保障。党中央一系列政策要求对审计工作提出了更高要求，需要建立集中统一、全面覆盖、权威高效的审计监督体系，更好地发挥审计的监督作用。

（三）应对全球新冠疫情的新挑战

2020年初世界范围内暴发的新冠疫情对全球政治、经济和社会生活产生了重大影响，公司内部审计工作也面临新的挑战。疫情引发的全球供应链中断、频繁发生的贸易限制等外部变化进一步加剧了全球政治经济环境的不确定性。对公司来说，外部环境的急剧变化对公司战略、业务运作、管理模式均会产生重大影响，而这都可能导致多重潜在风险。同时疫情常态化和长期化也会对公司内部审计工作造成持续性影响。如何更好地支持公司应对外部环境变化，规避潜在风险，是内部审计工作应该思考的问题。审计计划被反复打乱、疫情期间审计模式的不断革新、审计工作的接续重启均需要时间来调整和适应。对原本以现场审计为主的公司来说，审计工作模式正在发生巨大转变。如今，线上办公和远程审计成为工作常态，数字化审计成为公司应对后疫情时代的现实之需。全数字化综合审计降低了对人工、审计场所的依赖，在审计效果、效率及价值创造上更符合当前的现实背景和公司的实际需求。

二、审计定位的新转变

2018年修订的《审计署关于内部审计工作的规定》（审计署令第11号）增加了针对贯彻落实国家重大政策措施情况、自然资源资产管理和生态环境保护责任的履行情况等方面的审计职责。随着内部审计定位在企业经营发展和社会经济活动中的角色不断演进，特别是在政治站位、治理目标和监督职能方面的要求越来越高，内部审计在审计监督体系中发挥的作用也越来越重要，它与国家审计、社会审计共同构成一整套完整的审计监督体系，三者缺一不可。当前和今后的一段时期，内部审计定位亟须转变，既要以合规为导向做好监督工作，服务公司发展，又要以价值为导向面向未来，助推国家治理，实现从简单的事后监督审计向全面的事前预防审计转变，充分发挥内部审计职能作用，最终推进国家治理体系和治理能力现代化。

（一）从服务公司发展到助推国家治理的转变

新时代要求内部审计工作必须要有更高的政治站位，这就要求审计目标需要实现从服务公司发展到助推国家治理现代化的全新转变，审计内容也需要从微观审计向宏观审计全面覆盖。我国的社会主义基本经济制度决定了我国内部审计既要对本单位及所属单位财政财务收支、经济活动、内部控制、风险管理实施独立、客观的监督、评价和建议，又要维护国家财政经济秩序，保障国民经济和社会健康发展。

对国有企业来说，单位内部审计的监督目标与国家审计的监督目标是一致的。立足新发展阶段，公司内部审计工作不仅要全面落实公司"一体四翼"发展布局，强化审计监督，促进公司治理，支撑公司战略落地实施，为公司高质量发展保驾护航，更要以习近平新时代中国特色社会主义思想为核心指导，以落实审计署、国资委关于深化企业内部审计监督工作的部署和要求为行动方针，以全面履行公司"三项职责"、夯实公司"三项保障"为自身使命。换言之，公司内部审计的高质量发展不仅要发挥其在保障微观组织治理中的建设性作用，更要实现其在推进国家治理体系和治理能力现代化进程中的独特价值。

（二）从合规导向到价值导向的转变

传统的内部审计更倾向于合规性服务，无法满足新时代公司经营管理方法和财务管理模式的全新要求，而随着宏观经济运行模式和国家治理体系的不断变革，内部审计亟须向更高层次的综合审计职能转型，完成由合规导向到价值导向的全面转变。在国家政策和公司战略的更高要求下，审计定位由满足合规要求向提供增值服务转变必是大势所趋，审计的核心价值从防弊兴利上升到增值提效已毋庸置疑。这就要求内部审计内容由针对财务收支的真实性、合规性检查向监督用权、服务决策发展的管理型审计转变，审计目的由简单的查错纠弊、维护资产安全向防范风险、改善管理和促进增值增效转变。

（三）从事后监督到事前预防的转变

新时代要求内部审计工作更具有前瞻性，传统的事后审计主要扮演"事后查错防弊"的角色，无法适应公司面向未来的战略需求。新时期内部审计定位亟须实现由事后监督向事前预防的实质性转变。以事后审计为主的传统审计模式在事前、事中、事后全过程审计上的缺陷是一个无法回避的现实问题，党中央、国务院据此对审计工作明确提出，对重大政策措施落实情况、领导干部履行经济责任情况等审计内容贯彻落实跟踪审计，实行审计全覆盖。全过程持续审计是内部审计在新时代背景下开辟的新领域，要求内部审计不仅要面向过去，还要面向未来，是探索内部审计监督全覆盖的新思路、新方式、新方法。将审计"关口"前移，及时提出对策建议，避免时过境迁、于事无补，做到事前预防、事中控制和事后监督有机结合，实现全过程跟踪监督，是增强审计工作实效的重要举措。

第二节　数字化审计的演进与转型趋势

大数据带来了新技术、新思维的变革，传统审计正加快向数据审计转型。数据审计在审计方式、抽样方法、审计时效、审计经验和成果运用等各方面较之传统审计均有较大提升。其发展历程可以划分为信息系统审计、计算机辅助审计和数字化审计三个阶段。

一、信息系统审计阶段

我国的会计电算化始于 1971 年，我国对"计算机审计"的研究始于 20 世纪 80 年代初期，由于当时我国计算机的运用水平还比较落后，对"计算机审计"的研究主要从国外借鉴而来。在 20 世纪 80 年代，我国对"计算机审计"理论的研究主要集中在"信息系统审计"。根据 Ron Weber 教授给出的定义，"信息系统审计"是针对计算机系统的审计，通过评估和测试，确认计算机系统在维护资产安全、保护数据完整等方面的有效性，帮助企业达到公司经营目标，提升公司资源管理的效率。

根据这个定义，潘晓江认为，计算机审计也是审计的重要组成部分，计算机审计主要针对计算机的电子数据处理系统进行审计，确保计算机系统可以准确、可靠、完整、高效地输入、保存和输出数据，提升企业各项资源的利用效率。

唐清亮（1987）认为，"信息系统审计"是一门综合学科，涵盖了会计学、审计学和计算机科学，主要研究如何在电子数据处理系统中建立一种控制系统，实现对电子数据处理系统的可靠性的检查、测试和评价，以及检查、测试和评价工作的原则和方式。

二、计算机辅助审计阶段

到 20 世纪 90 年代，学术界的研究方向转为了对"计算机辅助审计"的定义和内涵的探讨和研究。计算机审计的内涵主要包括两方面：一是信息系统审计；二是计算机辅助审计。

"信息系统审计"是针对计算机信息系统的审计，确保数据输入、存储和输出的安全性、完整性和真实性。

"计算机辅助审计"是指利用计算机审计，计算机只是一种审计的工具，就如同计算器、纸、笔一样，但是它可以帮助审计人员更加高效率地完成审计工作，即利用专用工具或系统分析业务、财务数据，识别审计线索，借助自动化办公技术实现审计管理的信息化。

在当时的学术界，很多人认为，相较于国外较为发达的信息化水平，我国的信息化水平较为落后，不具备实施信息系统审计的能力。我国的审计工作应该着力于"计算机辅助审计"，也称"利用计算机审计"，即把计算机作为一种工具，在审计过程中加以利用。

来明敏、王琼（2004年）认为"计算机辅助审计"的优点包括两个：一是提升了审计工作的覆盖面，增加了审计结论的可靠性；二是提高了审计效率。缺点主要体现在对审计人员的计算机技术水平要求较高和审计成本较高。

三、数字化审计阶段

进入21世纪后，以互联网为代表的大数据技术突飞猛进地发展，云计算、大数据、新一代移动通信技术等大数据技术从理论研究延伸至实践操作领域。如今对"计算机审计"的研究已经发展到利用大数据，建立以"云平台"为依托的"联网审计"阶段，简称数字化审计。数字化审计是指以"云计算"技术为基础搭建大数据平台，在云端构建审计平台，将被审计单位的各项数据数字化和信息化并储存在数据库中，审计部门可以充分获得被审计单位的数字化信息，并利用"云计算"的强大计算能力，对这些数字化信息进行分析处理，实现对被审计单位业务数据和财务数据的真实性、合法性和信息系统安全性、可靠性的远程监督。目前数字化审计已经能够将OLAP、数据挖掘、智能分析等技术引入审计工作中，实现实时的审计告警。相较于传统审计或初期的计算机辅助审计阶段，基于数字化审计运用开展的持续审计监控将风险关口前移，实现了审计全生命周期的自动化管理。

第二章
公司数字化审计的战略思维

第一节　公司数字化战略对审计数字化转型的驱动

保障中央和国家重大政策措施和公司党组决策部署落实是内部审计的首要职责，也是服务公司高质量发展的现实需要。党的十九大提出"改革审计管理体制"，要求国企"运用互联网技术和信息化手段开展工作"。近年来，公司以习近平新时代中国特色社会主义思想为指导，认真贯彻落实党中央、国务院、审计署、国资委深化企业审计监督工作要求，全面落实"一体四翼"发展布局，强化审计监督，促进公司治理，支撑公司战略落地实施，为公司高质量发展保驾护航。随着外部形势的变化以及公司经营发展的需要，公司以"三项职责"和"三项保障"为指导，创新开展全数字化综合审计，进一步提高审计工作质量和效果，服务公司高质量发展，努力践行党和国家赋予内部审计监督的新使命。

第二节　技术创新对审计数字化转型的加速

内部审计工作在新常态背景下被赋予了新的使命，传统审计技术已不能完全适应新时代对内部审计工作的要求，亟须顺应新时代的发展要求作出重大变革。习近平总书记在二十大报告中指出"没有信息化就没有现代化"，信息化水平是发展能力的重要因素。随着大数据技术的普及，信息化手段为审计工作的数字化转型提供了技术支持，"远程＋现场"的审计模式已经成为公司在后疫情时代的更优选择，大数据技术的发展也支撑了公司内部审计的智能化查证。审计技术在审计手段、审计模式、审计查证方面的新发展将推动人工查账审计向数据赋能审计转变，最终有助于实现科技强审之路，降低审计风险、保证审计质量和提高审计效率，更好地履行内部审计的新职责。

一、审计手段信息化

大数据技术的迭代升级推动了审计手段由单一的传统人工审计手段向多元的信息化审计手段转型。联网审计技术的应用提高了审计工作的灵活性；远程传输技术的应用提高了审计资料获取的实时性；卫星定位数据和计算机还原技术在盘存过程中的应用打破了传统盘存方法时间和空间上的限制；信息数据平台的应用提高了数据时效性和信息质量；大数据技术在审计分析和检查过程中的应用通过挖掘分析"全样本"数据，为全量审计提供了支撑，有效规避了抽样风险。相较于传统审计手段，信息化审计手段从审计分析方法、审计证据搜集方式、审计报告模式等方面推动了"总体分析、发现疑点、分散核查、系统研究"数字化审计的发展。

二、审计模式远程化

随着后疫情时代的到来，传统的以现场审计为主的审计工作模式正在向"远程＋现场"的新型审计工作模式转变。传统以现场审计为主的审计模式下，审计工作的计划、调查、实施和报告阶段都需要在现场进行，工作效率存在较大的优化空间。当前信息和通信技术的发展已经可以满足审计流程中大多数工作阶段的远程审计需求，电子邮件、语音和视频软件等工具，以及共享技术、移动技术、大数据与云计算技术、可视化技术等技术，都是远程审计可选用的信息通信手段。

"远程＋现场"审计模式下，审计人员可以及时自由地获取审计所需要的各种数据和资料。一方面可以满足经常性、即时性审计监督的需要，大大减少现场审计工作时间，提高审计工作效率；另一方面可以拓展审计的深度，扩大数据资料覆盖面，进一步提高审计工作质量。通过远程和现场的结合，内部审计工作既可以发挥远程审计的便利性和经济性，又兼顾现场审计的重要性，因此"远程＋现场"作为后疫情时代的审计模式是一种更优的选择。

三、审计查证智能化

传统人工查账式审计工作中，审计人员需要手工翻阅大量的凭证、账册、台账等业务资料，效率较低，覆盖面较窄，落后于大数据技术对公司经营活动的影响，亟须向智能查证审计方式转变。大数据、机器学习、人工智能等新兴技术的发展，为审计查证智能化提供了有益路径。大数据的集中存储与管理，打破了公司内部制约信息共享的障碍，为审计工作中开展跨领域、跨层次、跨部门的智能查证提供了强大的技术支撑；电子数据的检索及分析、数据自动化处理技术的应用使以往繁杂的数据取证工作变得简单高效。在充分运用人工查账等传统审计方法的基础上，积极运用智能化数据查证工具，以专业技术手段代替手工操作和人工核对，可以推进内部审计全面覆盖和质效提升的有机统一，更好地履行内部审计新时代的新职责。

第三章
大型企业与组织数字化
审计的经验借鉴

他山之石，可以攻玉。众多企业与组织的内部审计部门已经开始了审计数字化的建设与应用，审计工作的质量与效率随之大幅提升。在国家加强对内部审计指导监督，内部审计（简称内审）成为整体审计监督体系有机组成部分的背景下，央企的审计工作模式需要向大型先进企业与组织看齐。

实践中，不同企业与组织之间的数字化审计工作虽有差异但也有较强的共性，因而本章拟从横向角度研究其他企业与组织的数字化审计体系构建经验，以期为公司全数字化综合审计体系的构建提供借鉴。经调研，了解到央行、中国电信、中国石化、IBM、华为等企业与组织走在数字化审计转型前列，所以本章以这几家大型企业与组织作为研究对象，分析并凝练这些企业与组织在数字化审计转型方面的成功经验，为构建公司全数字化综合审计体系提供实施思路（见图3-1）。

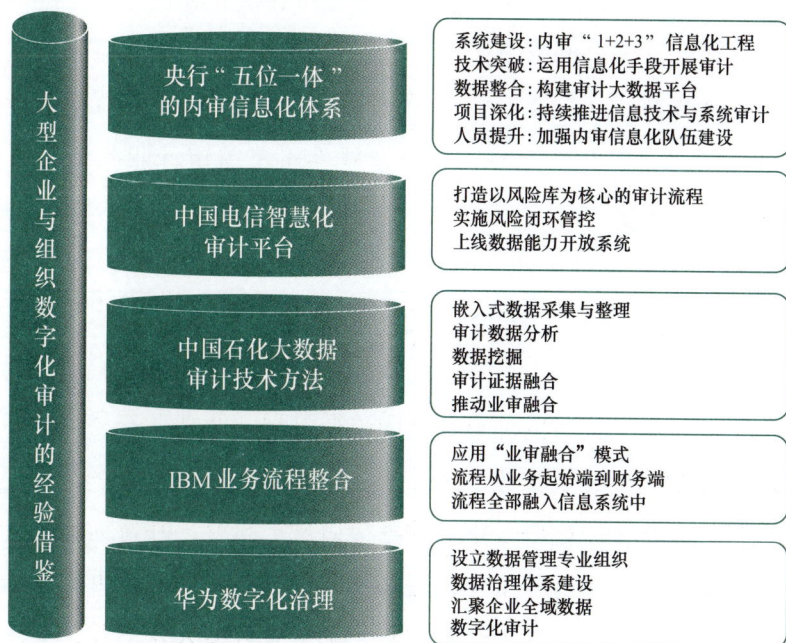

图 3-1　大型企业与组织数字化审计的经验借鉴

第一节　央行数字化审计的经验借鉴

央行作为国务院的组成部门，带头全面落实并部署内审的转型与深化工作，出台《人民银行内审工作转型 2011—2013 规划》，将内审信息化体系建设作为推动内部审计转型、深化内部审计发展、提升履职绩效的重要突破口。

在此背景下，央行明确基本思路，改变短期审计项目的内审驱动模式，围绕系统建设、技术突破、数据整合、项目深化、人员提升"五位一体"的整体思路，建设具有前瞻性、可靠性、适用性、安全性、可扩展性、可持续性的内部审计信息化体系，逐步实现内部审计组织管理信息化、审计作业远程化、风险监督预警动态化的目标。央行"五位一体"的内部审计信息化体系，为大数据环境下内部审计数字化体系构建提供新的思路和决策参考。

一、央行内部审计信息化发展的思路

从目标上看，内部审计信息化系统要满足审计日常事务管理、业务实施、风险全面动态监管等工作需要，帮助建立非现场审计模式和审计数据接口规范，逐步实现对主要职能或业务的全覆盖，最终深化信息技术和信息系统审计，健全央行信息技术审计规范。

从功能上看，多元化的系统、平台、软件可覆盖审计业务各方面，贯穿审计工作全过程，实现对审计人力资源、工作计划、业务项目、监督成果、工作档案的全面管理，以及对审计立项、非现场审计、现场核查、问题发现、内容整改等环节的全流程管理，提升审计工作全生命周期的标准化、规范化、精细化水平。

从具体实施来看，央行内部审计部门遵循科学、便利、安全、可扩展的总体原则，采取整体规划、分步推进、标准统一、逐步集成的方式，重点加强平台和系统之间的松耦合和模块化以及审计数据接口规范研究，并持续开展科技综合管理审计、系统运行管理审计等工作，提高信息安全水平和系统可持续性，同时组建专门的非现场审计与专业数据分析团队，加强复合型人才培养，提升审计分析和数据挖掘能力。

二、央行"五位一体"的内审信息化体系

1. 系统建设：内审"1 + 2 + 3"信息化工程

央行重点加强了审计业务与信息技术的深度融合，建设了一个门户、两大系统、三大平台的"1+2+3"信息化工程，形成了管理集中、覆盖全面、分工协同的内部审计信息化系统体系，如图 3-2 所示。

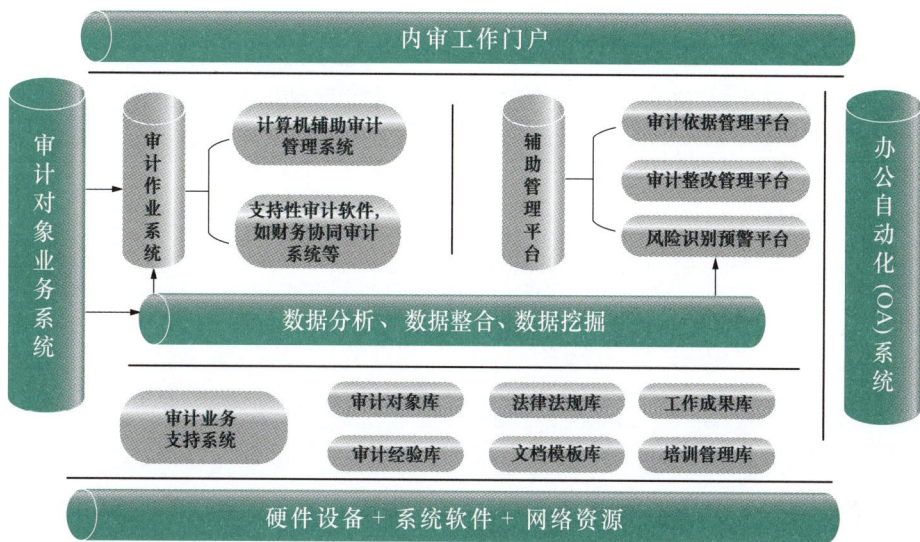

图 3-2　内部审计信息化系统体系

2. 技术突破：运用信息化手段开展审计

为适应央行业务信息化、专业化、动态化发展，内部审计部门持续深化运用信息技术手段开展审计。具体地，内部审计部门通过加强计算机辅助审计系统使用，并协同使用财务数据与审计系统、ACL、Python 等审计工具或处理软件，开展数据筛查和审计分析，实现对预算管理、财务收支、国库会计业务、固定资产管理、货币发行等重点业务的审计全覆盖。

以 N 分行对辖内某地市中心支行国库会计核算业务非现场连续性审计为例，N 分行针对全国国库会计核算业务统一处理、数据集中存储、信息化程度较高的情况，利用计算机辅助审计系统，设计出多类型数据处理和分析模型，按季度划分审计期限，从国库会计数据集中系统（TCBS）中采集国库会计数据，开展业务关联分析，明确审计重点，整理分析系统筛选线索，生成审计疑点，建立审计

線索数据库、重点疑点库、连续分析库。

3. 数据整合：构建审计大数据平台

为适应各职能领域业务信息化、数据海量化和管理智能化的趋势，满足内部审计信息化发展要求，内部审计部门研究设计内部审计数据文件接口规范，建立了一套兼容性、清晰性和安全性兼备的通用审计接口标准，全面推进各职能部门业务系统遵循此标准建立审计接口模块，打造可连接各业务系统的审计大数据平台。各业务系统根据内部审计需要，以 XML、CSV 格式文件，将数据以规范化形式输出至计算机辅助审计系统约定位置，计算机辅助审计系统读取上述文件后进行解析和存储，形成计算机辅助审计的基础数据。基于上述数据整合操作，审计数据平台实现了辅助审计管理系统与会计财务、征信管理、国库会计、外汇管理、金融稳定等不同类型业务系统数据的无缝对接。

4. 项目深化：持续推进信息技术与系统审计

开展信息技术与系统审计是内部审计推动防控组织风险的重要内容，也是促进提升内审大数据技术水平的重要手段。为推动内部审计工作深入开展，央行先后出台了《计算机信息系统监督检查工作暂行规定》《关于加强计算机信息系统内部审计工作的指导意见》《计算机信息系统内部审计规程》等制度规定，围绕业务应用系统开发管理、业务应用系统运维管理、信息技术基础设施、信息系统绩效等，分基础阶段、发展阶段、深化阶段三个阶段推进审计监督。

在基础阶段，内部审计部门选取会计集中系统、货币金银系统、金融统计系统作为工作试点，探索审计监督新模式。

在发展阶段，内部审计部门总结机房、网络、数据库、安全防护系统等基础设施审计经验，编发《信息技术审计方法与案例分析》，同时加强对数据中心、反洗钱系统、征信系统的审计工作。

在深化阶段，内部审计部门深化风险导向的审计理念与思路，加强业务审计与信息系统审计融合，借鉴COBIT体系架构理论，建立了央行第一部技术标准《中国人民银行信息技术审计规范》，并积极探索信息系统全周期性审计。

5. 人员提升：加强内审信息化队伍建设

系统、平台、数据是实现审计信息化的基础性"硬件"，拥有懂业务、精技术的内部审计人员则是推动审计信息化的关键性"软件"。为此，央行高度重视内审信息化人才培养与队伍建设，充分发挥人才推动与引领作用，贯彻落实人才队伍建设各项举措。

具体而言，央行重点设立信息审计部门和岗位，配备具有计算机、信息技术教育背景的内部审计人员，制订层次化培养计划，明确不同结构内审人员的信息技术工作要求，强化经验积累与知识分享，组织开展信息化项目研究和信息技术审计，逐步积累专业化审计知识和技能，并定期整理成熟的信息化审计思路和做法，形成计算机辅助审计、业务数据审计分析操作指引。此外，央行还注重普通信息技术和系统运用培训，选择性开展数据库、模型设计、大数据分析工具、统计分析等内容培训，分层次、分步骤、分阶段提升信息化审计能力。

第二节　中国电信数字化审计的经验借鉴

电信行业是典型的数据密集型行业，产生了多套数据库集群，但是当前电信行业用于内部审计工作的数据类型主要以结构化数据为主，文本、图片、地理位置等非结构化的数据处理仍显不足。同时，数字化审计平台一般基于传统数据仓库搭建，运算和扩展能力也相对有限。因此，当前电信行业内部审计工作已经无法完全满足海量客户行为数据的分析需求。

在此背景下，中国电信依托大数据分析技术和数据挖掘工具，通过审前指引、审中支撑、审后评估的智慧审计服务与以风险库为核心的智慧审计生产有机融合，打造"集约化、信息化、标准化"的内部审计智慧平台，构建以风险为导向的中国电信智慧化内部审计体系。中国电信智慧审计平台的实践方式以及模型构建方法，对公司构建数字化审计平台具有重要的借鉴意义。

一、中国电信智慧化审计平台简介

随着战略转型稳步推进，中国电信传统业务推陈出新，新兴业务百花齐放，以风险为导向的智慧化审计平台关键点更侧重于事前、事中和事后的持续性和全覆盖性，如图3-3所示。

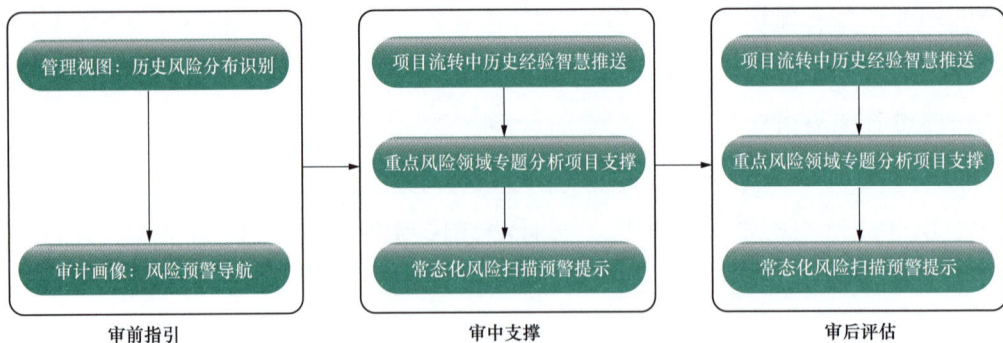

图 3-3　事前、事中和事后三阶段审计总结

1. 事前审计

随着中国电信"企业中台"BSS、MSS、OSS、网络、横向业务平台及业务数据的汇聚，内部审计人员面临的主要矛盾已经由审前资料如何获取转化为审前资料如何识别、分析及有效应用。因此，以风险为导向，结合业务需求，依托大数据分析能力及工具，定位高风险领域、识别高风险问题已经成为审前服务支撑的重要手段。

2. 事中审计

在审计项目实施过程中，存在时间紧、任务重、资源有限的问题，如何有效查找审计疑点、精准定位审计重点成为内部审计人员面临的难题。因此，中国电信内部审计人员在审计过程中结合项目情况，通过大数据赋能，聚焦高风险领域，开展了多维度的合规性、完整性、准确性审计工作。

3. 事后评估

传统的审计整改评估工作主观性强，往往无法有效跟踪、确认问题整改的时效及成果。中国电信内部审计整改工作采用主、被动评估相结合的方式，通过智慧审计平台展示被审计单位整改情况，使整改过程可跟踪、整改成果可评估，初步实现有效、客观的绩效考核。

二、中国电信智慧化审计平台的实践理念

"业审融合"理念为内部审计工作提供了新的思路和方向，数字化审计则为内部审计工作提供了新的方法和捷径。

"业审融合"理念的提出，一方面能够迎合当下财务数据与业务流程紧密结

合的趋势；另一方面，审计工作与业务流程的充分融合可以促进企业价值链增值，在零距离、全过程跟踪数据中达到对企业财务经营情况的高度了解，实时反馈改进意见，提高各部门的执行力。

1. 业务驱动与风险业务经验良性循环

通过历史风险业务沉淀及模型提炼，中国电信开展了专项大数据风险分析实践，生成收入、成本、用户质量、工程、科目明细账、互联网金融 6 大类 45 项风险专题。内部审计人员在项目开展过程中可结合专题应用成果，快速定位风险、核实问题，并根据项目重点风险场景反向推动专项风险建模，实现业务驱动积累与风险经验应用的良性循环。

2. 审计部门与业务部门协同合作

中国电信与省级单位内部审计部门高效协同，共同开展风险模型探索与应用。风险模型在各省级单位部署后定时扫描，风险结果数据通过数据交换枢纽汇聚到数字化审计平台进行分析。

三、中国电信智慧化审计平台的构建与实施

随着智慧审计方法与实践的有效探索，生产架构与分析架构之间的实际界限已经越来越模糊。基于风险库的审计业务流程管理，与基于风险导向与大数据分析的重大风险快速识别、审计项目智慧导航、审计成果精准分析应用模块，两者进行有效融合、资源共享、服务互补，完成了以风险为导向的内部审计智慧体系"集约化、标准化、信息化"建设，如图 3-4 所示。

1. 打造以风险库为核心的审计流程

中国电信的审计风险库由方案库和问题库组成，是审计生产核心方法论的最佳实践。方案库分为 12 大类 220 小类检查点，问题库设置 12 大类 249 小类风险点。调用方案库，可以开展审计小组动态分工，采用模型样本进行疑点查证，按照制度提示判断问题性质；调用问题库，可以按照其分类及问题点描述编制审计底稿、审计报告，发现问题并及时整改。

2. 实施风险闭环管控

中国电信内部组织、管理层级复杂，为实现快速识别风险，及时整改问题，

有效闭环管理，内部审计部门不断完善管理流程和资源配置，打造集团总部与省级单位两级派单审计体系，建立风险→核查→整改→评估的有效闭环管控，通过风险派单实现风险可监控，结果可跟踪，内容可追溯，效果可评估。

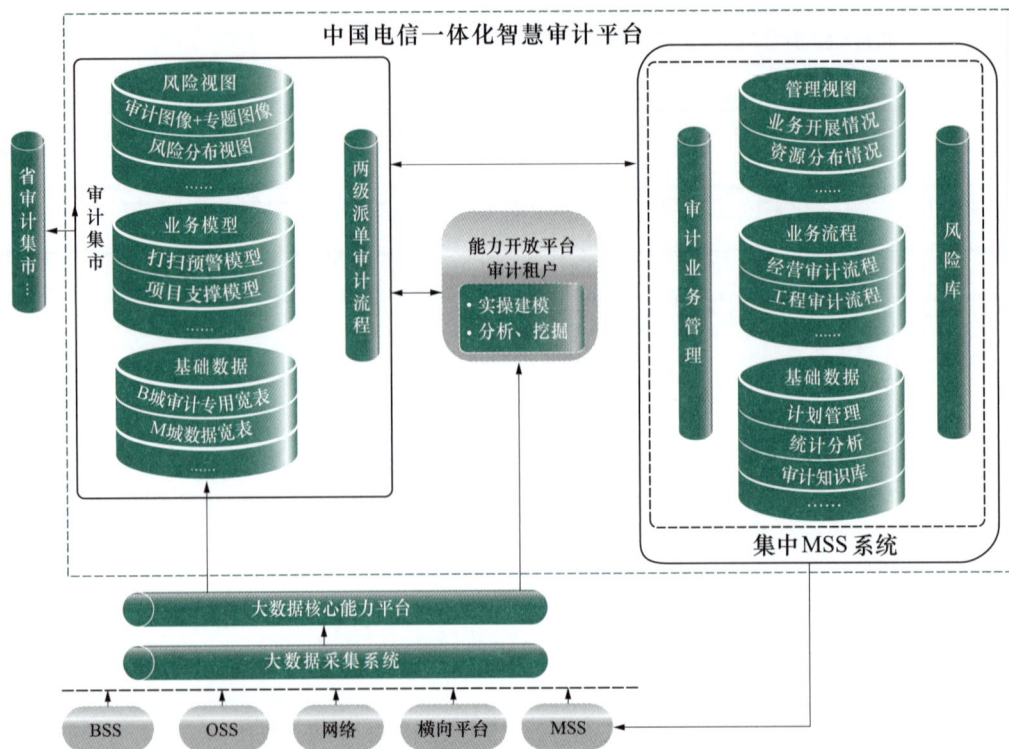

图 3-4 中国电信一体化智慧审计平台

3. 上线数据能力开放系统

中国电信一直注重培养审计人员的数据分析能力，并鼓励审计人员进行风险模型探索。随着数据中心开放系统的上线，内部审计人员可以对数据资源进行自由组合和封装。中国电信内部审计部门让审计人员直接面对企业级的原始表结构，并通过内部审计人员的业务经验积累，完成风险及成果多层次、多方向穿透，最终推动审计工作质量提升。

第三节   中国石化数字化审计的经验借鉴

内部审计作为公司治理的重要组成部分，在中国石化发展的各个阶段始终扮演着重要角色。新的历史时期，内部审计工作应继续有所担当，发挥监督职能，以高质量审计护航公司高质量发展。

中国石化利用数字化审计技术手段，实现了审计查证方法和业务模式的创新，使得审计工作安排更加灵活，不再受时间和空间的制约，从而节约了审计资源，降低了审计成本，提高了审计绩效。中国石化依托数字化审计的技术方法，实现审计查证方法和业务模式的创新，可以为公司在数据采集、数据整理、数据分析、数据挖掘方面提供参考。

一、嵌入式数据采集与整理

为实现审计控制全过程、审计监督全覆盖，中国石化在被审计单位信息系统中开发嵌入式审计信息系统，以便对被审计单位的信息系统进行持续监控。通过在审计信息系统内嵌的数据收集模块不断地对被审计单位的数据进行收集、统计、对比、分析，从而完成持续监控。为实现全业务信息集成，同时融合尚未整合在ERP中的业务系统，如合同系统、招投标系统、物资供应系统等，中国石化又开发了嵌入式审计预警系统，从而实现审计工作闭环管理，如图3-5所示。

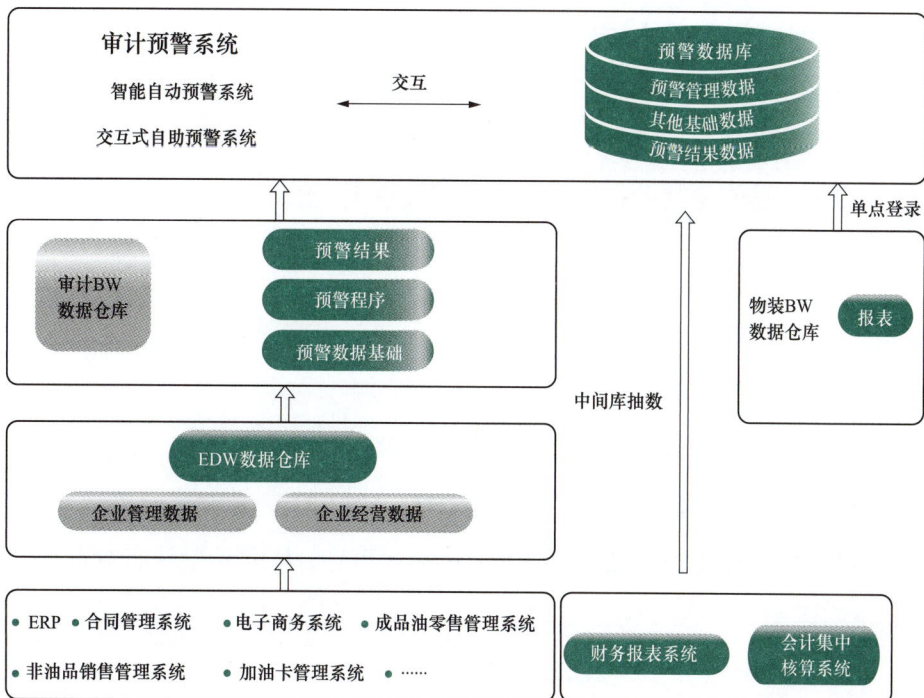

图 3-5 审计预警系统

二、审计数据分析

通过采集业务数据形成审计数据仓库后，数据分析技术成为发现审计线索、获取审计证据的重要工具。内部审计部门通过设置审计规则对全部数据进行分析，发现异常行为后可以下载相关数据用作审计证据。

根据多年的审计实践，中国石化总结了大量异常行为的共性特征，建立了审计知识库，形成了诸多有效的审计数据分析方法，主要包括强相关性分析、业务规则分析、孤立点分析、时空多维度分析、基于舞弊规律分析和违反流程数据分析等。审计数据分析的方法在实践中多有运用。例如，在检查会议费用真实性时，内部审计人员可以将所有会议参加人员名单导入费用报销查询系统，进行费用报销对比，虚假的会议费用通常与参会人员真实行动时间和地点产生冲突。

三、审计证据融合

目前，中国石化数字化审计分析所使用的审计证据基本来自审计信息系统的运算结果，属于内部审计人员自制的内部证据，其证明力不如获取的凭证发票及其他外部证据。因此，中国石化内部审计人员在运用计算机辅助审计和大数据技术时，不仅可以查找数据来源，还可以根据获取的记录找到会计凭证、发票等原始复印件。为了达到审计证据可靠性和相关性要求，内部审计人员从系统中获取记录时需要注意取得证据的唯一索引号，可以搜索如凭证号、工单号、订单号等关键索引字段，获取相关的影像资料等外部证据。

四、推动业审融合

中国石化审计部门以业审融合的审计理念指导审计工作实践，注重优化工作方式、工作流程、资源配置、工作机制等内容，并在内部控制风险审计上进行有效改进，聚焦高风险业务领域，着眼专业化纵深审计，从而获得高质量审计成果。2020年，中国石化开展了化工品贸易、工程招标和金融衍生品等三个专业领域的风险内部控制审计，对28家企业（化工品贸易5家、工程招标18家、金融衍生品5家）进行了重点审计，分别形成专题报告报送中国石化党组领导，实现审计增值服务功能。

第四节 IBM 公司数字化审计的经验借鉴

IBM 是全球最大的信息技术和业务解决方案公司，一直是计算机行业的领跑者。IBM 始终以创新为目标，随时代变化不断进行变革。20 世纪 90 年代，IBM 进行了矩阵型组织变革，使其生机再现，并重新成为行业领先者。2007 年，IBM 又开始进行"全球整合型组织"变革，提高了企业效率，提升了对问题的洞察力。

监督评价公司治理结构的适当性、治理活动的有效性是内部审计的重要职责之一。IBM "全球整合型组织"成功变革的经验，尤其是业务流程整合的经验，对公司进行全数字化综合审计研究具有较大的指引作用。

一、业务流程重构

IBM 长期保持着全球 IT 公司第一的头衔，但在 2006 年被惠普取代。此时 IBM 臃肿的组织模式，使得其内部管理流程烦琐，效率低下。加之 2008 年金融危机对 IBM 业务的冲击，企业流程再造被提上议程。流程就像是企业运营中的轨道，没有了流程，企业就无法进行有效的运营。IBM 的高层意识到企业缺少集成化的管理流程，无法科学、系统地有效管控复杂的内部流程。这影响公司既定战略目标的实现以及未来发展。于是，IBM 开始进行"全球整合型组织"变革。

重构后的 IBM 只有三个大的流程：机会到订单流程、订单到现金流程、财务金融。所有在全球布局点的流程全部实现集中的优化和整合，信息技术是实现全球整合的基础，也是实现长期运营的核心。IBM 将整合后的流程全部融入信息系统中，可以促进企业内部和外部共同协作。利用先进的信息管理技术，使得企业整合后各个区域的流程都能实现端到端连接，消除冗余的信息环节。

为了使三大流程在全球贯彻执行，IBM 将流程设计拆分为 20 个分流程，如图 3-6 所示。20 个分流程适用于全球的任何一个区域，端到端的流程从根本上解决了区域中的执行问题。每个流程分别拥有对应的管理政策和授权政策。流程从业务起始端到财务端，包括企业内部所有的管理流程。

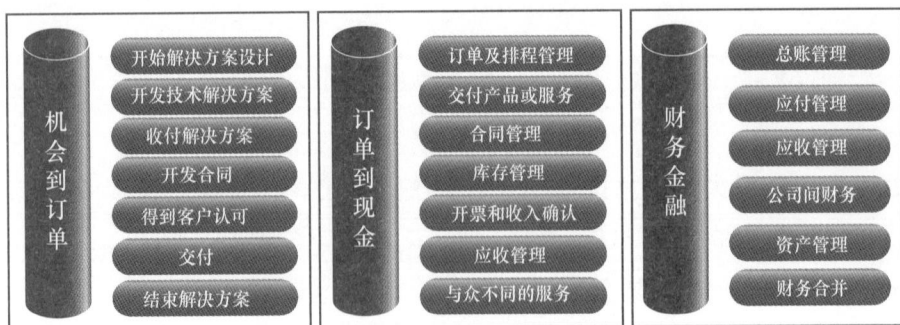

图 3-6　三大集成管理流程示意图

1. 机会到订单

IBM 的"机会到订单"流程是按照企业增值链进行设计。通过流程整合，公司的销售代表可以敏锐地获取市场机会，并且快速地运用 IBM 公司内部资源，针对客户设计出一套量身定做的解决方案。流程整合后，IBM 公司拥有了实现全球交付方案的能力。

2. 订单到现金

完成第一个业务增值链后，就是第二个业务增值链"订单到现金"。IBM 根据客户的需求以及对应的解决方案，制订订单和排程。在交付的过程中，有 back-office 的员工专门负责合同及存货的管理。交付完成后，由应收的工作人员根据交付客户的产品和服务确立债务债权关系，并对客户的应收款项进行跟踪管理。如果出现坏账或有争议的款项，公司就会引入法律部门来保障相应的权益。在"订单到现金"的业务增值链中，IBM 会与客户建立合作伙伴关系，以客户为导向，重视对客户的关怀。

3. 财务金融

"财务金融"增值链是进行内部财务业务的整合，分散在全球各地的财务部在整合后使用一套业务流程。IBM 的财务组织流程包括核心财务流程、业务财务流程和会计流程，如图 3-7 所示。

核心财务流程是对企业整体的分析。CFO（首席财务官）在企业的地位变得越来越重要。IBM 的 CFO 已经从首席财务官转变为首席未来官，CFO 要利用大数据和预测分析技术预测客户需求，进行实时评估，发现潜在的利润机会和风险状况，洞察业务的健康状况以及潜在的兼并机会，进而通过科学合理的收购和投资使企业得以快速成长。

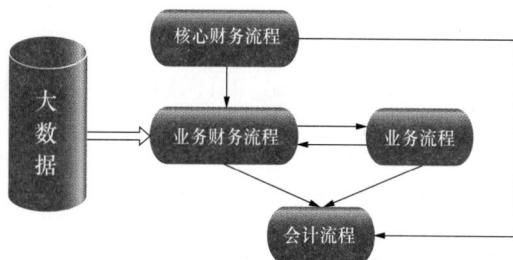

图 3-7　IBM 财务组织流程图

业务财务流程是利用财务的事前分析对业务进行指导。IBM 根据业务计划的优先顺序来构建数据平台，并在所有的流程中嵌入分析软件，实现对重复发生的分析流程自动化处理，减少财务人员不增值的流程，使其能在对搜集到的信息进行快速整理的基础上进一步分析，并且 IBM 将财务数据和业务数据进一步规范和整合，使财务人员可以对业务问题进行更加深入的挖掘。

会计流程负责整个企业的所有基础会计核算、报告工作，全球各地的业务人员在业务发生时通过互联网将电子发票传递给财务中心，由财务中心集中处理，通过共同的会计流程、共同的会计核算方法、共同的指标来实现企业财务的整合，帮助财务组织更好地运用财务信息。

二、业审融合模式

业务流程重构提高了 IBM 公司流程的效率，而内部审计监督业务流程的执行，保障了 IBM 公司流程高质量运行。IBM 应用"业审融合"模式，加上 IBM 公司内部审计运用独特的审计方法，一同提高了审计质量，推进 IBM 公司治理能力全面提升。

IBM 拥有内部审计（IA）部门和业务控制（BC）部门，IBM 公司应用"业审融合"模式促进内控体系的完善。内部审计部门为业务控制部门提供改进的建议，发挥审计的价值。业务控制部门的员工定期向业务部门或财务管理部门汇报，帮助 IBM 公司管理者进行更好地控制。

在两个部门中，内部审计团队会分专业小组来负责相应的审计业务。以全球业务控制实践为例，业务控制部门主要着眼于与电子商务、流程再造和效率改进以及相关的全球范围内控制措施。IA 部和 BC 部与业务部门经常沟通，例如，提供培训并定期发送 IA 部和 BC 部的期刊，这使 IBM 建立了良好的内部审计文化氛围。

IBM 运用的审计方法是"应用系统的审计认证"（ASCA）和"控制评估"（SACA）。ASCA 确保开发任何新系统或更改系统之前都要经过审计，以保证它们达到预期目的。这与质量复核不同，ASCA 更加全面并以控制为导向。ASCA 团队审视应用系统，确保控制健全，包括控制点和文档管理。SACA 主要由业务部门使用，主要包括流程评估和报告控制。为了得出 SACA 排名，IA 部和 BC 部会提供一系列调查问卷，包含 8 个基本的问题，各个业务部门可以对这些问卷更改以符合实际情况。问卷回答的结果是按照矩阵的方式交叉比对，以便得出存在的问题。SACA 可以使 IBM 从不同角度关注重要的问题，其优势主要体现在：突出业务部门是控制的核心，并且可以确保矩阵结构组织的各部门相互充分沟通。

三、IBM 经验借鉴的意义

在时代的冲击下，IBM 应时提出了"全球整合企业"变革，对企业的业务流程进行了重构，且企业应用"业审融合"模式，使内部审计起到了有效的监督作用。通过这次变革，IBM 可以更好地利用和配置全球资源，促进企业内部和外部共同协作，降低成本，高效运作。

对公司而言，在大数据时代应主动变革，以适应大数据带来的机遇与挑战。公司应及时摒弃不利于企业创新的管理方法，采取新的企业管理和运作方式。同时也需要对企业价值链进行重新梳理，利用信息技术打破流程壁垒，重塑已有的审计流程和审计组织体系，提高整体流程效率，实现对内部审计全业务、全流程的科学管理，推动质量立审，推进企业治理能力全面提升。

第五节　华为数字化审计的经验借鉴

从 1998 年起，华为邀请 IBM 等多家世界著名咨询公司，先后开展了一系列重大管理变革项目。以集成财经服务（IFS）为标志的管理变革和数字化转型，不仅拉开了华为数据治理体系建设的序幕，也支撑了华为从全球化规模增长向全球化有效增长的转型，大大提升了华为整体的经营管理能力和效益水平。华为CFO在解读2014年年报时指出，包括IFS在内的管理变革给华为带来的收益占整体收益的72%。

在此背景下，华为依托数字化转型的经验基础，开始进行数字化审计构建探索。IFS变革后，华为的内部审计已经走出了财务审计的范畴，内部审计的方向已前置为业务合规性。

一、数据治理体系

业务制造数据，会计核算数据，财务使用数据，审计监督数据。在过去的一段时间内，华为针对数据问题已经展开了一系列转型，在业内属于一流水平。通过数字化转型实践和三十多年在信息通信领域积累的技术，华为实行一站式数据全生命周期管理，打造了"全域化、服务化、资产化、智能、安全"的数据体系，为数字化转型奠定了基础。

1. 华为数据治理历程

华为从2007年开始数据治理，历经两个阶段的持续变革，系统地建立了华为数据管理体系。第一阶段近十年的持续投入为华为在2017年开始的数字化转型打下了坚实的基础。同时，在数字化转型对数据治理的新要求下，正式进入第二阶段，数据治理工作也迎来了新的挑战和发展。

（1）第一阶段：2007—2016年。

在这个阶段，华为设立数据管理专业组织，建立数据管理框架，发布数据管理政策，任命数据负责人（Owner），通过统一信息架构与标准、唯一可信的数据源、有效的数据质量度量改进机制，实现了以下目标。

1）持续提升数据质量，减少纠错成本：通过数据质量度量与持续改进，确保数据真实反映业务，降低运营风险。

2）数据全流程贯通，提升业务运作效率：通过业务数字化、标准化，借助IT技术，实现业务上下游信息快速传递、共享。

（2）第二阶段：2017年至今。

在这个阶段，华为建设数据底座，汇聚企业全域数据并对数据进行连接，通过数据服务、数据地图、数据安全防护与隐私保护，实现了数据随需共享、敏捷自助、安全透明的目标，支撑着华为数字化转型，实现了如下的数据价值。

1）业务可视，能够快速、准确决策：通过数据汇聚，实现业务状态透明可视，提供基于"事实"的决策支持依据。

2）人工智能，实现业务自动化：通过业务规则数字化、算法化，嵌入业务流，逐步替代人工判断。

3）数据创新，成为差异化竞争优势：基于数据的用户洞察，发现新的市场机会点。

2. 华为数据治理体系

华为经过多年数据治理实践，形成了一个数据工作建设的整体框架，如图 3-8 所示。框架基于统一的规则与平台，以业务数字化为前提，数据入湖为基础，通过数据主题连接，提供数据服务来支撑业务数字化运营。

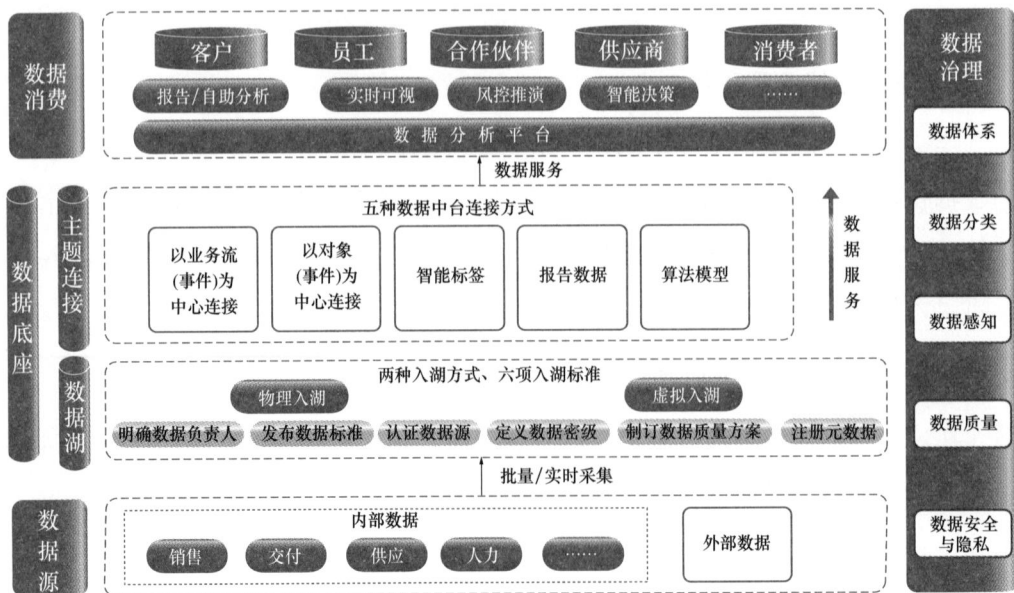

图 3-8　华为数据工作建设的整体框架

（1）数据源：业务数字化是数据工作的前提，通过业务对象、规则与过程数字化，不断提升数据质量，建立清洁、可靠的数据源。

（2）数据湖：基于"统筹推动、以用促建"的建设策略，严格按六项标准，通过物理与虚拟两种入湖方式，汇聚华为内部和外部的海量数据，形成清洁、完整、一致的数据湖。

（3）数据主题连接：通过五种数据连接方式，规划和需求双驱动，建立数据主题连接，并通过服务支撑数据消费。

（4）数据消费：对准数据消费场景，通过提供统一的数据分析平台，满足自助式数据消费需求。

（5）数据治理：为保障各业务领域数据工作的有序开展，需建立统一的数据治理能力，如数据体系、数据分类、数据感知、数据质量、安全与隐私等。

二、数字化转型的方法

数据治理为公司数字化转型打好了基础。通过公司数字化转型，优化再造物理世界的业务，对传统管理模式、业务模式、商业模式进行创新和重塑，最终实现业务成功。在大量的行业数字化转型实践中，华为摸索、积累了一套应用数字化技术实现业务成功的战略框架与战术工具集，对业务可持续创新发展的最佳实践进行了总结，提炼了其中具有通用性和普适性的关键点与要素，形成了一套简单、可操作的方法。

（1）坚持1个整体战略：将数字化转型定位为组织整体战略，进行全局谋划。

（2）创造2个保障条件：通过组织机制转型激发组织活力，通过文化转型创造转型氛围。

（3）贯彻3个核心原则：将战略与执行统筹、业务与技术双轮驱动、自主与合作并重3个核心原则贯穿到数字化转型过程，保证转型始终在正确的轨道上。

（4）推进4个关键行动：通过顶层设计、平台赋能、生态落地、持续迭代4个关键行动控制转型的关键过程。

三、数据库审计系统

公司数字化转型需要强有力的技术支撑，为此华为打造了一个专属的"云IT平台"。基于该平台，公司部署了许多数据库系统，其中数据库审计系统独立于数据库业务系统，来帮助审计人员进行全面、独立、深入地开展审计业务。

1. 云IT平台

华为数字平台承载数字化转型所需的各种数字技术，支撑应用服务化并上传云端，统一为业务数字化转型提供云服务支撑。云IT平台具体来说有如下5个方面的架构要求。

（1）资源引入和管理：快速引入华为云的计算、存储、网络等 IT 基础设施服务，支撑内部业务应用上传云端。

（2）提供面向场景的服务解决方案：平台不是服务和功能的简单堆砌，而是面对场景的一系列解决方案。

（3）多云管理：针对业务的复杂性和多样性，平台具备"多云"的架构和管理能力，满足全球业务快速扩张、资源弹性获取等诉求。

（4）保护安全：部署关键业务和数据，保障核心信息的安全。

（5）"AI 使能"：打造"AI 使能"平台，孵化 AI 算法和服务。

2. 数据库审计

华为云系统中部署了许多数据库系统，这些系统是商业和公共安全中最具有战略性的资产。数据库系统的安全稳定运行直接决定着一个单位业务系统能否正常使用。传统的安全防护手段不足以满足云平台中的数据安全需求，为此华为建设了数据库审计系统以满足云系统中数据库审计需求，华为数据库审计系统独立于数据库业务系统，可以对数据库操作行为进行记录和分析，识别安全威胁，保障数据库安全。

华为将数据库审计系统通过虚拟服务器部署在云平台中，通过引流插件把数据库流量引入数据库审计系统实现审计。华为数据库审计系统由管理中心和审计引擎两个子系统组成。管理中心主要负责系统管理、策略配置、日志存储、日志分析、授权管理，审计引擎负责解析网络流量报文，根据审计策略，对网络数据包进行深入解析，提取审计事件并响应。

四、华为经验借鉴的意义

在大数据时代，华为依托自己的技术优势和数字化转型的经验基础，开始进行数字化审计构建探索。华为自创了一套应用数字化技术实现业务成功的战略框架与战术工具集，并打造了一个"全域化、服务化、资产化、智能、安全"的数据体系，为数据赋能审计提供了基础，大大提升了华为整体的经营管理能力和效益水平。

对公司而言，可以学习华为这套应用数字化技术实现业务成功的战略框架与战术工具集，加快构建一个全感知、全连接、全场景、全智能的数字世界，进而优化再造物理世界的业务。同时，也可以借鉴华为数据体系建设的整体框架，基于统一的规则与平台，以业务数字化为前提，数据入湖为基础，通过数据主题连接并提供服务，支撑业务数字化运营。数据库审计系统独立于数据库业务系统，将数据库审计系统通过虚拟服务器部署在云平台中，通过引流插件把数据库流量引入数据库审计系统实现审计，从而充分运用智能分析提升公司的决策水平。

第二部分

架构篇

随着大数据时代的到来，公司运营模式、思维模式、经营风险发生了巨大变化，导致数据呈现爆发式增长的同时数据类型也越发复杂，传统的审计方式已经无法应对公司风险防范的战略发展要求以及社会经济活动高速发展的需求。在新制度环境和新技术的冲击下，公司如何利用现代化手段，贯彻数字化审计理念，创新审计模式，发挥"新"审计价值，更好地推动国有企业高质量发展，显得尤为迫切。

基于此，公司在全网范围内实施深化数据赋能的全数字综合审计战略，落实党和国家重大决策部署，服务公司"一体四翼"发展布局，促进公司高质量发展。全数字化综合审计是以数字资源为关键审计要素，以作业数字化和流程数字化为核心内容，以模型建设和数据分析为手段，以"全量、全覆盖"为特征的新型审计模式。全数字化综合审计将业务问题与信息系统风险控制结合起来进行分析，挖掘审计问题产生的深层次原因，使审计反映的问题更具普遍性，提出的审计建议更具建设性。

为进一步深化全数字化综合审计研究，本篇将通过梳理归纳公司全数字化综合审计创新实践经验，凝练出数据赋能的全数字化综合审计作业模式，打造多维应用的全数字化综合审计工作示例，以期为国有企业审计监督数字化转型提供国网经验。

本篇第四章分别从内部审计理论、企业管理理论、大数据理论三个维度出发，为构建全数字化综合审计体系提供理论依据。

本篇第五章对全数字化综合审计体系进行总结提炼，明确体系的定义、目标与原则、框架。为适应政策环境对数字化审计的新定位以及公司内部审计的新要求，通过深度总结全国 27 家省公司全数字化综合审计工作成熟的经验、技术和方法，构建以数字化审计平台为主，其他业务系统和审计工具为辅的全数字化综合审计模式，形成深化数据赋能的全数字化综合审计体系，为公司审计工作质效的提高提供了理论和实践体系框架。

第四章
全数字化综合审计理论

本章分别从内部审计理论、企业管理理论、大数据理论三个维度出发，为构建全数字化综合审计体系提供理论依据（见图4-1）。

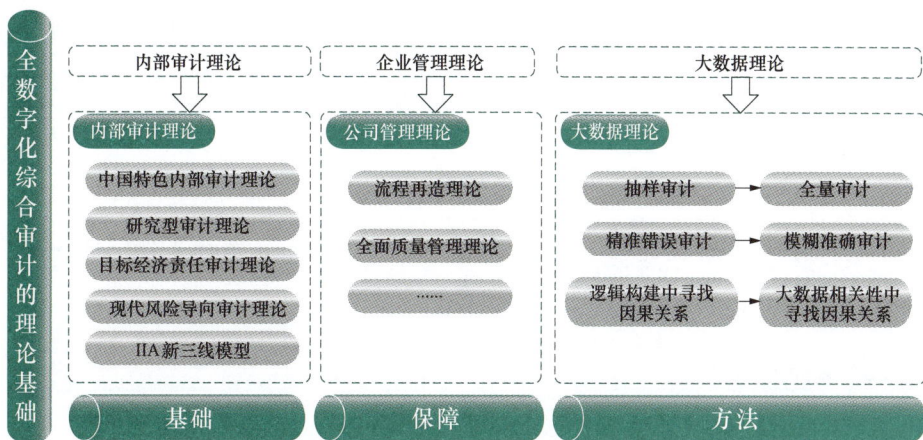

图 4-1　全数字化综合审计的理论基础

内部审计理论是指导实践的基础，基于目标经济责任审计理论明确新时代的审计目标，基于现代风险导向审计理论管控内外部的审计风险，基于IIA新三线模型厘清组织中的审计职责，基于中国特色社会主义理论搭建内部审计的特色与核心要点。

企业管理理论从公司一般管理理论出发，以流程再造理论和全面质量管理理论为理论基础，梳理理论核心要点，为全数字化综合审计体系提供管理理论指引，帮助审计人员理解审计的本质和方向，优化公司审计流程，进一步实现公司治理体系和治理能力现代化。

大数据理论是指利用大数据技术，提高公司价值创造能力，进而打造新业态。

第一节　内部审计理论

当前，审计环境、审计定位和审计方法发生多重转变，内部审计工作面临新的要求和挑战，亟须科学理论的指导。因此，本节基于目标经济责任审计理论明确新时代的审计目标，基于现代风险导向审计理论管控内外部的审计风险，基于 IIA 新三线模型厘清组织中的审计职责，搭建内部审计理论框架，实现从目标到模式再到责任履行的转变，有利于深刻理解全数字化综合审计的内涵和目标，满足新环境下审计助力公司转型的需求。

一、中国特色内部审计理论

党的十八大以来，我国内部审计专家立足于社会和人民需求，基于现代风险导向审计理论、IIA 新三线模型等国内外创新审计理论，扎根于中国特色土壤，积极探索中国特色内部审计理论创新，为新时代审计实践提供扎实的理论支撑。特别是 2018 年审计署修订的《审计署关于内部审计工作的规定》（审计署令第 11 号）对内部审计理论进行了重大修改，既保持了内部审计工作的中国特色，又体现了内部审计理论的时代性和先进性。

（一）核心原则

核心原则：坚持党的领导。中国共产党是中国各项事业的领导核心，是推进国家治理体系和治理能力现代化的根本保障。党的十九大以来，党中央进一步改革我国审计管理体制，强调党对审计工作的全面领导，要求构建集中统一、全面覆盖、权威高效的审计监督体系。内部审计作为党和国家审计监督体系的重要组成部分，必须坚持党对内部审计工作的领导，强化政治责任意识和历史责任感，明确新时期内部审计任务，履行国家重大政策措施落实情况审计、自然资源资产管理和生态环境保护责任的履行情况审计等新职责，关注国家方针政策、社会民生和环境保护，牢记党的宗旨和使命，把坚持党的领导贯穿于内部审计工作的全过程、各方面，促进内部审计高质量发展。

（二）组织安排

我国实行最高党组织领导和总审计师制度的"双层领导"内部审计制度，实现了党的领导和总审计师双轮驱动的管理体制。我国内部审计工作采取权力集中和权力制衡相结合的管理模式，接受企业党组和总审计师共同领导，以实现内部审计权威性和独立性的有机结合。

一方面，内部审计机构在党组领导下直接开展工作，体现了党领导内部审计机构、内部审计机构对党负责的先进管理理念，同时也确保了内部审计部门的权威性。

另一方面，企业建立总审计师制度，总审计师协助党组管理内部审计工作，内部审计的相关工作直接向总审计师汇报，以降低管理层对内部审计工作的干扰，提高内部审计工作的独立性。

（三）审计内容

对公共资金、国有资产、国有资源和领导干部履行经济责任情况实行审计全覆盖是党中央、国务院对审计工作提出的明确要求。实现内部审计全覆盖是新时代对内部审计工作的全新要求。为适应社会经济发展变化和满足组织自身发展需求，内部审计工作逐渐将审计内容从重点关注财务收支审计转向重点关注与组织自身发展直接相关、更具建设性的经营管理审计，实现由过去相对单一的财务收支审计向多元化经营管理审计转变，推进公司治理能力现代化建设进程。

（四）审计融合

坚持内部审计和国家审计有机融合，从内部到外部、从微观到宏观，助力国家审计监督体系的高质量建设。内部审计工作本属于企业内部管理活动，主要目的是推动企业管理和控制体系建设，提高经济效益。然而，新时代背景下，企业内部审计需要与国家审计有机结合。

一方面，可以充分调动企业内部审计和国家审计力量实现审计监督合力，减少审计监督盲区，拓展审计监督的深度和广度，完善审计监督体系。

另一方面，可以整合内部和外部审计资源，统筹审计力量，加强审计成果运用，实现内部审计和国家审计优势互补，推进审计监督全覆盖，共同服务于新时代追求高质量发展的战略目标。

（五）功能作用

强调对权力运行的监督和制约，提高领导干部权责意识，推动反腐倡廉体制机制建设。内部审计是组织治理的重要组成部分。与西方国家不同，我国将经济责任审计作为内部审计工作的重要构成之一。

经济责任审计主要聚焦于规范权力运行，规范领导干部履职尽责、主动担当，加强对领导干部和领导人员权力运行机制的监督，促进领导干部和领导人员依法用权、秉公用权、廉洁用权，深入揭示不作为、慢作为、假作为、乱作为问题，严肃揭露各类违法、违纪、违规行为，切实维护国有资产的安全完整，最终有效发挥内部审计对权力的制约和监督作用。

（六）审计理念

坚持服务于党、服务于人民、服务于企业，实现内部审计社会需求和组织需求的全面统一。我国内部审计工作不仅关注企业经营管理、风险防范和公司治理，还强调对党和人民的意义。

一方面，内部审计以中国共产党为领导核心，按照党中央统一部署，结合单位实际，以坚持和加强党的全面领导为统领，将内部审计职责的调整优化和制度机制的健全完善有机统一起来。

另一方面，内部审计工作必须坚持以人为本，关注民生项目，关心环境保护，将公众利益融入审计目标，通过内部审计监督国有企业社会目标的履行，践行国有企业社会责任。

二、研究型审计理论

研究型审计强调将"研究"融入审计的全过程，强调在内部审计工作中运用战略性、系统性思维从本质层面揭示问题成因，强调对审计对象、审计环境及审计项目进行系统的调查研究、追根溯源，其旨在准确辨析体制机制障碍的同时提出高质量的审计建议，提升审计质量，最终促进体制机制健全和制度完善。研究型审计有助于疏通堵点，化解痛点，解决难点，实现强化审计监督职能、提升审计经济效能的作用，同时推动审计工作转型。

开展研究型审计是适应复杂审计实践和多样化审计需求的必然选择，是增强党和国家监督体系整体效能的客观需要，也是发挥审计服务国家治理能力现代化的重要方式。为实现经济高质量发展，党和国家不断调整重大战略部署，转变审计的功能定位，强化审计的监督职能，同时，审计环境、经济活动和审计技术方法也发生了深刻变化。

适应新时代审计需求，审计署高度重视研究型审计的推广和实践。在2021年1月8日全国工作会议上审计长侯凯强调"将研究作为各项审计工作的前置准备"；2021年1月15日，《审计署关于印发全国审计机关2021年度工作要点的通知》（审政研发〔2021〕6号）正式提出"审计机关要积极开展研究型审计"；

2021年6月，《"十四五"国家审计工作发展规划》重申了"积极开展研究型审计"的工作要求。

近两年，审计长侯凯在多个重大会议上一再强调了"将研究贯穿审计全过程"。在新发展阶段，内部审计工作应当聚焦主责主业，深入揭示问题产生的体制机制原因，推动相关管理制度的优化和改进。与传统审计相比，研究型审计更加适应新时代对内部审计工作提出的新要求。因此，内部审计部门要建立贯穿全过程、综合全要素同时全员参与的研究型审计体系，围绕"制度—项目—资金"的主线，以数字化为手段，坚持目标导向、问题导向与成果导向，通过实施可量化、可追溯、分层级的措施，切实做好研究型审计工作。

三、目标经济责任审计理论

（一）概念界定

1. 基本概念

目标经济责任审计是基于合法性、合规性、绩效性、安全性和社会性五方面，对经济责任人的承包目标、租赁目标和任期目标等目标责任情况进行的全面审计。目标经济责任审计以目标为导向，对责任人履职情况进行全面审计，实现经济责任的评价监督。

2. 优势

在目标经济责任审计的思路中，审计执行的时间从事后转向事前和事中，审计目标从单纯的财务收支审计扩展到经营管理审计，实现"结果审计"向"过程审计"的转化，全视野、立体化监测被审计单位的经营管理过程，在确保审计质量、提高审计效率、统筹审计资源等方面具有独特优势。

一是内容紧扣经济责任审计重点。目标经济责任审计重点关注《党政主要领导干部和国有企事业单位主要领导人员经济责任审计规定》（中办发〔2019〕45号，简称《经济责任审计规定》）明确的国有企业主要领导人员经济责任审计内容，按照"贯彻执行党和国家经济方针政策、决策部署情况""党风廉政建设责任制和遵守廉洁从业规定情况"第七条的规定，参考国家审计机关定期发布的政策跟踪审计重点，具体到本企业的实际情况，分区域、分业务类型设定年度审计主题，纳入年度审计计划管理。

二是经济责任审计范围全覆盖。《经济责任审计规定》要求"以任职期间审计为主",鼓励提高审计监督频率,推进审计监督范围全覆盖。

3. 目标

根据经典审计理论,审计建立在资源委托代理关系的基础上,是治理代理人机会主义行为的重要机制之一,审计目标就是人们期望通过审计得到的结果。这里的"人们"是指资源委托代理中的关系人及审计人,从逻辑上来说,有委托人、代理人、审计人三种类型。这三类人都希望通过审计得到某种结果,所以关系人及审计人都有自己的审计目标。

一般来说,审计需求主要来源于委托人,而委托人要通过审计人来实现其审计目标。因此,审计目标主要关注委托人和审计人,委托人期望通过审计得到的结果称为审计终极目标,而审计人期望通过审计得到的结果称为审计直接目标。

经济责任审计的终极目标是通过审计来抑制相关责任人在经济责任履行中的代理问题和次优问题,促使其更好地履行经济责任。

经济责任审计的直接目标是找出相关负责人经济责任履行中的代理问题和次优问题,并推动审计结果应用。不同的审计主题,其审计直接目标存在差异。

经济责任审计的直接目标是审计终极目标的基础,通过揭示路径、威慑路径和抵御路径来实现审计终极目标。审计终极目标是审计价值所在,如果终极目标没有实现,直接目标的达成也就失去了意义。

4. 主要观点

关于经济责任审计目标的主要观点,归纳起来可以分为单目标观、双目标观和多目标观。

单目标观的共同特点是认为经济责任审计只有一个目标,具体可以分为两种观点:一种观点认为,经济责任审计的目标是鉴证负责人任期目标责任的履行是否符合特定要求或既定要求。另一种观点认为,经济责任审计是对负责人权力的制约和监督,其目标是反腐败。

双目标观的共同特点是认为经济责任审计有两个目标,具体又可以分为三种观点:

(1)经济责任审计目标主要是公允确定负责人的经济工作业绩,准确界定经济责任。

（2）经济责任审计目标主要是评价负责人任期内经济责任的履行情况，监督和促进经济责任的履行。

（3）经济责任审计目标主要是全面考察负责人经济责任履行情况以及行使其拥有和掌控的经济权力的情况，促进推动事业科学发展。

多目标观认为经济责任审计目标有多个。经济责任审计基本目标包括：检查和鉴证有关经济活动，核实工作目标完成情况，揭示存在的问题，并对履行决策、管理、政策执行和监督职责应负的经济责任、遵守廉政规定等情况作出评价，依法对有关问题提出处理意见，促进提高依法行政能力，规范经济行为等。

5. 审计对象

经济责任审计主要是针对行政单位领导干部以及国有企事业单位的法定代表人或者主要领导人在任职期间应当承担的经济责任的履职情况进行的审计，是一项复杂且系统的工程，涉及的工作量巨大。经济责任审计一般是涉及被审计领导人离任、升职调离时才进行，经济责任审计的主要目的是希望通过审计手段来厘清责任人在任职期间在本部门或本单位的经济活动中应当担负的责任，保障国家财产安全，保证国有资产保值增值，同时为相关部门任用或处理责任人提供参考依据，并且能够促进党风建设和廉政建设。

6. 作用

经济责任审计一经产生就显示了其他审计无法替代的作用，无论是在保护国家财产的安全、完整、保值、增值方面，还是在健全领导干部的监督管理，促进廉政建设方面，都取得了显著的成效，发挥了重要的作用。具体作用包括：

（1）有利于加强干部监督管理，正确评价和使用干部。社会主义市场经济体制的逐步建立为领导干部施展才干提供了广阔的舞台，但同时也向我们的干部考察工作提出了挑战。实施领导干部经济责任审计，倡导定性与定量相结合，联系领导干部任期目标，通过对相关的经济指标等情况进行分析考核，对其任期工作业绩作出评价，能够达到客观、公正地确认其经济业绩，全面评价考核领导干部任期业绩的目的，为正确评价和使用干部提供了依据，同时有利于干部更好地履行职责，防止短期行为。

（2）揭露和惩治腐败分子，规范干部行为，促进廉政建设。经济责任审计立足于财政、财务收支审计，落脚点在于查明个人经济责任，既对事又对人，而且审计涉及领导干部任职期间一般较长，往往能够发现年度财政、财务收支审计不易发现的问题，有利于揭露和惩治腐败分子。另外，经济责任审计着眼于防范，健全了监督制约机制，有利于发现财务管理漏洞，健全财务管理制度，提高财务管理水平，促使领导干部自我约束、自我完善，增强了纪律观念，促进了廉政建设。

（3）核实了家底，客观公正地鉴定了前后任的经营业绩和经济责任。经济责任审计立足领导干部所在部门、单位的财政、财务收支的真实、合法、效益情况，一方面能够摸清家底，有利于继任者了解接任单位的真实情况，明确工作思路，缩短适应期，尽快进入角色；另一方面由于明确了离任者的经济责任，事实上也就划清了前、后任的责任，改变了"新官不理旧账，旧官一走了之"的不良状况，有利于工作的交接，保持工作的连续性。

（二）历史演进

1986年9月，中共中央、国务院颁布的《全民所有制工业企业厂长工作条例》明确规定："厂长离任前，企业主管机关（或会同干部管理机关）可以提请审计机关对厂长进行经济责任审计评议。"这是首次提出开展经济责任审计。

1986年12月，审计署发布《关于开展厂长（经理）离任经济责任审计工作几个问题的通知》，对厂长（经理）离任经济责任审计的范围、内容、程序和方法作出了具体规定。这是审计署对经济责任审计最早的规定。

1999年5月，中共中央办公厅、国务院办公厅印发《县级以下党政领导干部任期经济责任审计暂行规定》和《国有企业及国有控股企业领导人员任期经济责任审计暂定规定》（中办发〔1999〕20号），这是我国经济责任审计最早的相关法规制度。

2002年7月，中共中央印发的《党政领导干部选拔任用工作条例》明确规定："对需要进行经济责任审计的考察对象，应当委托审计部门按照有关规定进行审计"。

2004年11月，中央纪委机关、中央组织部、监察部、人事部和审计署联合印发了《关于将党政领导干部经济责任审计范围扩大到地厅级的意见》（审经责发〔2004〕65号），明确要求自2005年1月1日起，将党政领导干部经济责任审计范围从县级以下扩大到地厅级。这标志着经济责任审计的覆盖面扩大。

2006年2月，修订后的《审计法》中明确规定："审计机关按照国家有关规定，对国家机关和依法属于审计机关审计监督对象的其他单位和主要负责人，在任职期间对本地区、本部门或者本单位的财政收支、财务收支以及有关经济活动应负经济责任的履行情况，进行审计监督"。这正式在审计法中明确了经济责任审计。

2010 年 10 月，中共中央办公厅、国务院办公厅印发了《党政主要领导干部和国有企业领导人员经济责任审计规定》（中办发〔2010〕32 号），对经济责任审计的对象、管理体制、组织协调、审计内容、审计实施、审计评价与结果运用等作出了规定。

2014 年 7 月，中共中央纪律检查委员会、中共中央组织部、中央机构编制委员会办公室、监察部、人力资源和社会保障部、审计署、国务院国有资产监督管理委员会联合印发了《党政主要领导干部和国有企业领导人员经济责任审计规定实施细则》（审经责发〔2014〕102 号）。

2015 年 12 月，中共中央办公厅、国务院办公厅印发了《关于完善审计制度若干重大问题的框架意见》（中办发〔2015〕58 号）及相关配套文件。

2019 年 3 月，中共中央印发修订后的《党政领导干部选拔任用工作条例》中明确规定："对需要进行经济责任审计的考察对象，应当事先按照有关规定进行审计"。

2019 年 7 月，中共中央办公厅、国务院办公厅修订印发了《党政主要领导干部和国有企事业单位主要领导人员经济责任审计规定》（中办发〔2019〕45 号，以下简称新《经济责任审计规定》）。

当前，我国经济发展繁荣、物质财富丰富，责任人寻租动机凸显；大数据技术更新迭代加快，逃避法律处罚手段丰富，监督责任人履职尽责面临严峻挑战。以目标经济责任开展审计工作，完善责任监督机制，强调审计目标导向，强化责任人权责意识，减少责任人渎职与腐败问题，建立有效的受托责任体系，明确审计方向内容，设定科学的审计程序，深入推进审计数字化转型。

新《经济责任审计规定》要求，深入贯彻习近平新时代中国特色社会主义思想，坚持"三个区分开来"要求，明确经济责任内涵，敦促领导干部履职尽责，强化权力制约和监督机制。因此，在审计工作中，公司领导干部必须深入贯彻国家政策部署，坚持目标经济责任导向，明确经济责任范围，合理配置公共资源、国有资产和国有资源。以目标经济责任为审计导向，可以明确审计工作目标内容，厘清公司领导干部权责边界，优化审计资源配置，促进领导干部责任履行，加强党风廉政建设，保障审计监督效率，全面提升审计治理效能。

（三）面临的挑战和应对

伴随着大数据时代的到来，审计相关数据的采集方式、后续操作及管理都在随着大数据技术的飞速发展而发生变化。作为权力监督的方式之一，经济责任审计也必须要根据当前审计形势的变化，在审计思路、审计方式和审计手段上进行创新。将大数据技术用于经济责任审计之中，可以显著提升审计工作效率，有效提高审计工作质量，防范各类审计风险，同时这也是未来经济责任审计的发展方向。

实施经济责任审计既是对领导干部的权力和经济行为的监督，又是强化领导干部履职尽责的一项重要举措。既可以通过获取相关经济信息，促进了解真实的经济情况，又可以对领导干部任职期间经济责任履行情况进行客观公正地评价，规范领导干部的经济行为，促进提高领导干部执政能力，推动经济社会发展。最关键的是可以通过经济责任审计暴露和纠正当前存在的问题，避免问题进一步扩大，建立健全制度体系，强化管理能力。

现代经济责任审计通常都有很大规模，涉及审计的方方面面，通过大数据技术来促进审计效率提升和质量提高，达到审计范围全面覆盖，对经济责任审计有着重要意义。但是由于当前大数据技术环境对被审计项目信息化程度要求较高，需要采集的各项数据又非常复杂，不仅需要提取处理数据库中的结构化数据，还要提取处理大量的非结构化数据，所以，针对大数据技术和经济责任审计的现状，研究和应用大数据技术来进行经济责任审计具有重要意义，大数据应用也必将成为今后经济责任审计的趋势。

新时代下，对印发的新《经济责任审计规定》，不仅让开展经济责任审计有了重要的法律依据，也是对经济责任审计的重视。但是我国经济责任审计已有三十多年的发展历史，也基本形成了一套具有中国特色的审计制度，因此要想在新时代下作出改变还是面临巨大的挑战。

1. 经济责任审计缺乏时效性

在实际工作中，行政单位、国有企事业单位开展得更多的是领导干部离任经济责任审计，极少数会开展任中经济责任审计。在所开展的经济责任审计中，大多数都是领导干部已经离任或者已调离该岗位，这就会导致审计过程中相关的事实无法确认，审计发现的问题无法及时纠正整改，离任领导人作出的部分错误决策也无法完全承担相应责任。最终也就导致所做的离任经济责任审计的准确性出现偏差，也无法完全有效约束领导干部行为，影响了审计的监督作用。

经济责任审计一直以离任经济责任审计为主导，任中经济责任审计为辅的模式展开。在进行离任审计时，相关人事管理部门应及早对被审计领导人提出审计委托，调任部门也应当在交付审计结果后再对被审计领导人进行调离交接，避免出现无法划分责任的情况。此外，还应加强对任中经济责任审计的重视，这样不仅有利于在职领导人积极履行本职责任，还能够及早发现问题并作出纠正整改，以此确保审计工作的有序开展，确保时效性。

2. 大数据等技术使用难度大

大数据的崛起和发展都比较快，审计人员在运用到经济责任审计中还存在着如下几个问题。

首先，大数据技术本身可能已经逐渐成熟，但是在审计方面的应用还处在初级阶段，相关的法律法规制度尚不完善。目前国家对经济责任审计越来越重视，短时间内相关的审计项目将会急剧增长，这对审计人员的需求是很大的，而且也需要审计人员具备一定的专业能力和信息处理能力，并且部门之间也存在沟通不顺畅的情况，很难实现资源共享，这也就造成了审计人员在经济责任审计工作中较为被动。

其次，经济责任审计涉及的审计内容和项目更为宽泛复杂，并且每个单位的管理模式各不相同，极难找到一个通用的数据分析工具。

最后，大数据的快速发展虽然给人们的生活和工作带来了很多便利，但是在信息安全保障上还是存在一定风险。在经济责任审计中所获得的数据在不断增大，部分内容也存在一定的机密性，数据是否会泄露也存在着一定的风险。

未来需要加强构建大数据审计平台，培养复合型审计人才。在大数据逐渐成熟的新时代下，行政事业单位及国有企业应当不断完善对大数据技术及人工智能等技术的使用，加强构建大数据的审计平台，优化审计工具。

审计人员也应当及时更新自身的专业知识和审计技能，要从传统的审计模式中跳脱出来，成为一个判断风险和数据分析型人才，而不是一味地做数据的收集和整合型审计人。审计人员不但要加强财会知识的学习，还需要在实践中形成大数据思维，加强大数据技术知识的学习、培训，要能够熟练使用大数据相关软件工具，强化数据处理能力。除了知识和技术上的提升，审计人员还要拓宽自己的眼界，学习和了解不同专业及行业的相关内容，丰富自己的知识结构，这样才能作出更加精准的职业判断。

四、现代风险导向审计理论

（一）概念界定

现代风险导向审计是以账项审计模式和制度审计模式为基础，以战略观和系统观思想为核心，将环境变量引入风险模型，通过对审计对象的内外部风险因素进行分析来确定实际审计范围、审计时间和审计程序的工作模式。现代风险导向审计强调审计视角的广元化，审计重心的前倾化，审计取证的外延化，审计资源的整合化。传统风险导向审计在运行过程中应用了极简主义管理机制，缺乏统筹性观念，产生审计内容考量不全、风险评估效率较低、内部证据依赖性较强、审计资源分配不均衡等问题。

与传统的风险导向审计相比，现代风险导向审计有三个突出的特点：

第一，经营风险评估成为财务报表重大错报风险评估的渠道。现代风险导向审计模式认为财务报表重大错报风险的根源不在财务报表本身，而来源于企业存在的巨大经营风险，所谓经营风险是指导致企业经营目标难以实现的因素发生的可能性。因为多数经营风险最终将会转化为财务报表错报风险，所以，现代风险导向审计模式将审计人员的关注点从财务报表风险转移到了客户经营风险，了解被审计单位面临的经营风险可以提高识别重大错报风险的可能性。

第二，企业战略分析技术成为风险评估必不可少的手段。现代风险导向审计模式将企业经营风险的评估作为识别和评估财务报表重大错报风险的导向和基础，而企业一定期间的经营目标是企业战略实施结果的阶段性成果，企业经营风险是与企业战略的制订、实施密不可分的。因此，企业战略分析技术就成为现代风险导向审计模式识别和评估经营风险最常用、最重要的手段。战略分析方法要求审计人员采取"自上而下的视角"（A Top-down View）去了解被审计单位的行业环境、法律管制环境和市场环境，把了解到的企业战略内容和战略流程作为评估经营风险和识别财务报表重大错报风险的依据。

第三，采用全新的审计风险模型。现代风险导向审计将传统的审计风险模型

"审计风险＝固有风险 × 控制风险 × 检查风险"改为全新的"审计风险＝重大错报风险 × 检查风险"。该模型要求审计人员从客户整体层面和认定层面评估财务报表重大错报风险，根据认定层次重大错报风险评估水平计算检查风险的水平，并据以确定审计程序的性质、时间和范围，制订和实施相应的审计计划。

在当前基于风险的审计模型中，风险评估是在审计之前进行的重要审计过程。这反映了监管优先事项的积极沟通，提高了企业评估其财务风险的能力。这是一种新的监管模式。与传统的审计模型不同，现代基于风险的审计模型将分析审计作为风险评估的核心。审计不是分析财务数据，而是在审计过程和关键审计程序期间分析所有数据后执行。同时，模型的风险评估更加结构化。最新的风险导向审计模型是基于所有风险因素对财务风险进行结构分析，有效分析风险之间的相关性，提供全面的风险分析。

此外，为了提高企业审计的有效性，现代风险以自上而下和自下而上的方式引导审计模式。现代风险导向审计是根据"战略分析—经营环节分析—财务报表剩余风险分析"的基本思想，明确企业战略分析人员实施实质性审计程序的性质、时间和范围，与企业财务报告风险和企业战略风险之间的逻辑联系，使得这种方法更加科学有效。

（二）历史演进

自 1895 年英国大法官 Lindley 在 "London and General Bank" 一案的判决中开始追究审计人员的过失责任后，审计责任及由此而产生的审计风险问题开始引起审计职业界的关注。

1957 年蒙哥马利首次将"风险"这一概念与审计程序的设计紧密联系起来，开始探索审计风险控制的措施和审计方法的改进。

20 世纪 70 年代，基于风险观念的审计方法开始在审计实务中被陆续采用。可以说，这是风险导向审计概念产生的萌芽状态。

美国审计准则委员会（Auditing Standards Board，ASB）于 1981 年发布的第 39 号审计准则公告《审计抽样》和 1983 年发布的第 47 号审计准则公告《审计风险与重要性》包含的有关审计风险模式的阐述，对风险导向审计概念的产生起到了重要的推动作用。在这些审计准则公告发布之前，虽然会计师事务所为了控制审计风险，已经开始在实务中运用类似的审计风险模型，但还未形成被职业界所广泛接受的公认的审计风险模型。而从 1984 年开始,美国审计准则委员会则要求审计师遵循第 47 号审计准则公告的要求,在审计中运用审计风险模型。这种通过对财务报表固有风险和控制风险的定量评估来确定审计实质性测试性质、时间和范围的做法,被职业界称为风险导向审计(risk-based audit approach)。

随着时代发展,审计技术方法不断进步,传统风险导向审计得到不断完善,向现代风险导向审计模式发展。现代风险导向审计是在评估被审计单位的重大错报风险的基础上,充分考虑企业经营风险以最终确定审计风险。现代风险导向审计风险计算模型为:"审计风险=重大错报风险 × 检查风险"。

现代风险导向审计的基本思路,是从战略分析开始,宏观审视企业发展的外部环境以及战略目标,深入了解分析企业经营流程,基于经营业绩进行评价,最后针对财务报表剩余风险进行分析,评估经营绩效。

具体而言,现代风险导向审计有以下特点:

第一,将"风险"贯穿审计全过程。现代风险导向审计并非简单关注表面的审计风险,而是更加关注企业生产经营过程中面临的各种经营风险,深入探究风险产生的原因。一方面,由于经营风险与审计风险息息相关,审计风险会由于经营风险的增大而增加;另一方面,经营风险很可能会对财务报表产生不利影响,产生财务报表的重大错报风险,因此,进行风险评估时需要结合企业战略进行经营风险的考量。现代风险导向审计要求结合企业风险的重大程度,合理进行审计资源配置,在审计全过程始终关注风险,既能够降低审计风险,又能够为企业管理者降低经营风险。

第二,以"增值"为核心。传统风险导向审计的核心围绕降低审计风险、核实过去财务信息的真实性进行。在审计的职能由"监督主导型"向"服务主导型"转变的背景下,审计的功能由查错防弊和保护资产向评价企业战略方针、经营管理以协助企业实现战略目标发展。现代风险导向审计除了关注审计风险,其审计人员更关注企业战略决策、管理机制、内部控制等影响企业发展的宏观管理方面的内容。审计的重点是管理风险,这是因为企业经营并非需要规避所有风险,而是进行有效的风险管理,通过在承担可承受的风险的同时谋求企业发展的利润,因此,现代风险导向审计坚持以促进企业增值作为审计作业的根本目的。

第三，重视控制的"变化"性。由于宏观经济环境在不断发展变化，企业的经济业务也在不断推陈出新，因此，企业的管理控制必然也会随之进行调整变化。现代风险导向审计抛弃了过往的传统审计标准，并非一味地强调控制的设计、执行是否有效，而是向风险管理的思路转变。一方面，舍弃标准化的审计给审计人员提供更多灵活性，可以依据实际情况进行审计方案的调整设计；另一方面，围绕风险管理进行审计，减少因僵化控制而造成的资源浪费，提高企业经营管理的弹性。同时，随着科学技术的进步，审计人员可以依据企业经营环境的变化、审计项目的不同设置审计模型，灵活进行审计测试，搜集审计证据，深入分析经济数据间的联系，为企业战略实施献言献策，充分发挥审计的咨询服务职能。

第四，采用"整合"的审计模式。2010年4月，财政部等五部委发布《企业内部控制审计指引》，提出整合审计的思路，可将内部控制审计与财务报表审计进行联合。现代风险导向审计也是采用"整合"的审计模式，有机结合财务业务审计与内部控制审计，但是现代风险导向审计在进行内部控制审计时，不仅仅局限于财务报表相关的内部控制信息，而是结合企业的经营战略考虑所有经营活动的内部控制。通过采用"整合"的审计模式，体现了现代风险导向审计全局性，为发展现代风险导向审计提供新思路。

（三）面临的挑战和应对

以审计风险为切入点，坚持统筹部署、上下协同，落实风险分级管控原则，突出重点审计风险，打造审计风险全方位、全过程管控机制，实现审计风险高效治理、风险防范能力显著提升。在全球疫情大背景下，政治格局、经济发展、国家政策、公司战略等外部环境发生重要变化，公司审计部门需要综合分析宏观局势和审计定位，抓住大数据技术赋能的契机，全面铺开由传统审计模式向以现代风险导向审计为主的工作模式的转变。全数字化综合审计正是现代风险导向审计模式下的具体应用，借助大数据技术充分融合环境因素和市场要素，围绕全方面审计、全过程管控、全平台作业，实现审计内容由财务分析向全方位分析，审计风险由单一维度向立体化评估，审计证据由内部依赖向外延化挖掘，审计资源由低效浪费向统筹性配置的转变，大大提升了审计工作的效率和审计质量，为公司数字化转型打下坚实的基础。

五、IIA 新三线模型

（一）概念界定

新三线模型强调在组织治理中设置运营管理、风险和合规性监督及内部审计三道防线，旨在帮助组织设计流程和分配有助于实现目标的职责，为内部审计促进组织风险管理提供了遵循和指引。近年来，随着新环境、新技术的持续演变，公司面临的外部环境也逐渐发生变化，新型风险层出不穷，为了更好地适应现代风险管理和组织治理环境变化的需要，包含风险管理并强调承担治理责任的新三线模型应运而生。

新三线模型优化了核心内容结构，正视风险的正、负面共存属性，创造了"进攻"加"防御"的新管理理念。

新三线模型诠释了整体治理内容，提出内部审计须具备"严格问询和深度沟通，为组织提供鉴证，树立信心，推动和协助组织不断进步"的履职能力。

新三线模型明确了各线的职能和职责，治理机构负责建立适当的结构和流程以实现有效治理，管理层负责实现组织目标，内部审计提供客观的确认和咨询。

新三线模型强调了内部审计保持独立的重要性和实现方式，同时也强调了各线沟通信息和相互配合的重要性。

以 IIA 新三线模型深化审计第三防线职责，协同三线职能优势，优化审计流程设计，通过数字化审计手段，明确审计重点流程，关注审计关键环节，实现审计资源优化配置，促进审计成果互联共享，打造公司治理良性循环，提升公司可持续发展能力。

（二）历史演进

国际内部审计师协会（IIA）2013 年推出的三道防线模型（Three Lines of Defense Model），至今已应用于全球无数企业，并逐步得到企业界的认可和信任。但随着世界经济的快速发展和技术的革命性创新，人们发现该模型在适用性、灵活性和延展性以及风险管控观念等方面还需要加以提升和改进。为帮助组织进一步明确及整合组织各关键职能的相互关系及其职责，以实现更有效的协调、协作、问责和目标，由 IIA 牵头组织，对"三道防线模型"（以下简称"旧版模型"）进行了修订，其最新成果——"三线模型"（Three Lines Model）（以下简称"新版模型"）终于在 2020 年 7 月正式发布。

新模型在 IIA 2013 年发布的"有效风险管理和控制中的三道防线"立场公告的基础上新增了六项原则，强调了治理机构的职责，重新梳理了各项职能的划分及任务，并突出了风险管理在价值创造方面的目标和使命。

（三）面临的挑战和应对

随着我国进入新发展阶段，公司在统筹发展和安全，提高治理水平，更好地服务经济高质量发展上，面临越来越多的挑战，迫切需要内部审计充分发挥在组织风险管理中的作用。在全数字化综合审计下，一方面，审计部门聚焦自身第三道防线的基本职责，重点关注风险领域，强化对经营管理中权力运行、规范管理、关键环节和重要岗位的监督，为组织利益相关者创造和保护价值；另一方面，审计部门强化与其他各线间的配合，借助大数据技术，与第一、二线职能部门保持沟通避免不必要的职能交叉，及时共享审计结果来推动成果互用，各方一道为组织实现可持续进步而努力。

第二节　管　理　理　论

内部审计工作是否能够有效地发挥审计监督职能还需要恰当的流程管控手段加以辅助。因此，本节以流程再造理论和全面质量管理理论为基础，梳理相关理论的核心要点，为全数字化综合审计体系提供理论指引，帮助审计人员理解内部审计工作的本质，明确优化审计流程的方向，进一步推动公司治理体系和治理能力现代化的实现。

一、流程再造理论

（一）概念界定

流程再造理论是指对企业业务流程的根本性思考和彻底重建，旨在显著改善企业成本、质量、服务和效率，使企业能最大限度地适应以用户、竞争和变化为特征的现代企业经营环境。流程再造是对企业内部审计流程的重新设计，是适应大数据时代内部审计需求的流程重塑。

复杂经济社会环境下，质量和效率是提高企业竞争力的关键因素，因此在内部审计工作中如何高效分配有限的审计资源，保障审计质量，实现价值增值，是新时代内部审计工作面临的现实挑战。

大数据技术为企业审计流程再造提供了重要的技术支撑，不仅有助于审计流程再造过程中的自动化和标准化实施，还能根本性地重新设计业务流程。大数据技术既为内部审计工作提供了新的发展机遇，又给企业的发展带来了更加多元的风险和挑战。机遇与挑战并存的情况下，及时摒弃不利于内部审计流程再造的管理方法，并采取更能适应新环境的审计流程管理和运作方式，成为审计流程创新发展和审计价值提升的重要路径。

此时，企业需要自上而下对内部审计流程价值链进行重新梳理，在此基础上整合价值链资源，进一步利用大数据技术打破审计流程壁垒，剔除内部审计流程中无效的、非增值项目，保留、优化增值项目，重塑已有的内部审计流程和审计组织体系，提高整体审计工作效率，实现对内部审计全方面、全过程的科学管理，推进公司治理能力全面提升。

数字时代结合大数据技术重组审计流程，突出审计工作的全流程管控，兼顾成本效益原则，打破传统审计职能分工方式，建立适应新时代审计需求的审计模式，强调"远程＋现场""人工＋智能"协同配合，实现审计成本降低，确保审计坏节高效推进，保障审计经济评价，鉴证和监督职能发挥，促进审计价值提升。

（二）历史演进

18世纪英国经济学家亚当·斯密在《国民财富的性质和原因的研究》中提出"劳动分工原理"，提出分工有利于提高效率、增加产量。其理由有三：第一，劳动者的技巧因业专而日进；第二，分工可以免除由一种工作转到另一种工作的时间损失；第三，简化劳动和机械的发明使一个人能做许多人的工作。亚当·斯密的分工论蕴涵了最朴素的流程理念。

1911年，弗雷德里克·泰勒出版了《科学管理原理》一书，阐述了科学管理理论——应用科学方法确定从事一项工作的"最佳方法"并很快被世界范围的管理者们普遍接受。分工理论和科学管理理论在企业的实践和发展的主要代表为：

（1）亨利·福特将其应用于福特公司，形成了汽车流水作业线并使生产效率倍增；

（2）阿尔弗雷德·斯隆在通用汽车公司构建了金字塔式的科层制组织结构，

加强了部门管理。

但是，进入 20 世纪 80 年代，市场竞争日益加剧，大数据技术迅速发展，全球化的浪潮日益增强，基于 3C（顾客、竞争和变革）为特征的三股力量使企业所处的环境发生了巨大的变化，原有的"科层制管理"造成的流程分工过细、追求局部效率、流程环节冗长、部门壁垒森严、忽视顾客利益等使其越来越难适应企业的发展。因此，企业环境的变化和企业管理的实践成为企业管理理论发展的催化剂。业务流程再造理论因此诞生。

"再造"（Reengineering）的概念源起于 MIT 在 1984 年到 1989 年间进行的一项名为"20 世纪 90 年代的管理"的研究。当时，基于 3C 为特征的三股力量对企业的影响日益增大，"科层制管理"也不再适应企业的发展。该研究项目旨在借助计算机及其大数据技术带来的革命性影响力为企业管理指明方向。

1990 年迈克尔·哈默在《哈佛商业评论》上发表了题为《再造：不是自动化改造，而是推倒重来》（Reengineering work：don't automate，obliterate）的文章，文中提出的再造思想开创了一场新的管理革命。

1993 年迈克尔·哈默和詹姆斯·钱皮在其著作《企业再造：企业革命的宣言》（Reengineering the Corporation：a Manifesto for Business Revolution）一书中，首次提出了业务流程再造（Business Process Reengineering，BPR）概念，并将其定义为：对企业业务流程进行根本性的再思考和彻底性的再设计，以使企业在成本、质量、服务和速度等衡量企业绩效的关键指标上取得显著性的进展。该定义包含了四个关键词，即"流程""根本性""彻底性""显著性"。

（1）"流程"，就是以从订单到交货或提供服务的一连串作业活动为着眼点，跨越不同职能和部门的分界线，以整体流程，整体优化的角度来考虑与分析问题，识别流程中的增值和非增值业务活动，剔除非增值活动，重新组合增值活动，优化作业过程，缩短交货周期。

（2）"根本性"，就是要突破原有的思维方式，打破固有的管理规范，避免将思维局限于现有的作业流程，以回归零点的新观念和思考方式，对现有流程与系统进行综合分析与统筹考虑，以实现目标流程设计最优化。

（3）"彻底性"，就是要在"根本性"思考的前提下，摆脱现有系统的束缚，对流程进行设计，从而获得管理思想的重大突破和管理方式的革命性变化。不是在以往基础上的修修补补，而是彻底性的变革，追求问题的根本解决。

（4）"显著性"，是指通过对流程的根本思考，找到限制企业整体绩效提高的各个环节和因素，通过彻底地重新设计来降低成本，节约时间，增强企业竞争力，从而使得企业的管理方式与手段、企业的整体运作效果达到一个质的飞跃，实现高效益和高回报。

（三）面临的挑战和应对

在大数据时代和互联网时代，大数据的价值正在逐步凸显，其运用边界也不断得到拓展。在经济社会的大数据背景下，伴随着大数据和通信技术的成长，数据环境为审计模式和相关审计技术的发展提供了新的挑战和极好的转型契机。审计相关工作需顺应时势不断革新和完善，借助数据的管理与运用来完成审计流程再造，进而实现审计工作效率的提升。

大数据技术是公司审计流程重塑的重要技术支撑，是公司审计流程成功重组的关键因素，不仅有助于审计流程自动化和机械化实施，还能根本性地重新设计业务流程。在数字化转型背景下，大数据技术既为公司提供了新的发展机遇，又使公司价值实现面临更多的挑战。机遇与挑战并存，及时摒弃不利于公司创新的管理方法，并采取新的公司管理和运作方式，成为公司创新发展与价值实现的重要路径。

此时，需要自上而下对公司价值链进行重新梳理，重新整合价值链资源，利用大数据技术打破审计流程壁垒，剔除审计流程中无效的、非增值项目，保留有价值、增值的项目，重塑已有的审计流程和审计组织体系，提高整体流程效率，实现对内部审计全业务、全流程的科学管理，推动质量立审，推进企业治理能力全面提升。

二、全面质量管理理论

（一）概念界定

全面质量管理理论是指在最经济的水平上，在充分满足用户要求的条件下，以质量为中心，以全员参与为基础，把企业各部门研究质量、维持质量和提高质量的活动构成一体，进行市场研究、设计、生产和服务，旨在实现全企业管理、全过程管理和全员管理基础上的可持续发展。全数字化综合审计体系是企业实现全面质量管理的基石，同时全面质量管理又为全数字化综合审计活动的开展提供了有效保障。

全数字化综合审计体系从计划、执行、检查、总结环节为企业全面质量管理活动打下坚实基础，推动企业全面质量管理的有效执行。通过数字化审计平台的数据挖掘、数据分析等功能，可以及时发现企业经营活动中存在的风险点，形成问题清单，纳入质量管理计划环节；全数字化综合审计体系下，对内部控制活动的有效监督保证了执行环节的高质高效，促进了检查环节的问题发现，同时质量管理活动中产生的数据又纳入数字化审计平台，为下一轮质量优化提供大数据基础；在总结环节，全数字化综合审计体系有助于实现工作成果互联共享，推动公司管理流程标准化。基于全数字化综合审计体系推动全面质量管理，可以实现企业高质量可持续发展。

全面质量管理的全面性、预防性、服务性和科学性与全数字化综合审计的特点不谋而合，也为全数字化综合审计工作的开展提供了有效保障。全面质量管理要求审计人员从审计质量出发，在实现全覆盖工作要求的基础上最大限度提高审计工作效率，同时要求内部审计部门进行自上而下的全过程质量管理，强化内部审计流程管控，全面提升审计质量。基于全面质量管理理论构建高质高效的全数字化综合审计体系，开展全数字化综合审计工作，服务公司高质量发展需求，有助于推进公司治理体系和治理能力现代化，最终实现企业价值最大化。

（二）历史演进

全面质量管理（Total Quality Management，TQM）是企业管理现代化、科学化的一项重要内容。

20世纪40年代贝尔实验室的质量专家们提出了"质量控制"的概念，即对产品的生产流程进行严格的分析和控制。"质量控制"思想的运用揭开了全面质量管理运动的序幕。

20世纪60年代，美国管理专家菲根堡姆明确提出了全面质量管理理论，之后在西欧与日本逐渐得到推广与发展。菲根堡姆强调将质量控制扩展到产品寿命循环的全过程，强调全体员工都参与质量控制；主张应用数理统计方法进行质量控制，使质量管理实现定量化，变产品质量的事后检验为生产过程中的质量控制。

20世纪70年代，以日本为先导的全面质量管理是为适应环境变化而发起的一场企业革新运动。它更加强调流程思考和流程改善，把流程思考和流程改善的思想在更广泛的企业管理范围加以运用。日本的质量专家认为只要把流程管理好了，输出的产品和服务质量自然是好的。

全面质量管理追求流程连续的、渐进的改善，工作重点放在流程的某一职能范围内，采取对现有流程最少变动的方式来谋取连续的改善，采用的方法主要是流程图、流程统计测量等。从流程管理的角度对全面质量管理进行分析，可以看出，这个时期全面质量管理已经开始把顾客作为流程实施的出发点，目的在于通过连续的性能改善来满足顾客的需要，全面质量管理的应用明显改善了企业的管理绩效。

（三）面临的挑战与措施

在经济社会的大数据背景下，伴随着大数据和通信技术的成熟，大数据环境为审计模式和相关审计技术的发展提供了新的挑战和极好的转型契机。

一方面，公司必须立足于总部"一体四翼"战略布局，切实履行特大型国有企业责任担当，坚守主责主业，保障居民用电需求和国家能源安全；深化审计工作改革，全力推进数字化转型发展，兼顾成本效益原则，依托数字化平台，将公司管理纳入闭环管理流程；通过统计分析工具，对公司审计流程进行实时管控，保障质量立审目标实现。

另一方面，强化人才兴审战略，组建跨专业、跨领域、跨部门的柔性审计团队，全面提升专业团队素质，充分发挥公司人才优势，强化公司流程管控，推进公司治理体系和治理能力现代化建设，服务公司高质量发展需求。

第三节 大 数 据 理 论

一、概念界定

大数据（big data），或称巨量资料，指的是所涉及的数据量规模大到无法利用现行主流软件工具，在一定的时间内实现收集、分析、处理或转化成为帮助决策者决策的可用信息。互联网数据中心（IDC）认为"大数据"是为了更经济、更有效地从高频率、大容量、不同结构和类型的数据中获取价值而设计的新一代架构和技术，用它来描述和定义信息爆炸时代产生的海量数据，并命名与之相关的技术发展与创新。大数据具有 4 个特点：

第一，数据体量巨大（Volume），从 TB 级别跃升到 PB 级别。

第二，处理速度快（Velocity），这与传统的数据挖掘技术有着本质的不同。

第三，数据种类多（Variety），有图片、地理位置信息、视频、网络日志等多种形式。

第四，价值密度低，商业价值高（Value）。

存储单一数据的价值并不大，但将相关数据聚集在一起，就会有很高的商业价值（金良，2012）。大数据时代，传统的数据采集、处理和应用技术与方法都发生了改变，人们的思维方式也发生了改变。大数据的精髓在于促使人们在采集、处理和使用数据时思维的转变，这些转变将改变人们理解和研究社会经济现象的技术和方法。

大数据理论是指利用大数据技术，提高企业价值创造能力，进而打造新业态。当前，新顾客群体的出现，新消费模式的变更，顾客需求逐渐呈现多样化、个性化特点，全面满足顾客需求成为公司当前发展的重要议题，加之互联网技术、人工智能和通信技术等大数据技术的发展，为实现顾客价值提供了重要的技术支撑，大数据思维成为时代所需。大数据时代带来审计思维方式的重大变革。

第一，实现了从抽样审计向全量审计的转变。传统审计受审计工具和审计人员的限制，只能通过简单抽样评估总体工作，而大数据技术实现了海量数据挖掘，节约了人工成本，使全量分析变为可能。

第二，实现了从精准错误审计向模糊准确审计的转变。小样本时代，审计工作的有效开展依赖于样本的典型性和精确性，抽样数据的精准性与审计结果直接相关，而大样本时代，随着数据容量的扩大，少量的样本偏差对审计结果的影响微乎其微，审计整体工作效率显著提升。

第三，实现了从逻辑构建中寻找因果关系向从大数据相关性中寻找因果关系的转变。传统审计以样本评估总体，需要找到影响审计结果关键且重要的因素，通过理论假设构建审计因果关系，发现审计问题，实现审计监督职能，而大数据时代，一切被记录，一切被数据化，事物间的联系显著加强，可以借助大数据技术，通过数据的相关关系分析找到逻辑因果。

以大数据理论为技术指导，释放数据倍增效应，立足多维审计工作场景，根据差异性审计内容，综合运用各类大数据技术手段，满足多样化审计需求，推进全数字化综合审计体系构建。

大数据是顺应时代发展潮流的必然趋势，是贯彻国家方针政策的必然要求，是实现企业数字化转型的必然手段。以大数据为理论技术指导，构建全数字化综合审计平台，组建"审计＋业务＋数据"柔性团队，全面推行数字化审计，消除了数据获取壁垒，打破了小样本数据限制，丰富了审计分析方法，创新了审计思维方式。深入总结大数据的理论成果，强化大数据思维理念，推进大数据方法多场景运用，以数据"倍增效应"为智慧审计赋能，全力推进新时代数字化审计工作，提高审计工作效率，推动科技强审，助力公司数字化转型升级，打造公司核心竞争力。

二、历史演进

大数据经历了"软件开发—科学研究—商业应用—国家战略—社会生活"等五个动态发展阶段。1966年，摩尔定律提出，晶体管技术改进，大数据的物理基础形成；1989年兴起的数据挖掘技术，让大数据产生"大价值"；2004年出现的社交媒体，让每个人都成为潜在的数据生成器，是大数据的雏形。2008年9月，《自然》杂志发表专栏论文，第一次从科学研究的角度提出大数据概念。此后，国内外对大数据的研究与应用日益增多。

大数据是时代发展的必然趋势，云计算、大数据、新一代移动通信技术等大数据技术突飞猛进，迎来了以大数据、云计算和人工智能等为代表的新一轮科技革命，影响了人类经济社会生活方式，改变了产业发展格局。纵观国内外形势，各国高度重视大数据发展，并将其作为国家战略部署的重要一环。

国务院在2015年的《促进大数据发展行动纲要》中将大数据定义为："大数据是以容量大、类型多、存取速度快、应用价值高为主要特征的数据集合，正快速发展为对数量巨大、来源分散、格式多样的数据进行采集、存储和关联分析，从中发现新知识、创造新价值、提升新能力的新一代大数据技术和服务业态"。大数据的核心理念为"一切都被记录，一切都被数据化，通过数据的描述可以还原出任何现象、行为及其背后存在的规律"，其主要目的在于利用大数据技术，提高价值创造能力，打造新业态。

Seddon和Currie（2017年）从"7V"方面详细概述了大数据的功能特点，具体为多样性（Variety）、高频性（Velocity）、多变性（Variability）、巨量性（Volume）、真实性（Veracity）、价值性（Value）和可视化（Visualization）；更多学者将

大数据概括为数量性（Volume）、多样性（Variety）、实时性（Velocity）、价值性（Value）的"4V"特征。

著名的大数据理论专家舍恩伯格提出，在大数据时代，将带来三大思维方式的转变。

第一，不是随机样本，而是全体数据。小数据时代，受制于技术、数据限制，随机采样成为统计分析的必然选择，采样分析的精确性随采样的随机性的增加而提高。大数据时代，可以借助海量数据，按照科学方式对全量数据进行处理，进行全量分析，减少样本选择偏误，提升了数据分析精确度。

第二，不是精确性，而是模糊性。在数据和信息有限情况下，数据来源单一、形式简单，为了保障分析结果的可靠性，对样本数据精确度有较高的要求；而大数据背景下，广泛的数据来源，海量式的数据搜集，部分错误数据客观存在而无法剔除，但是由于大数据技术的先进、数据库的多样、数据体量的庞大，数据分析的整体容错率提升，少量错误数据对分析结果影响较小，并会随着数据体量增大而进一步弱化。

第三，不是因果关系，而是相关关系。大数据环境中，几乎所有事物都被数据化，留下痕迹形成新数据记录在档，以供分析利用，因而，待分析事物通常与众多要素有关。一方面，数据爆炸时代，直接分析要素之间的因果逻辑并不可能，而只能从相关性角度得出其相关关系。另一方面，因果关系以一定的假设前提为基础，通过逻辑推导，得到最终分析结果，受到主观因素的影响；而相关关系依赖海量数据，绕过研究假设，直接对数据与结果之间的联系进行分析。强大的数据处理技术处理海量数据，只需寻找要素与要素之间的变化情况和规律，受主观因素的影响小，分析更显客观性。

三、面临的挑战和应对

21 世纪以来，大数据时代已经随着大数据技术的快速发展而来临。麦肯锡于 2011 年在全球研究院的研究报告中首次提出了"大数据时代已经到来"这一论断。2018 年 12 月，中央把 5G、人工智能、工业互联网、物联网定义为"新基建"，并于 2020 年 3 月提出加快"新基建"建设进度。与传统基建相比，新型基础设施建设内涵更丰富，涵盖范围更广，具备更强的数字经济特征，体现出加快推进产业高端化发展的大趋势。

在"新基建"支持下，以云计算和大数据为代表的前沿技术的应用范围不断拓展，应用场景不断深化，整个社会处于信息化高速发展的阶段。无论是在经济市场还是社会发展中，大数据技术无疑成为眼下推动社会发展的重要推动力，社会的各个领域都期望运用大数据技术实现高速发展目标。互联网、物联网和社交网络以及电子商务等信息化平台对企业产生了极大的影响，企业可以在自身管理的各个环节中应用大数据技术，提高企业对信息的收集和处理效率，提升对信息的利用水平，企业管理越来越依赖于信息化系统的应用。

在数字经济时代的背景下，新一代大数据技术革新带来的数字化、智能化产业升级成为深刻改变和影响社会发展的驱动因素。国有企业基于自身业务发展的实际情况，也面临着通过数字化转型实现降本增效的现实需要，而数字驱动发掘新的增长动能已成为社会共识。

2019年7月，中共中央办公厅、国务院办公厅印发的新《经济责任审计规定》，从审计开展原则、审计计划管理、审计覆盖内容、审计责任确定、审计技术方法、审计整改提升等方面，对经济责任审计工作提出了新要求。

而传统审计模式存在一定的局限性，具体而言：

第一，"人"的局限性。审计人力资源有限，导致审计覆盖单元受限，难以达到审计全覆盖的要求。同时，审计人员个人知识结构和工作经验的差异，也会影响审计工作的质量与深度。

第二，"机"的局限性。现场审计有诸多优点，例如审计人员在现场能够发挥更大的威慑力，现场的访谈可以从访谈对象的语言、表情、行为举止等发现诸多疑点，现场盘点、踏勘和观察能够发现更多的疑点和线索等。实践表明，仅依据数据进行远程审计，未开展现场审计和沟通确认，审计结果不足以直接作为审计结论和问责依据。而且，受限于技术能力，信息系统中逐渐增多的视频、图片、音频等半结构化和非结构化的数据，目前仍难以有效地应用于数字化审计。

第三，"数据"的局限性。各个数据系统的数据格式、底层设计呈现多样化，而且随着业务的发展也在不断发生变化。"数据烟囱"现象导致数据存储分散独立，跨系统获取数据存在难度，审计的应用面受限。如何深化数据赋能内部经济责任审计，强化对企业领导人员的管理监督，全面评价领导人员经营绩效，促进企业领导人员履职尽责、担当作为，促进国家重大经济方针政策和公司战略举措贯彻落实，推动公司防范重大经营风险，促进公司可持续健康发展，是我们需要思考和研究的问题。

面对"爆炸式"增长的数据，审计部门依靠传统审计方法仅通过手工作业和简单的计算机操作很难对海量数据进行完整、及时、精准地采集和分析，进而影响对被审计单位的进程把控，即以财务监督检查为主要目标的传统审计模式在大数据时代已经无法实现审计的功能和目的了，审计工作面临严峻的挑战。与此同时，大数据也带来了新一轮数字革命。它带来了新的思维变革、商业变革和管理变革，不仅促使传统审计业务与大数据进行组合，还给无所不在的审计计算、审计数据和审计知识带来了前所未有的创新机遇。

进入21世纪后，以互联网为代表的大数据技术突飞猛进地发展，云计算、大数据、区块链、4G/5G、新一代移动通信技术等大数据技术从理论研究延伸至实践操作领域，大数据带来的新技术、新思维的变革，使传统审计加快向数据审计转型。审计方式、抽样方法、审计时效、审计经验和成果运用等各方面较之传统审计均有较大提升。

习近平总书记在中央审计委员会第一次会议上指出："要坚持科技强审，加强审计信息化建设。"如今对"计算机审计"的研究已经发展到利用大数据，建立以"云平台"为依托的联网审计阶段，简称数字化审计。

数字化审计是指以"云计算"技术为基础搭建大数据平台，在云端构建审计平台，将被审计单位的各项数据数字化和信息化并储存在数据库中，审计部门可以充分获得被审计单位的数字化信息，并利用"云计算"的强大计算能力，对这些数字化信息进行分析处理，实现对被审计单位业务数据和财务数据的真实性、合法性以及对被审计单位信息系统安全性、可靠性的远程监督。

目前数字化审计已经能够将OLAP、数据挖掘、智能分析等技术引入审计工作中，实现实时的审计告警，相较于传统审计或初期的计算机辅助审计阶段，基于数字化审计运用开展的持续审计监控将风险关口前移，实现了审计全生命周期的自动化管理。

大数据时代、云计算、人工智能使得企业审计的数据基础从少量的"样本数据"转变为海量的"全体数据"，实现跨专业、跨地域、跨类型的全量数据审计分析与应用，实现从以有限个案为基础向"用数据说话"转变的全新决策。审计创新首先源于技术的重大创新，需要数据驱动和技术驱动，利用大数据和人工智能重构审计的逻辑与方式方法，全面突破传统审计的模式和效率，构建智能审计模型。因此，大数据已不仅仅是信息工具，还将成为推动发展的核心引擎，推动审计工作更好地履行职能，在企业风险管理和价值创造中产生深远影响。利用新一代大数据技术打造全数字化综合审计是适应大数据环境下企业管理理念、经营模式、方式方法转变而产生的新的审计监督模式，也是审计工作发展的现实需求，更是新时代审计现代化的重要标志。

第五章
全数字化综合审计体系

完善的体系是有效实践的基础。本章旨在搭建数据赋能的全数字化综合审计体系，从全数字化综合审计的定义、指导思想、目标和原则出发，结合公司过往经验和理论总结，围绕"组织管理模式、技术手段、保障措施"三个维度的整体思路，构建以公司总部、二级单位、三级单位的管理层级为纵向维度，以审计业务类型为横向维度的跨层次、跨部门、跨领域的矩阵式组织管理模式，综合运用数字化审计平台、数据中台、数据分析工具等技术手段，以体制机制、人才建设、质量管控、数据安全、创新迭代为保障，最终形成了系统、科学、综合的全数字化综合审计体系（见图 5-1）。

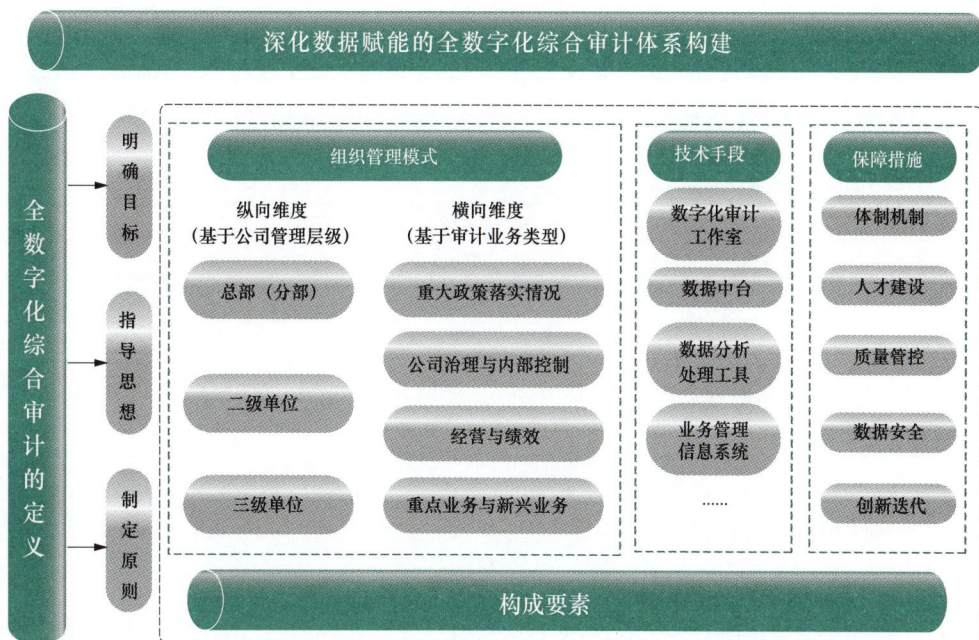

图 5-1　全数字化综合审计的体系构建

第一节　全数字化综合审计体系定义

全数字化综合审计体系坚持以习近平新时代中国特色社会主义思想为核心指导，以落实审计署、国资委关于深化企业内部审计监督工作的部署和要求为行动方针，以全面履行公司"三项职责"、夯实公司"三项保障"为自身使命，坚持科技强审，推进内部审计全面覆盖与质量提升有机统一。融合数字化技术手段和公司数据资源优势，围绕全方面审计、全过程管控、全平台作业，聚焦审计内容综合覆盖、审计手段综合应用、审计成果综合挖掘，形成交叉立体、互联互通的新型审计体系。

该体系的核心要义体现在"全数字化"和"综合"两个关键词上。

（1）全数字化。

1）全方面审计。充分挖掘公司数据在审计监督和审计服务中的价值，打破以往审计人员使用系统前台功能逐项核实疑点的传统工作方式，强调利用大数据技术对审计内容进行全量和全面审计，客观全面地揭示问题，深入剖析问题产生的原因及存在的风险。

2）全过程管控。利用大数据技术对审计项目进行事前、事中、事后全过程审计，推动审计关口前移。

3）全平台作业。运用大数据分析技术，以公司各业务管理系统及其存储、生成的电子数据为基础，综合应用审计作业系统及数据分析工具，探索数字化审计作业的模式创新。

（2）综合。

1）审计内容综合覆盖。贯彻落实党和国家重大政策措施、单位党组决策部署，推动公司治理体系和治理能力现代化，对公共资金、国有资产、国有资源和领导干部经济责任履行情况实行审计内容全覆盖。

2）审计手段综合运用。依托在线文件传输、远程视频、数据中台、审计平台等技术手段，探索应用远程在线和跨域全量数据分析技术，实现"远程＋现场""人工＋智能"的综合审计模式。

3）审计成果综合挖掘。从审计工作管理、审计项目实施管控、审计整改督导等多个维度提高审计质量，积极研究利用审计成果的有效途径，探索"1+N"审计模式，提升成果利用水平，不断推进公司治理水平现代化，创新体制机制改革。

该体系以全面履行公司"三项职责"、夯实公司"三项保障"为自身使命。

（1）"三项职责"。

1）将保障党和国家重大政策措施、单位党组决策部署落实作为内部审计的首要职责。以履行首要职责为发力点，统筹安排审计计划，精准确定审计重点，坚决咬定重大政策、战略部署，久久为功，围绕带动构建新发展格局、推进科技创新、开展国企改革三年行动、大力提质增效等工作强化监督，推动资金高效使用、项目加快实施、政策措施有效落实，促进防范化解重大风险。

2）将推动公司治理体系和治理能力现代化作为内部审计的重要职责。以履行重要职责为着眼点，把牢审计工作的根本目标导向，紧扣发展质量与效益，聚焦公司主责主业，监督评价公司治理结构的适当性、治理活动的有效性，当好"透视公司治理的窗口"；重点关注内部控制、风险管理建设和执行中的问题和缺陷，提出改进完善措施，扮演好"治理变革促导者"角色。

3）将强化对经营管理中权力运行、规范管理、重点领域、关键环节和重要岗位的有效监督作为内部审计的基本职责。以履行基本职责为立足点，按照经济监督的定位坚持依法依规审计，聚焦"经济责任"，深化经济责任审计，围绕境外资产管理、金融业务等风险领域拓展管理审计领域，注重发挥审计监督专业性强、触角广泛的独特优势，以及揭示问题、督促整改的独特作用，高质量为公司做好"经济体检"。

（2）"三项保障"。

1）坚持质量立审。将严管严控审计质量作为决定审计成效的重要抓手，构建涵盖审计管理、审计项目、审计整改和迎审迎检的审计质量体系，实现对内部审计全业务、全流程的科学管理，发挥质量管理的激励约束和导向引领作用，坚持以高质量的审计结果提升工作价值。

2）坚持科技强审。加大数字化审计建设和应用力度，厚植数字化审计生态，以数据"倍增效应"为审计智慧赋能。实施审计工作在线管理、审计质量在线管控，促进组织方式创新。借助大数据精确筛查风险隐患、审视问题线索，发挥新技术的优势作用。

3）坚持人才兴审。遵循"立身立业立信"要求，遴选优秀人员建设柔性专家团队，强化重点工作支撑，引领示范加强审计队伍的政治能力、研究能力、专业能力和数字化审计能力建设，激活人才"第一资源"，夯实内部审计高质量发展根基。

第二节　全数字化综合审计的指导思想

一、以习近平新时代中国特色社会主义思想为核心指导

习近平总书记在中央审计委员会第一次会议上强调，要坚持科技强审，加强审计信息化建设。这一重要论述指明了新时代内部审计工作的前进方向。因此，在推动公司治理体系和治理能力现代化建设的进程中，公司应当以习近平新时代中国特色社会主义思想作为全数字化综合审计工作的核心指导，建立健全公司全数字化综合审计体系。

二、以贯彻落实审计署、国资委对企业内部审计监督工作的部署和要求为行动方针

审计署在《"十四五"国家审计工作发展规划》中指出，要加强审计技术方法创新，充分运用现代大数据技术开展审计工作，提高审计质量和效率。国资委印发了《关于深化中央企业内部审计监督工作的实施意见》（国资发监督规〔2020〕60号），要求加快推动内部审计信息化建设与应用，积极推进内部审计全覆盖，提高审计监督时效性和审计质量。为推动数字化审计转型，公司应以贯彻落实审计署、国资委对企业内部审计监督工作的部署和要求为行动方针，建立健全公司全数字化综合审计体系。

三、以全面履行公司"三项职责"、夯实公司"三项保障"为自身使命

公司董事长辛保安指出，公司坚持以习近平新时代中国特色社会主义思想为核心指导，要始终将审计监督作为落实党中央决策部署、完善公司治理、保障健

康发展的重要力量，既发挥好审计监督常态化体检作用，也帮助基层提高依法合规经营管理意识和能力水平，推动公司高质量发展。结合董事长指示精神，全数字化综合审计工作要顺应习近平新时代中国特色社会主义的国情，以全面履行公司"三项职责"、夯实公司"三项保障"为自身使命，重点围绕"一审、二帮、三促进"要求，构建全数字化综合审计体系，推进内部审计全面覆盖与质量提升有机统一，为丰富和发展中国特色社会主义内部审计建设提供国网经验。

第三节　全数字化综合审计的目标与原则

一、全数字化综合审计的目标

1. "数审融合"：内部审计工作数字化水平显著提升

积极探索大数据环境下的审计模式和工作方式，提升数据使用效率和规范化水平，促进大数据技术与审计业务的深度融合，推动审计全覆盖。创新审计技术方法，全面系统地革新部门单位管理体制，完善风险管理和预警体系，坚持走科技强审之路，加速推进公司数字化转型的步伐。

2. 监督提效：审计监督能力现代化水平显著提高

坚持围绕中心、服务大局，牢固树立新理念，以改革创新精神不断拓展内部审计新思路，加强对内部审计工作的指导和监督，推动建立健全内部审计领导体制、组织体系、工作流程和整改机制。坚持质量变革、效率变革、动力变革，积极推进内部审计工作的转型和发展，依靠内部审计理念创新、体制机制创新、技术方法创新、人才队伍创新等一系列创新举措，实现审计全方位监督、全覆盖推进、全流程管理，全面提升审计监督现代化水平。

3. 管理优化：公司治理能力规范化水平显著优化

持续加强内部审计体系建设，把审计视野拓展到公司管理经营的各个角落，全方位推进公司治理体系和治理能力现代化。基于信息优势，在全面了解公司整体情况的基础上进行深入分析，发挥内部审计对单位经济决策科学化、内部管理规范化、风险防控常态化的重要作用，全面履行内部审计职责，实现内部审计在新时代的高质量发展，发挥内部审计在公司治理体系和治理能力现代化建设方面的重要作用。

4. 价值领先：公司全面高质量发展迈出新的步伐

立足新发展阶段，贯彻新发展理念，构建新发展格局，努力践行党和国家赋予内部审计监督的新使命，以全面履行公司"三项职责"、夯实公司"三项保障"为自身使命，把握审计数字化转型发展机遇，发挥内部审计的权威性、独立性，提升公司治理水平和风险防范能力，加快审计工作数字化建设，对促进公司管理效能提升、推动公司高质量发展具有重要意义。

二、全数字化综合审计的原则

1. 审计管理手段：统一指导和分级实施相结合

公司总部应统一指导意见，明确管控机制、审计重点等内容，统筹管理和指导；各二级单位在总部指导下，充分发挥主观能动性，在审计工作的具体实施中利用好属地数据资源和技术优势，推动数字化审计体系不断完善；鼓励各三级单位根据本单位审计业务需求合理安排审计重点，拓展审计领域，提升审计质量和效果。

2. 审计工作模式：远程审计和现场审计相结合

围绕"总体分析、分散核实"的原则，将大数据思维融入重大政策落实、经济责任等各类项目的全过程，通过分析跨域综合的全量数据，辅以远程查询业务信息系统、分析经营管理电子资料和数据、现场核实等方式进行验证，以实现对问题和风险的全面核查、深入揭示和精准画像。

3. 审计覆盖范围：突出重点和全量覆盖相结合

坚持问题导向与精准出击，强化大数据思维，实现"全覆盖"与"抓重点"的有机统一。推进审计监督全覆盖时要充分考虑审计力量、审计资源、审计管理、审计风险、审计质量等综合因素，同时还要坚持重点突出、兼顾全面、有的放矢、分步实施的原则，做到有序推进、有力推进、有效推进，不断提高内部审计的整体质量。

4. 审计组织形式：垂直管理和嵌入实施相结合

落实审计项目和审计组织方式"两统筹"，突出顶层设计和统筹管控，科学制订工作计划，确保审计方向正确、资源配置合理、执行控制有力，明确项目管控机制、质量标准、工作流程和审计重点。立足公司和项目实际，采取垂直管理和"1+N"嵌入式等审计项目组织形式，将全数字化综合审计与重大政策落实、重大项目评审、持续审计监督、经济责任审计等融合，构建共享共治新格局，做到"一审多效、一审多果、一果多用"。

第四节　全数字化综合审计的组织管理与审计内容

一、公司内部组织架构介绍

全数字化综合审计的组织管理模式不仅需要按照组织层级安排审计任务，更是要打通集团内部资源壁垒，尤其是在数据资源、技术资源、人力资源上要发挥协助和共享的价值，实现公司在不同区域、不同业务部门之间的良好沟通和积极协调，这样才能打破"单线作战"的传统组织模式，构建一个高效、灵活的新型组织管理模式。

基于此，本节构建以公司总部、二级单位、三级单位的管理层级为纵向维度，以审计业务类型为横向维度的跨层次、跨部门、跨领域的矩阵式组织管理模式，既可以实现公司管理层级对审计工作的纵向管理，又可以实现审计业务的横向融合。矩阵式组织管理模式是传统"单线作战"审计组织模式的一次创新突破，使公司能够迅速适应不断变化的内外部环境要求，最终实现公司整体层面的"数审融合"和"业审融合"，确保全数字化综合审计工作稳定推进。

（一）纵向维度：基于公司管理层级

公司内部审计组织结构采用分级管理模式，在公司总部、所属二级单位和三级单位设置专职审计机构，构建统一领导、分级管理、分层负责的三级审计组织体系。内部审计部门在业务上接受上一级审计机构的指导，按照管审分离、资源集约的原则，以"分级管理、上审下"的方式对所属单位进行审计监督，如图5-2所示。

在总部层面，公司总部要突出总部管理总职能，以审计方向和审计领域为引导，以审计管理机制为抓手，以数字化审计要点与链路为依托，统筹调配公司各类审计资源，聚焦国家重大政策决策的落实，着力公司治理体系现代化和治理能

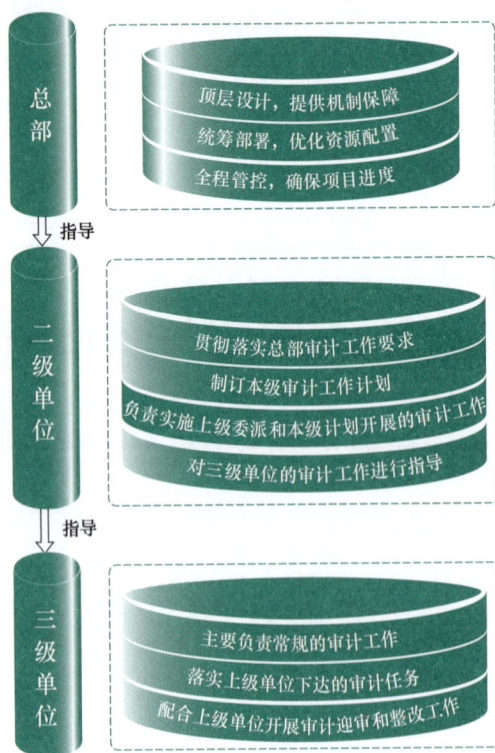

图 5-2 公司"分级管理、上审下"三级审计组织体系

力的提升。公司总部主要负责公司系统审计工作的全面统筹部署和管理，具体包括对内部审计人员和审计活动实施的计划、组织、领导、控制和协调工作，合理配置审计资源，确保审计计划、项目质量、审计档案以及审计成果等关键环节可控、在控、能控。6个区域审计中心作为总部派出的审计机构，组织实施总部安排的审计项目、开展省公司的日常审计监督，跟踪督导审计发现问题的整改落实，对分部经营管理活动进行审计监督。

在二级单位层面，设置职能部门审计部，并成立27个二级单位审计中心，支撑审计部门的内部审计工作。二级单位的审计部门主要贯彻落实总部审计工作要求，制订本级审计工作计划，负责实施上级委派和本级计划开展的审计工作，并对三级单位的审计工作进行指导，是公司审计组织的主要力量。相比公司总部层面，二级单位审计人员在审计管理和审计作业中的参与度更高，切实参与项目的管理与实施各环节，重在从实践层面去探索并推广数字化审计新模式。

在三级单位层面，设立专职的审计部门，主要负责常规的审计工作，落实上级单位下达的审计任务，配合上级单位开展审计迎审和整改工作。同时，三级单位也存在审计机构设置不完善、审计人员配备不足等问题，可以通过与上级单位加强沟通、优化三级单位审计机构设置、加强审计人员队伍建设等方法减少审计困难。

（二）横向维度：基于审计业务类型

面对复杂多变的内外部审计环境，公司的单项审计业务往往不再局限于某个管理层级或职能部门，而是需要打破管理壁垒、组织壁垒和业务壁垒，实现跨层次、跨部门、跨领域的协同与合作。为此，公司还需要基于审计业务类型，进行横向的组织管理，打破"单线作战"的传统审计组织模式。具体地，本节根据审计业务的不同特性，围绕重大政策落实情况审计、公司治理与内部控制审计、经营与绩效审计、重点业务与新兴业务审计等四个方面论述横向维度的组织管理模式，见表5-1。

表 5-1　　　　　　　基于审计业务类型的横向组织管理模式

层级	重大政策落实情况审计	公司治理与内部控制审计	经营与绩效审计	重点业务与新兴业务审计
总部	■	■	▬	■
二级单位	▬	▬	▬	▬
三级单位	▬	▬	■	▬

注　表中方块越厚说明审计重要程度越高。

重大政策落实情况审计主要涉及对党和国家重大政策落实、公司党组决策部署的制定、执行和效果进行监督检查。重大政策落实情况审计需要公司自上而下的组织协调，并由总部牵头制订年度审计项目计划，同时组建专项审计工作组统一组织实施。在组织开展重大政策落实情况审计时，总部应当加强对党和国家重大政策的研究，充分掌握公司总体发展战略、重点工作安排，组织制订工作方案和阶段性审计要点，加强对各审计组现场和远程审计的业务指导和过程控制，组织梳理政策措施及具体工作任务情况，对党和国家重大政策落实情况、公司党组决策部署落实情况进行监督检查。

公司治理和内部控制审计主要包括对被审计单位公司治理和内部控制体系建立健全、执行、信息化管控情况进行审计。公司治理和内部控制审计更多集中在总部、二级单位层面。在组织开展公司治理和内部控制审计时，审计单位需要根据预定的审计计划，关注核心业务制度体系建立健全、国家和行业监管政策在内部控制流程的嵌入和执行情况，重点领域及关键环节内部控制有效性情况，存量风险项目管理与处置情况等，真实、客观地揭示公司内部控制风险状况，如实反映内部控制设计和运行的情况。

经营与绩效审计主要涉及重大经济事项决策与执行、发展战略规划制订与执行、经营绩效情况等方面。各级单位都要关注对经营管理活动的经济性、效率性和效果性方面的审计工作，但各个层级需要根据自身的业务重点确定差异化的审计重点。在组织开展经营与绩效审计工作时，各级单位要依据有关法规和标准，运用审计程序和方法，对被审计单位经济活动的合理性、经济性、有效性进行综合、系统地审查和分析，对照一定的标准，提出改进管理、提高效益建议的经济监督活动。

重点业务与新兴业务审计主要涉及"一体两翼"等公司战略中强调的重点业务与新兴业务的规划与落实工作，比如储能、电动汽车、综合能源服务等。在实际审计工作中，根据国家战略部署和公司战略规划，不同时期重点业务与新兴审计涉及的业务内容和业务负责单位是动态变化的。在组织开展重点业务与新兴业务审计时，各审计单位要结合审计项目实际，充分掌握公司战略规划的方向和要求，了解被审计单位的总体完成情况和项目成效情况，灵活制订审计计划，重点防范可能存在经营风险、业务流程不规范、资源配置不合理等问题，更好地服务、监督、促进重点业务与新兴业务持续稳健发展。

公司实行"上审下"体制，按照管审分离、资源集约的原则，构建了统一领导、分级管理、分层负责的三级审计组织体系，在总部、所属二级单位和三级单位优化设置专职审计机构。

在总部层面，突出总部总管职能，主要负责公司系统审计工作的统筹部署协调，以及审计计划和质量、金融与国际业务审计、违规经营投资责任追究、数字化审计等重点工作的集约管理。审计任务的实施主要由6家区域审计中心、各省市单位或抽调的审计骨干承担。在审计过程中，存在数字化审计平台贯通应用不畅、信息系统权限开放有限、跨省域出差不方便、对被审计单位经营管理不够熟悉等困难。主要通过制度机制完善、职责划分、数字化非现场远程审计与现场核实实现困难最小化。

在二级单位层面，公司成立 27 个省级电力公司审计中心，用于加强审计业务管理，突出资源调配和审计实施。相比总部层面，在审计过程中，二级单位审计人员对被审计单位的熟悉程度较高，人员调动、集中工作较为方便，数字化审计平台和信息系统应用障碍较少，主要关注如何高效统筹安排数字化审计工作，高效高质实施组织管理的各类具体审计项目。

在三级单位层面，主要负责单位日常审计工作，将数字化审计与公司审计工作深入融合，落实上级单位下达的审计任务，配合上级单位的迎审和整改工作。三级单位主要存在审计机构设置不完善、审计工作落实不到位、人员能力不足等问题，可以通过与上级单位加强沟通、优化三级单位审计机构设置、加强审计人员队伍建设等减少审计困难。

二、构建"总部—二级单位—三级单位"的三级组织管理模式

（一）总部层面

落实"两统筹"要求科学制订工作计划，突出顶层设计和统筹管控，确保审计方向正确，资源配置合理，执行控制有力。以审计方向和领域为引导，以审计管理机制为抓手，以数字化审计要点与链路为依托，统筹调配总部各类内外部审计资源，聚焦国家重大政策决策的落实，着力公司治理体系现代化和治理能力的提升。

（1）顶层设计，提供机制保障。建立"审计＋保障＋业务"三方协作和"总部—二级单位"两级高效协同机制，为项目高效实施提供强有力的保障。制订项目指导意见，明确项目管控机制、质量标准、工作流程和审计重点。通过"自审＋交叉"等形式，统筹推进项目实施。实现远程审计与现场审计的紧密融合，改变传统审计分单位、分时段、分项目单独事后核查的组织方式，组织对全公司系统全量业务数据集中开展跨单位、跨时段、跨专业数据分析，根据数据分析结果的趋势、变化、异常精准锁定疑点，分散到各单位现场核查发现问题。

（2）统筹部署，优化资源配置。围绕审计"三项职责"，科学确定全数字

化综合审计工作主题计划并适时动态调整。主题应锁定公司普遍性、系统性、趋势性风险，为公司研判和防控风险、科学决策提供服务支撑。按照总部引领，区域和省公司实施的思路，鼓励探索融合式、嵌入式、"1＋N"等数字化审计新模式，组织疑点问题相互移交核查，协同开展经济责任、专项管理审计，实现审计资源高效共享。依托审计聚合分析数据优势，推进业务数据全场景多维应用，对数据质量进行全面检验，推动业务协同优化和源端数据治理，助力公司数字化转型战略举措落地落实，为"全要素发力"数据效能发挥夯实基础。

（3）全程管控，确保项目进度。基于数据赋能的审计流程重塑，突出全过程质量管控。项目前期精密筹划，组织专家集中培训研讨最新政策动态，评估制订里程碑计划。项目过程按照周期书面汇报、定期视频例会、中期督导、远程会诊等方式，强化过程督导，实时掌握项目进度及质量，确保项目方向不偏。依托数字化审计平台，创建审计任务清单，分工到人，明确时间节点，严把进度管控。全程在线编制项目资料，落实审计记录、审计底稿及整改反馈三级复核要求，严把项目质量。项目后期对审计成果开展问题价值分析、风险分析、趋势分析、问题成因分析等，进一步储备有监督价值、可操作的主题。

（二）二级单位层面

二级单位全数字化综合审计围绕履行公司审计重要职责，突出资源调配和审计实施，完善迎审和整改流程，关注公司组织结构和制度体系、风险管理与内部控制等方面，依托审计聚合分析数据优势，推动业务协同优化和源端数据治理，以数字化手段深入揭示共性问题和管理薄弱环节。

（1）统筹各类资源，优化项目实施路径。将年度审计项目纳入二级单位重点工作任务，合理安排全年重大政策落实跟踪审计、任期经济责任审计、全数字化综合审计、专项审计调查等项目。通过充分发挥数字化审计全量覆盖的特点，统筹安排各类项目非现场审计与现场审计两个阶段，采用"集中非现场＋分散式现场"核实方式。

项目实施打破单一主审常规模式，建立"业务＋数据"双主审机制，确保数据接入、模型创建、疑点筛查、问题核实等工作同步推进。各单位在成立审计组时突破按专业分组，组建"审计＋业务＋技术"跨专业、大协同的柔性项目团队，动态组合团队人员，集中优势兵力查找重点领域问题、分析重大业务风险、梳理重要岗位流程等，审计质量不断提升。

（2）创新治理机制，推动数据资源共享。积极探索建立常态化数据共享共用机制，开展业务数据联动协同治理，释放数据"倍增效应"。建立跨专业常态化的数据治理机制，开展全链条数据治理，畅通信息沟通与反馈通道。构建"应用—发现—治理—应用"循环数据治理工作机制。

打通业务部门数据壁垒，在审计作业中运用好业务数据，了解数据资源秉性。对数据中台未覆盖的系统数据，按需协调数字保障部门及相关业务部门补充溯源、数据接入及下发；对业务系统中暂时无法接入中台的数据，协调从系统后台获取并创建审计中间表，运用各类工具进行数据分析。对中台及业务系统后台无法获取的数据，业务部门和被审计单位在开通网络防火墙所需端口基础上，根据审计需要动态调整查询权限，做到应开尽开。

（3）关注迎审和整改，完善闭环工作流程。建立健全省级迎审工作机制，审前组织督导问题自查整改，定期向二级单位董事会和管理层沟通汇报，强化资料专业审核和分析研判，做好管理对接和横向纵向协同，实行迎审日报周报、重大事项报告和迎审会商机制，定期共享工作成果。提升审计整改质效，严格问题整改"销号"流程，实现审计问题整改工作制度化、规范化，明确责任主体，健全追责机制，对问题整改实行业务部门和审计部门"双会签"制度，确保问题彻底整改。

依托公司系统数据中台、相关业务管理系统等获取数据，充分应用数字化分析手段，对历年审计成果开展风险分析、趋势分析、问题成因分析等二次价值挖掘，提升审计成果应用成效；应用数字化手段实时跟踪问题整改进度，定期扫描整改趋势性成果，形成"发现问题—及时整改—管理提升—实施反馈"的良性整改体系。

（三）三级单位层面

强化数字化审计与常规审计成果融合应用，通过全数字化综合审计项目带动常规项目的质效提升；高度重视、认真组织、通力配合、加强沟通，有序开展迎审保障工作；全面压实整改责任，强化整改过程管控，严格执行监审联动机制，合力提升审计整改质量。

用好审计平台，注重审计现场核实。围绕经营管理重点领域、关键环节和重要岗位监督管理、权力运行防控等方面，应用上级单位开展全量数据分析形成的数据、数字化审计平台及外部数据等多途径数据进行综合分析，形成全面、系统的疑点清单，为核查阶段工作奠定基础。核查成果决定了整改审计工作的质量，采用多种取证方式组织对疑点线索及数据质量问题核查确认，包括采用电话、面谈、信函、实地勘验，以及运用被审计单位内部资料和人力资源开展自查等方式，了解各环节职责，完善审计证据链，确保问题定性准确、制度使用恰当、责任界定合理。

提高政治站位，做好迎审配合工作。公司作为关系国家能源安全和国民经济命脉的特大型国有重点骨干企业，自觉接受内外部监管监督，结合实际制订与项目实施相匹配的协调联络工作流程。强化组织领导和工作配合，成立由公司主要负责人为组长，各相关部门主要负责人为成员的迎审工作领导小组，全面领导公司迎审工作。加强责任落实和过程管控，审计部门牵头组织成立由各相关部门联络员组成的迎审办公室，下设数据保障组、协调联络组、后勤保障组等工作组，负责向审计组提供审计所需资料，组织相关部门收集反馈资料，开展数据治理，提供必要的办公环境等，确保远程数据分析和现场核实的顺利实施。

落实三个责任，强化审计问题整改。审计整改是落实审计监督的重要抓手，是体现审计价值的最直接方式。

第一，压实问题整改主体责任。明确整改工作"一把手"负责制，被审计单位负责制订整改方案，明确整改时限和责任部门，根据问题的不同性质、整改的难易程度，分类制订务实有效的整改措施。

第二，压实问题整改管理责任。各业务部门负责本专业问题整改的业务指导，将审计整改与堵塞漏洞有机结合，举一反三，提升管理。

第三，压实问题整改监督责任。审计部门负责建立审计发现问题整改台账，对照总部问题整改要求和验收参考标准，严把问题销号关；对整改不力的单位和个人，按照规定进行通报、约谈、绩效考核和责任追究。

三、明确"总部—二级单位—三级单位"审计重点

（一）总部层面

聚焦重大政策决策部署落实机制的建立与运行。结合所在行业特点，围绕本

单位中心任务，紧扣公司战略发展需要，梳理在出资人授权范围内需要贯彻落实的重大政策和重要决策事项，包括党和国家一系列重大会议决策部署，党中央有关社会经济工作会议精神，本行业、本领域重要改革政策措施，同时也要充分掌握公司总体发展战略、重点工作安排等情况。以风险为导向，从组织领导、实施方案、任务宣贯程度、相关措施（包括制度、分工、下发文件、跟踪考核、总结推广等）完成情况，对各二级单位政策部署落实的进展情况核查。关注贯彻落实是否坚决到位，是否打折扣、搞变通，执行过程、进度的监管和控制措施是否到位，评估和纠偏机制是否健全等。

这主要包括：服务区域协调发展情况，如优化营商环境，提升获取电力指数排名等服务地方社会发展措施的落实；服务乡村振兴情况，如农网改造升级相关重点工程推进情况，农业生产生活电价优惠政策执行情况；助力"碳达峰、碳中和"工作情况，如清洁能源落地消纳推进情况，电能替代重点工程推进完成情况；推动科技创新落实情况，如科技创新项目管理情况，科研经费投入强度以及成果转化效果情况；国资国企及电力改革落实情况，如国企三年行动方案的落实情况，混合所有制改革推进情况，增量配电业务开展情况等。

聚焦公司层面内部控制及风险管理情况审计。强化"管理制度化、制度流程化、流程信息化"内控理念，深入探索以内部控制评价和风险评估为基础的审计，加强内控体系监督检查，切实全面提升内控体系有效性。强化数字化审计思维运用，借助目前各二级单位业务管理系统信息化程度高、数据环境好的优势，积极运用成熟的数据分析技术，探索在关键业务环节测试中开展全量审计，持续提升审计质量。

这主要包括：党委会和"三会一层"法人治理结构的建立健全及履职情况，内部职能机构的设立、职责界面的划分及履行情况。"三重一大"决策等相关决策机制、议事规则的建立健全及执行情况；公司治理和内部控制、风险、合规管理制度建立情况。公司"一体四翼"发展布局情况，战略规划及年度经营计划的制订、分解及执行情况，相应激励约束机制的实施情况。风险管理"三道防线"建立与运行情况；风险识别、评估、应对情况；内部监督的建立和运行情况；关键控制点流程图、控制矩阵和不相容职责表的制订和执行情况。信息收集、处理和传递以及反舞弊机制的建立和运行情况等。

（二）二级单位层面

聚焦重大政策决策部署落实落地。根据"三个清单"梳理情况，关注重大政策决策落实事项是否根据"三重一大"等决策机制要求及领导班子分工情况，准确履行党委（组）会、董事会、董办会、总办会及其他议事协调机构决策程序，是否按要求召开并进行相应决策，决策界面是否清晰。重点关注党委会决策是否作为重大事项决策前置程序，是否存在事无巨细都纳入党委会决策，导致决策链条过长的问题。

这主要包括：现代企业制度完善落实情况，关注党委会、董事会、监事会、总经理办公会及其他议事协调机构制度是否健全，职责界面是否清晰，是否有效运行；党委会"三重一大"事项提交会议集体决策前是否深入调查研究，会前是否充分酝酿，是否按规定开展合法合规审核与风险评估，广泛吸收各方面意见；"战略+运营"管控模式，是否结合本单位业务特征、管理特点、"放管服"推进情况进行优化，是否做到"放活"与"管好"相互结合，实现整体统筹，激发各级活力，保障战略落地。战略性新兴产业升级情况，重点关注进一步加大力度推动支撑产业升级专项行动推进情况,省管产业升级专项行动实施方案落实情况。电力新基建及特高压工程建设推进情况等。

关注核心业务内部控制管控。以防范和化解重大风险为目标，对设计开发、销售交易、资产管理、售后服务、业务结算、投资管理等方面，项目全过程管理进行测试检查。重点关注核心业务制度体系建立健全、国家和行业监管政策在内部控制流程的嵌入和执行情况，重点领域及关键环节内部控制有效性情况，存量风险项目管理与处置情况等。

这主要包括：关注人力资源管理内控制度体系建立健全和执行情况；关注财务资金管理内控制度体系建立健全和执行情况；关注采购及物资管理内控制度体系建立健全和执行情况；对民企清欠事项单独关注；关注年度综合计划和预算管理内控制度体系建立健全和执行情况；关注内部控制体系信息化水平，信息系统总体规划是否覆盖子企业、分支机构重要领域和关键环节；是否对信息系统的安全性、信息系统设计的合规性进行有效管控；关注信息化监管情况，信息系统权限设置和管理是否合理有效，运维管理是否合规；信息自动控制运行是否有效；是否推动各项经营管理决策和执行活动可控制、可追溯、可检查，有效减少人为违规操纵因素；是否开展内部控制体系实时监测、自动预警、监督评价等。

（三）三级单位层面

重点开展四级单位经营管理审计，包括任期经济责任审计、任中经济责任审计和专项审计。

第一，聚焦重点领域、关键环节审计。增强全局视野与敏锐反应能力，围绕国企国资改革提速、本行业本领域新政策新形势、本单位战略落地实施、主责主业、新兴业务开展中的工作重点难点与风险控制点精准发力，同时融合外部监管关注重点事项，推动内部审计与外部监管同频共振，常态化开展重要领域、关键流程、关键环节、重要岗位的审计监督，深入揭示风险，提出有针对性、建设性的管理建议。

第二，推动持续性经营绩效审计。针对各类型被审计单位、资金及整个项目周期，推进全覆盖绩效审计。在各单位、部门自评绩效基础上，根据审计需求、目标等，深入细化审计内容，重点研判经营周期内公司盈亏真实情况，对比分析境内外公司盈利能力、融资成本、人工成本、投资报酬率等指标，找出差距及原因。

第三，加强社会责任履行情况审计。国有企业需要履行一定的社会责任，相应内部审计也需要对国有企业履行社会责任的行为效率和效果实施审计。社会责任审计主要围绕职工、消费者、环境、政府和公众有关事项展开。

第四，深化领导人员权力运行审计。以及时为领导人员"把脉"和为领导人员管理部门"把关"为主要出发点，通过将审计监督嵌入权力运行链条，关注权力运行过程中薄弱环节和风险点，压缩权力寻租空间、促进权力规范运行的视角，查找重大违法违纪、重大损失浪费、重大风险隐患、重要决策失当、重大管理漏洞等，制约权力扩张和滥用。

这主要包括公司财务状况、经营的稳健性和可持续发展能力，主要业绩考核和风险监管指标的完成情况，财务资产、工程建设、招标及物资、营销、人力资源、省管产业单位、安全、生态环境等八个重要领域的管理情况；领导干部履职期间落实中央八项规定精神及廉洁从业情况；公司经营周期内盈亏情况、主要业务活动的效率情况和经营管理活动预期效果的实现情况；国有企业履行社会责任的行为效率和效果，围绕职工、消费者、环境、政府和公众有关事项展开。

第五节　全数字化综合审计的技术手段

一、信息交互层面

1. 数字化审计工作室

数字化审计工作室是开展全数字化综合审计的作战室和指挥室。公司总部、各区域审计中心、各省公司及部分地市公司设立数字化审计工作室。数字化审计工作室是专门用于实施数字化审计作业、开展数字化审计培训、推进数字化审计建设和创新等事项的工作场所，具有满足一定规模的审计人员开展集中办公、召开现场或远程视频会议、展示各类审计成果等综合性功能。

在公司数字化审计工作室，可以全面指挥、调度公司审计项目实施。应用视频会议系统支撑非现场审计进点会、沟通会、访谈等。视频系统与现场审计组实时互动交流，快速响应审计需求，异地"面对面"进行远程核实，形成"审计作业统一指挥、审计过程在线管控、审计信息实时传递、审计结果实时汇报"的审计作业新模式。

2. 信息通信工具

依托信息通信工具实现远程访谈交流和远程核实。依托数字化审计工作室，各单位使用"i国网"视频会议系统、数字化审计视频会议系统，通过内网实现视频通信；根据审计现场需要，在满足网络安全和保密工作要求的前提下，可选择钉钉、腾讯会议等外网实现视频通信，满足审计访谈、沟通、碰头、审理、报告等远程工作条件；甚至对于库存物资的审计疑点核实，可以通过在线视频、拍照录像等方式对库存物资等实物资产进行远程盘点。

二、数据挖掘和分析层面

1. 数据中台

数据中台能够贯通数据归集链路并提升数据分析质量和效果。通过将审计中零散的程序代码变成可视化、可复用的模型，并根据审计实际进行迭代完善，实现"初期需求、建模、应用、总结、优化模型"的循环，同步推动模型数据源中台化改造。全数字化综合审计通过跨专业、跨单位、跨年度的数据应用、分析与核查,在公司数据中台建设标准方面为公司数据应用和数据产品的推出积累经验。基于数据中台建立业务数据无障碍获取机制,实现审计所需数据全表全字段无障碍接入。研究制订审计所需的外网和跨信息大区数据接入方案,将规划、调度、交易、计量等专业数据按需接入数据中台,拓展数据源头、扩展接入范围。在数据分析过程中,通过在数据中台中进行数据验证、疑点核实、结果反馈,可以优化业务逻辑,精准确定疑点的准确率,提升工作质量和效果。

2. 数据分析处理工具

运用各类数据分析和处理技术完成数据分析,有力支撑全数字化综合审计实施。其中,数据处理工具主要包括:各类数据库,非结构化数据转换工具,网络爬虫工具等;数据分析工具主要包括:BI 等可视化建模工具,Python 和 SQL 等编程语言,Excel 等。运用数据处理和分析工具,可以帮助审计人员及时发现存在的问题和疑点,进一步提高大数据分析的及时性和有效性。

三、平台系统层面

1. 审计门户

审计门户是各级审计人员的工作平台,能够实现各类审计动态实时展现,各单位审计信息共享,各审计业务系统集成。作为数字化审计平台的统一入口和成果展示平台,审计门户通过资讯信息、经验分享及基层风采等模块,为公司总部、二级单位等层级的审计人员提供信息共享、经验交流等便利。此外,审计门户还打通了协同办公系统链路,完成了审计门户公司总部和省侧两级贯通交互。审计门户通过开展外网侧移动辅助应用构建,实现内外网交互信息贯通,打造内外网一体的、高效协同的办公环境。

审计门户是采用多维门户技术建设的部门门户,支持分层展示公司总部和各单位审计工作信息,用户范围涵盖公司总部及所属各单位审计人员,帮助审计人员及时了解审计工作开展情况,营造交流互动氛围。

2. 数字化审计平台

数字化审计平台包含综合管理、审计作业、违规追责、高级应用等四大主要功能,已经逐步建立了高效可行的数据授权、接入、溯源、验证等工作机制。其中，综合管理是将日常审计项目相关管理工作逐步在线化，以在线化、信息化手段管理原线下人工项目作业、整改流程及各种审计工作相关信息。审计作业是数字化审计的核心功能，以数据中台中采集于公司各业务系统数据为基础，以审计中间表、模型为审计思路的具体实现，提升审计工作的效率与工作水平。违规追责是对违规经营责任追究工作的支撑，主要包含违规追责制度库管理、违规追责管理、报告管理、综合台账管理、禁入人员管理、违规追责多维分析管理等功能。高级应用是数字化审计的新型探索，向审计人员提供在线可视化建模、模型运行、模型结果管理功能，规避底层统计分析语言，以审计人员能理解的页面操作开展数字化审计工作。

3. 业务管理信息系统

业务管理信息系统集大数据技术与先进的管理思想于一体，主要包括财务、营销、工程、物资、人资等信息系统，是为公司决策层及员工提供决策运行手段的管理平台。公司内部的核心数据都集聚于业务管理信息系统中。通过业务管理信息系统，审计人员可以远程获取审计所需的数据资料，为实现远程办公、提升工作效率提供工具支撑。通过提取的数据，审计人员可以远程了解被审计单位的基本情况，同时可利用系统自身的查询、分析等功能进行测试，并对获取的数据结果进行分析和评价，有助于提高审计效率和质量。

第六节　全数字化综合审计的保障措施

一、体制机制

主动适应内部审计组织形式和作业方式变化，以全数字化综合审计支撑内部审计作业，构建适应全数字化综合审计需要、灵活高效、协同联动的内部审计组织体制机制。

一是建立健全研究型审计机制。全数字化综合审计应发挥研究型审计的系统性理念的指引作用，并将其贯穿于审计全过程，作为内部审计发现问题、提出问题、分析问题、解决问题的有力武器，以及深化审计成果的重要依托。要将系统性思维贯穿于审前、审中、审后全链条，应用于项目计划制订、现场实施、审计评价、成果运用、审计整改等审计工作全流程，以此提升审计成果的水平和质量，更加精准有效地进行全数字化综合审计研究。

二是建立健全问题揭示机制。定期对全数字化综合审计工作落实情况进行分析总结，对督查发现和自查发现的问题，认真抓好整改落实。对没有按照目标要求和时间节点完成落实任务的，内部审计部门要及时制订整改方案，限期整改到位。对落实中存在的典型性、普遍性问题，有针对性地集中开展专项治理。对落实到位、成效明显的，认真总结经验，建立长效机制，巩固扩大成果。对问题整改情况开展"回头看""再检查"，切实增强整改实效。

三是建立健全审计工作机制。着力构建审计计划、组织实施、督促整改等既相互分离又相互制约的审计工作机制，不断提升审计管理的制度化、规范化、信息化。基于不同审计项目、审计阶段，对审计成果分析总结，找准大数据技术在全数字化综合审计中发挥作用的切入点和着力点，以此优化审计项目组织方式，合理调配审计资源，统筹安排人员、时间、技术等要素，加强对审计项目整体节奏的把控，实现审计质量、速度、效益的统一。

二、人才建设

充足和高质量的内部审计人才是数字化审计试点向全数字化综合审计升级的基础资源。全数字化综合审计模式的转型，对内部审计人才的培养提出了更高的要求，不仅要求审计技术的充分利用，还要求配备综合背景、计算机相关的审计人才和"智囊团"审计专家团队。同时，聚焦内部审计人才政治能力、研究能力、专业能力、数字化审计能力等"四项能力"的培养，通过多角度、多层次开展数字化审计培训、竞赛、研讨和以审代培，帮助内部审计人员转变理念、方式和方法，培养掌握审计技能、熟悉具体业务、了解业务数据，具备政治思维、研究思维、系统性思维、数据思维，一专多能的"T"型审计专业人才。

（1）单一背景审计人才向综合背景审计人才转变。以提高审计人员"四项能力"作为强化监督的基础，提高审计人员政治思维，精准把握政策任务，打造一支"政治＋研究＋业务＋技术"的专业数字化审计复合型人才队伍。多层次组织开展政策研究、业务研究、审计业务、数字化审计作业等培训，综合运用外部媒体平台和公司内部培训平台，推动政治学习、业务学习、审计管理与作业融合，实施审计人员在审计项目现场中驻点培养，全面提升审计队伍素质。

（2）传统型审计人才向数字化审计人才升级。建立人才引进、培养、激励机制，充实计算机审计队伍，优化审计人员知识结构，畅通专业人才发展通道。搭建实战练兵平台，定期开展数字化审计专题培训，数字化审计建模劳动竞赛等活动，打造适应公司改革发展需要、掌握先进数字技术、对问题和风险保持高度敏锐性的数字化审计人才队伍。

（3）个人全能型审计专家向综合型审计团队突破。组建综合型审计专家团队，依托数字化审计平台和审计项目开展审计理论探索和实践攻关。按需引进内外部技术支撑团队，配合做好政策研究和业务研究分析、数据获取和梳理、业务系统应用指导等技术支撑工作，并开展选拔、培训和评价考核。综合型审计团队应增强审计政治自觉，充分把握政策内核，熟练掌握数据开发、数据管理、系统研发、系统运维等专业技能，有条件的单位可配备熟悉政治要求和政策的专家顾问，以及熟悉财务、设备、营销、物资、人资等业务系统的业务顾问。

三、质量管控

把牢数字化审计质量"生命线"，在各项审计工作制度、审计考评文件中增加全数字化综合审计作业流程、工作机制、工作标准等相关内容，强化过程管控与适时督导，切实发挥数据中台、数字化审计平台、数字化审计工作室和审计专家团队"四位一体"聚合优势，推动全数字化综合审计工作高质量落地。

1. 健全管控机制

制订审计工作管理办法。公司审计工作应当遵循"一审二帮三促进"的原则，正确把握"三个区分开来"，积极推进审计监督全覆盖，完善审计问题发现及整改机制。

制订审计质量管理办法。公司审计部门应当建立完善的审计质量管理体系，为审计质量管理有效性提供保障。

制订审计工作考核管理办法。结合公司审计工作实际，对审计工作专业量化考核指标采取单位自评、公司审计部门综合考核评价的方式分阶段实施。引导各单位建立健全审计工作机制，全面提升审计管理水平和工作绩效。

制订审计结果运用管理办法。落实审计结果运用工作，完成好审计发现、整改、预防三大任务，推动完善制度和加强管理，促进公司高质量发展。

2. 加强质量全程管控

加强审计过程质量管控，全流程跟踪项目进度。加大审计过程管控力度，采取"远程＋现场"督导方式，动态跟踪审计实施情况，全面梳理实施过程中各环节存在的困难。构建立体的审计质量评价体系，全方位评估审计成效。区别于常规审计评价内容，要制定专项质量评价标准，拓展评价维度，结合审计实施方案、审计底稿、审计报告全过程审理情况，综合评价审计实施成效，增强评价的科学性、合理性和针对性。

四、数据安全

基于数字经济的快速发展和数据安全形势的日益严峻，我国于 2021 年正式颁布了《中华人民共和国数据安全法》（中华人民共和国主席令第 84 号）、《中华人民共和国个人信息保护法》（中华人民共和国主席令第 91 号 ）两部法律，填补了我国数据安全的法律空白，同时配套推出了《网络数据安全管理条例（征求意见稿）》，将两部法律中的原则要求、模糊地带进行了明确。在数据安全政策呈现一系列新特点和新趋势的情况下，公司需要正确认识和把握方向，抓好重点，加快提升数据安全保护能力。

（1）实行实名访问。审计人员、内外部技术团队及信息系统运维人员实行数据中心访问和业务系统权限实名制，签订保密协议，在规定的范围使用业务数据，对计算机、存储介质、账号权限的使用实行痕迹管理，切实防范数据失泄事件。

（2）预备应急措施。如发现查询账号被盗用、数据泄露等问题，立即通知业务部门及运维单位，采取账号冻结、切断数据通道等应急措施，防止事件进一步扩大，并积极配合、协助调查。

（3）数据使用管控。审计工作在进行数据访问和使用时，应基于数据中台提供的内部受控环境，开展数据的在线查询和在线应用，不得自行将数据拷贝和提供给他人；属于数据共享负面清单的应按照数据使用审批程序进行授权办理；数据增值变现等对外业务，应严格按照公司有关数据安全和隐私保护要求进行管理；数据共享应用要严格执行公司网络信息安全和保密有关规定，防范出现非授权使用和数据信息泄露事件。

五、创新迭代

按照"规划引领、需求导向、技能提升、注重实效"的原则，全数字化综合审计要求坚持创新与创效相结合，加强数字化审计创新研究，主动适应新技术、新方法对审计资源、审计思路、审计手段、审计方法等带来的变革，为审计实践应用提供支持和借鉴。同时，深入提炼全数字化综合审计作业模式，全面梳理审计准备、数据分析、疑点核实、问题整改等具有明显数字化审计特点的管控要素，在明确全数字化综合审计工作标准的基础上，结合实际情况，及时调整工作要求，充分发挥全数字化综合审计全量、跨域、预警的核心优势。

具体地，全数字化综合审计需要在实践中不断迭代审计技术方法和优化审计工作模式。融合人工智能、区块链等新技术，优化各类创新研究标准制定，深入开展审计理论与实践研究，提高成果转化率，用创新驱动审计变革，审计质量和效果提升。

第三部分

方法篇

方法，是审计工作中践行科学理论的有效工具，是审计人员完成审计目标任务的重要手段。本篇根据全数字化综合审计体系的理论基础，围绕审计方法、管理方法和技术方法三大主要方法，为全数字化综合审计体系提供方法论依据，为深化全数字化综合审计提供手段支持。

审计实践是全数字化综合审计体系构建的主要任务。审计方法是贯穿整个审计过程的主要工具，是推进审计业务顺利开展的关键支撑，是审计人员日常工作的有效依据，是保障全数字化综合审计实现的重要基础。审计既是企业的一项具体业务活动，又是企业管理活动的重要组成部分。

全数字化综合审计体系的构建离不开管理方法的具体指导。管理方法为公司管理活动提供了全面的辅助手段，帮助审计人员树立全局意识和大局观念，基于企业管理的整体视角安排审计工作，履行审计的企业治理职能。

全数字化综合审计体系是实现审计数字化转型的有效路径，是顺应大数据时代发展潮流的有力证明，是应用科技创新成果的成功案例。大数据技术为全数字化综合审计提供了科学的技术支持，为区别传统审计提供了关键的技术支撑，是实现公司治理能力和治理水平全面提升的重要手段。

本篇的方法介绍将围绕以下章节进行逐一展开。

第六章论述了审计方法的主要内容，从审计规划方法和审计实施方法两大方面，对审计工作中的基础方法进行了概括总结。本章的审计方法涵盖审计计划、实施、记录、评价和报告等关键环节，从审计计划制订，到审计证据搜集，再到审计报告出具，总结了审计工作的闭环流程，为审计人员的工作实践提供了全面、基础的方法支持，为全数字化综合审计体系提供了基础的方法论。

第七章论述了企业管理方法的主要内容，从流程再造方法和全面质量管理方法两方面践行了企业管理理论。基于企业管理视角为审计工作提供手段支持，既关注了审计业务流程的优化和重塑，又重视了审计实践的整体安排，整体最优与流程高效的管理方法，为全数字化综合审计体系实现提供了系统科学的工具方法，助力公司实现高质量发展目标，推进公司治理能力现代化水平建设。

第八章论述了大数据时代的技术方法，主要从数字化审计技术和数字化审计工具两方面着手，将大数据理论进行有机结合。基于技术和工具两大视角，总结了数字化审计工作中分析、可视化和其他辅助手段，并对数据分析语言进行了总结，为全数字化综合审计提供了强大的技术支撑，提高审计人员大数据技术认识能力，全面助推公司数字化转型进程，提高公司大数据应用水平，深化全数字化综合体系建设，创新公司价值实现路径。

第六章
审　计　方　法

第一节　审　计　规　划　方　法

审计规划方法，是指对全部审计活动或具体审计项目进行合理组织和安排时所采用的各种措施和手段。审计规划是进行具体审计工作的基础，是指导审计业务流程开展的具体指南。其目的在于确定审计目标，合理分配各种审计资源，以保证审计工作经济而有效地进行。主要内容包括计划制订方法、程序确定方法、方案设计方法等。

一、审计计划制订方法

（一）审计计划制订的概念

审计计划制订是指审计人员为了完成审计任务安排，达到预期审计目标，实现审计资源合理配置，在执行具体审计程序前进行工作计划编制。计划是工作顺利开展的前提基础，也是高效完成审计任务的科学指引，提高审计工作质效离不开审计计划的制订。审计计划是对整个审计工作过程的全方位安排，既包括审计人员的组织安排，也包括具体审计程序的执行安排，并可以进一步细分为总体审计计划和具体审计计划。

（二）审计计划制订的原则

1. 审计计划服务全程审计工作

审计计划是审计工作的全程性指引，可以随着审计工作的推进而适当调整，但审计计划整体满足审计任务需要，能够对审计全过程进行指导安排。因此，编制审计计划时必须树立计划服务审计全程意识，合理配置审计资源，考虑审计工作中可能出现的问题，为审计工作的顺利进行提供有益的计划指导。

2. 审计关键人员参与编制工作

审计计划是审计工作安排的重要参考，审计项目负责人和项目组中的关键人员须参与审计计划的制订工作。审计计划关系审计工作的进一步开展，项目负责人是审计项目的主要负责人，必须参与审计计划制订，为审计工作指明方向，指导审计人员开展审计工作。项目组关键成员是审计工作中的重要执行人员，掌握被审计单位和审计工作的详细信息，承担着上传下达的重要职责，因此，制订审计计划时项目关键成员也应到场，明确审计工作任务安排，树立全局意识，为审计计划的完善提供具体工作建议。

3. 审计资源安排实现最优配置

在审计资源有限的情况下，审计工作的开展需满足最优成本效益原则，既服务审计总体目标，又兼顾成本效益原则。因此，在审计计划制订前，审计人员需要对被审计单位进行全面了解，重点关注影响审计结果的重要事项，合理评估审计重要性和审计风险，根据被审计单位的经营规模和业务复杂程度，合理组织审计人员和配置审计资源，实现资源的最大化利用。

（三）审计计划制订的作用

1. 有利于明确审计人员和审计工作方向

随着社会迅速发展，公司多元化发展，审计技术迭代加快，审计面临和从事的工作越来越复杂。为切实解决审计工作中面临的问题，满足审计总体目标需要，必须立足于审计"三项职责"，夯实审计"三项保障"，协调各部门人员，调动各方资源，组织审计人员协力完成审计工作。审计计划为审计人员制订了统一目标，凝聚审计人员，明确审计意识，协同资源，完成审计工作任务，从而减少审计资源浪费，缩短审计工作时间，降低审计投入成本，促进审计任务的顺利实现。

2. 有利于提高审计工作效率

审计是完善公司治理的重要实现方式，承担着提高公司运营效率和实现公司监管的重要职责。随着经济社会发展，公司战略调整，审计需求日益扩大，审计工作任务日渐繁重，审计队伍的数量和结构与所承担的审计任务之间的矛盾越来越突出。审计方法和手段与完成审计任务的要求不匹配，无法适应被审计单位的运行状况和审计实践的发展。因此，在执行具体审计程序前必须制订科学的审计计划，通过各种科学技术方法制订科学、详细的项目方案，运用科学决策代替经验判断，统筹安排审计资源，有针对性地根据经济社会发展来科学安排审计项目，统一协调各方力量和资源，减少重复审计工作，节约审计资源，促进审计工作效率提高，保障审计工作顺利开展。

3. 有利于减少未来不确定因素的负面影响

当前，国际形势复杂多变，我国社会基本矛盾出现重大转变，审计面临数字化转型新要求。无论是审计组织的外部环境因素还是审计组织内部因素，在未来的发展中都具有一定的不确定性和变化性。审计计划是面向未来的，能够通过周密细致的研究，系统运用大数据技术和各种科学方法手段来预测审计未来的发展变化，尽可能将审计未来的变化和不确定因素转化为确定因素。通过审计计划，公司可以将各种不利因素转化为有利因素，减少未来不确定因素的负面影响，促进审计工作的顺利进行，保障审计目标实现，推进公司治理能力现代化进程。

4. 有利于审计考核工作

审计考核评价是审计工作中的重要流程，是激励审计人员改善工作的重要方式，是完善审计工作安排的重要借鉴。审计计划为审计考核评价提供了系统、科学的基础依据，帮助公司依据审计计划评估审计人员工作效果，实现审计人员的激励和组织，将审计实践与审计计划对比，发现审计工作过程存在的问题，为日后审计工作提供经验借鉴。

（四）审计计划制订的步骤

1. 审计计划设计

审计计划是对未来审计工作的"情景模拟"。对审计未来的发展预测越准确，审计计划的设计就越科学，成功的可能性就越大。审计未来的预测主要取决于对审计内、外部发展状况的判断，这就要充分收集审计内外部的相关信息，同时也需要审计人员的专业水平和职业判断能力，以便加强审计计划的预测性。在选择和设计审计项目之前，需要对被审计单位进行调查研究，了解被审计单位的基本情况。同时，还需要对外部环境进行宏观分析，研究经济社会发展状况，合理预估审计工作过程中可能存在的风险环节和重大风险事项，确定审计需解决的问题。在考虑现有的审计人力资源和审计手段以及可能借用的智力和审计方法手段，针对要解决的问题来设计审计项目计划。

2. 审计计划编制

以审计目标为导向，根据搜集到的信息，组织审计相关人员，针对审计项目特点进行资源配置，切实组织制订好审计项目方案，结合具体审计项目，将审计宗旨、审计战略、审计人力资源安排、审计项目计划都体现在审计方案中。一般而言，审计计划的内容包括审计目标、审计对象、审计范围、审计时间、审计人员安排、审计费用预算等，以此形成初步审计计划草案。

3. 审计计划确定

将初步确定的审计计划进行上报。上级领导部门立足公司战略和审计目标，对与本层级的宏观发展目标相冲突的项目、重复审计项目和类似的审计项目进行修改和调整，对审计人力资源不足的审计项目、审计手段方法不足进行修改和调整。根据上级领导部门的计划调整意见，再组织专家团队进行讨论，不断完善审计计划的编制，直至审计计划审批通过，形成正式审计计划，为后续审计工作提供总体的工作指引。

（五）审计计划制订的应用

计划制订的目的在于满足审计任务要求的同时，尽可能地节约审计成本，实现资源的最大化利用。在数字化审计时代，审计计划制订更具系统性和科学性。信息是计划编制的基础，审计人员可以借助大数据技术和信息通信技术广泛搜集所需信息，全面了解被审计单位基本情况，关注重大审计风险事项，利用统计模型合理预测未来审计工作进展，科学配置审计资源，通过线上与线下相结合方式，统筹审计资源，节约审计成本，提供审计工作效率。

二、审计程序确定方法

（一）审计程序确定的概念

审计程序是指在审计实践活动中，完成某项具体审计项目实际经历的工作步骤。它源自各种审计实践活动的概括性总结，反映了审计工作步骤的科学顺序，是最大限度保证审计工作效率和质量的重要基础。在不同的审计项目之间，实际的工作步骤有所差异。

（二）审计程序确定的作用

1. 有利于提高审计工作质量

审计程序是为了实现审计目标所必须实施的各项具体工作步骤，覆盖了审计工作的全过程，有助于项目负责人根据审计环节的难易程度合理分配审计资源，随时掌握审计工作的进度，对审计人员进行有效的监督；同时，审计程序指明审计工作的步骤环节，有利于审计人员明确审计工作安排，避免重要审计步骤和审计事项的遗漏，保障审计程序的合规性和科学性，进而提高审计工作效率。

2. 有利于提升审计工作效率

审计程序是审计工作中的具体执行步骤，是完成审计目标的支撑。确定的审计程序，兼顾严肃性和灵活性，明确了审计工作内容，厘清了各阶段的任务安排，帮助审计人员在规定时间内，获取充分有效的审计证据，从而正确表达审计意见，作出恰当审计结论，减少审计失误的可能性。

3. 有利于规范审计工作流程

规范而科学的审计程序，有利于审计工作有条不紊地进行，有助于经验欠缺的审计人员把握审计工作的基本环节，减少审计疏忽，保证审计程序的合规性；同时，也有助于经验丰富的审计人员形成流程化思维，提升审计工作效率，将更多的时间精力放在审计重点和审计难点上，进而，帮助审计工作逐步走向规范化、制度化和科学化，规范审计工作环节，提升审计工作的科学性和系统性。

（三）审计程序确定的内容

审计程序确定方法贯穿于整个审计工作流程，体现于每个审计业务环节。在不同的审计阶段，审计程序确定的内容存在差异。

1. 审计计划阶段

对被审计单位进行全面系统地调查了解，根据审前调查报告，完成审计计划编制，明确具体审计目标、范围、重点和项目组织实施等。同时组织审计人员进行学习培训，提高审计人员的素质能力，保障审计工作顺利实施。

2. 审计实施阶段

根据审前调查情况和审计计划要求，为审计目标的实现，制订系统的审计程序，采用科学的审计技术方法，按要求取得相应的审计证据，编制审计记录，为审计结论的形成奠定基础保障。

3. 审计报告阶段

按照要求完成审计实施过程后，审计部门汇集审计成果，发现审计问题，敦促审计整改落地。在审计报告阶段，主要工作内容包括：审计报告文书，检查审计问题整改情况，建立审计项目档案，解决审计争议，推动审计成果共用共享。

（四）审计程序确定的应用

审计程序是审计工作的具体指引。审计人员在确定审计程序时，可以利用数字化手段，实现审计计划、审计实施和审计报告的全过程监管，依据审计实际情况及时调整审计程序，利用建模工具，预测审计重大风险环节，明确审计工作重点内容，利用数字化审计留痕特性，将审计成果记录在档，便于审计人员和其他部门人员调阅、借鉴，实现审计成果多场景运用。

三、审计方案设计方法

1. 审计方案设计的概念

审计方案是指对审计项目的目标、内容、工作重点、方法、步骤、分工和时间等进行整体安排的书面文书。审计方案设计是审计工作的重要内容之一，是联系审计计划和审计实施的重要桥梁。审计方案是指导审计工作有效进行的书面指令，为审计工作指明方向和步骤，也是审计人员在现场审计过程中实现自我控制的手段。审计方案设计是指为形成审计方案而进行一系列工作安排。

2. 审计方案设计的作用

（1）有利于审计目标实现。

设计审计方案的过程，也是对审计活动进行思考、准备和策划的过程。方案是为了达成审计目标而进行的事前周密策划结果。按照经过科学策划的方案执行的审计，有助于在有限的时间中高效配置资源，完成审计目标任务。

（2）有利于审计效率提高。

审计方案是经过认真研究、科学策划的，是经过审批的、切实可行的关于内容、方法和步骤的审计工作纲领性文件，是审计人员开展审计查证的行动指南。审计人员按照方案执行审计工作能增加规范性，避免盲目性，不仅能把握审计进度，控制审计质量，而且能提高审计效率。

（3）有利于降低审计风险。

审计方案为审计人员搜集与审计目标相关的审计证据作出了科学指导，要求审计人员确保审计证据的相关性、充分性、可靠性和有效性，规范了审计工作的步骤方法，保证了审计程序的科学性，明确了审计工作重点步骤，降低了审计人员经验不足或其他原因导致审计工作疏忽的可能性，提高了审计风险揭示能力，减轻了未能揭示重大问题的风险。

（4）有利于审计人员考核。

审计方案是审计人员进行审计的标准和依据。记录了审计人员参与审计项目的数量、审计时间精力的投入情况、审计方案的编写质量，通过审计人员对方案的执行情况可以评估审计人员的工作绩效。

3. 审计方案设计的步骤

（1）审计信息搜集。

信息是审计方案设计的基础前提，既包括被审计单位的基本情况信息，也包括审计项目的详细信息。在进行审计信息搜集时，可以借助被审单位提供的基础资料，也可以搜寻被审单位利益相关方的资料，还可以通过审计人员对被审单位的实地调研和有关人员的走访调查获取相应的信息。通过信息搜集工作，明确审计方案的总体原则，便于指导审计方案的具体编写工作。

（2）审计方案编写。

在全面了解被审单位信息的基础之上，审计单位根据审前调查信息，组织审计专家和审计人员，按照审计目标，围绕审计重点，践行抓大放小原则，将有限审计资源进行科学配置，统一分配审计人员、资源经费，对审计项目的目标、内容、工作重点、方法、步骤、分工和时间进行合理安排，并组织专家团队进行讨论修改，形成审计方案书面文书。

（3）审计方案完善。

审计方案并不是一蹴而就的，需要进行商讨、完善，才能最终形成。审计方案初步形成后，发挥专家团队的专业优势，组织审计人员进行反复讨论、修改。审计方案的不断完善，既提高了其科学性和实践性，研讨过程也是审计人员的学习过程，有助于审计人员明确审计重点、要点，统一审计口径和步骤，理清工作思路，从而提高审计工作的实施效果。

4. 审计方案设计的应用

数据时代的到来，为审计方案设计提供了便利条件。一方面，可以利用技术人员工作构建审计方案数据库，整合审计领域的典型案例，梳理各案例审计工作重点风险问题，总结审计工作经验，并记录于计算机系统数据库，便于日后审计方案智能化设计。另一方面，将审计方案库与信息化相结合，实现数据内容的随时更新，审计人员可以灵活调用审计方案库中数据，借助信息系统完成部分审计工作，减少审计人员重复性工作，提高审计方案设计效率，进而促进审计效率提升。

第二节 审计实施方法

审计实施方法，是指对被审计单位或被审计项目进行具体审计时所采用的各种程式、措施和手段。其目的在于证实审计目标，搜集充分有效的证据，以保证审计结论和决定有可靠的依据。审计实施方法是审计最基本的方法，既包括了一定的程式，又包括了各种技术手段。主要内容包括审核稽查方法、审计分析方法、审计记录方法、审计评价方法和审计报告方法等。

一、审核稽查方法

审核稽查方法是指在审计过程中搜集证据时所采取的方法和手段。主要是为了证实书面的记录材料与实际发生之间是否有差池，从而更好地服务于审计结论，帮助审计人员出具准确决策意见。

（一）走访调查审计法

1. 走访调查审计的概念

走访调查审计法是指当单位的管理层有预谋地从事舞弊活动时，企业内部控制无法有效发挥作用，缺乏可靠有效的审计证据提供经验佐证，此时，审计人员无法凭借会计资料所记录的事项作出符合审计目标的专业判断，为了验证审计人员的专业判断，会进一步开展走访调查工作。

2. 走访调查审计的作用

（1）有利于提升审计质量。

现有的审计证据与审计人员专业判断存在分歧时，借助走访调查审计方式，审计人员实地考察被调查人的真实状况，可以直接获取第一手证据，丰富审计证据数量，也提高审计证据的真实性和有效性，为审计工作进一步开展提供可靠保障，以调查走访佐证审计人员的专业判断，有利于审计质量的提高。

（2）有利于降低审计风险。

随着徇私舞弊手段的日渐丰富和发展，内部控制无法有效发挥作用，财务报表的真实性有待考量。通过审计人员实地走访调查，可以加强对被审计单位或个人的了解，发现隐匿的风险点，揭示未被记录的其他审计证据，进而降低审计风险。

3. 走访调查审计的内容

（1）确定走访调查的对象和范围。

在了解被审计单位的基础之上，根据当前的审计证据和已经执行的审计程序，发挥审计专业判断能力，找到审计疑点和风险环节，根据审计风险确定走访调查的对象和范围。

（2）开展具体的走访调查工作。

对于确定的走访调查对象，了解被调查单位或个人的基本情况，包括被调查单位基本财务状况、业务往来情况和重大异常事件等，被调查人的关系网、经济活动以及主要社会活动轨迹，全面搜集所需的审计证据。

4. 走访调查审计的应用

大数据时代，事事被记录，人人可被数据化，审计人员可以通过大数据技术，追踪被调查单位或个人的社会活动范围，准确、高效地了解被调查人的关系网、经济活动和社会轨迹，为走访调查明确范围和对象，节约搜寻时间成本；高效地搜寻也提高了突击调查效率，降低了被调查单位或个人提前隐匿资产等违规可能性，加强审计风险防范预警，提升审计工作整体效率。

（二）分析性复核分析方法

1. 分析性复核的概念

分析性复核是指审计人员对被审计单位重要的比率或趋势进行的分析，包括调查异常变动以及这些重要比率或趋势与预期数额和相关信息的差异。目的在于，通过分析性复核获取与审计目标相关的环境证据和书面证据，发现被审计单位存在不合理的因素，并以此确定审计重点，控制审计风险，提高工作效率。

2. 分析性复核分析方法的作用

（1）在审计的计划阶段，有利于审计方案的编制。

充分了解被审计单位的基本情况，是审计人员进行审前调查的重要内容，也是编制审计方案的基础性资料。审计人员对企业财务数据执行分析性复核，有利于发现财务指标的异常变动和指标之间的异常关系，根据异常点可以确定被审计单位财政财务收支中可能存在的重要问题和线索，进而有助于确定审计步骤的性质、时间、范围和重点，完善审计方案的编制工作。

（2）在审计实施阶段，有助于审计效率的提高。

分析性复核有利于依据财务数据异常点明确审计重点，审计人员可以对审计异常点直接进行实质性测试，确定账户余额的合理性，揭示可能存在的重要错误和潜在风险，进而减少实质性测试的工作量，提高审计工作的效率。

（3）在审计报告阶段，有利于把控审计风险。

在审计报告阶段，分析性复核是揭示审计风险的重要工具，是重大风险的最后一道防线。一方面，审计人员可以利用分析性复核对被审计单位的财务收支状况或经营成果的总体合理性作出判断，进而确定是否增加审计内容或追加审计程序；另一方面，针对已发现的错报，审计人员可以通过分析性复核检查已获得的相关审计证据是否充分、适当。

3. 分析性复核分析方法的主要内容

（1）比较分析法。

比较分析法是指直接通过对有关项目的对比来揭示差异并找到审计异常点。通常包括绝对数比较与相对数比较。通常可用于实际与预算计划比较、本期与上期比较、同行业之间比较。用实际数和预算计划数对比，可以发现实际与预算的差异，再分析其原因。通过本期与上期的比较，结合被审计单位的实际经营情况，判断本期指标的异常；通过同行业的比较，分析被审计单位的实际数与行业平均的偏差来判断被审计单位数据指标的正常性。

（2）比率分析法。

比率分析法是指审计人员利用被审计单位的财务和非财务数据，计算一些通用的比率，并将这些比率与人们普遍认为合理的一些标准进行比较的方法。常用的比率一般分为财务比率和技术经济比率。

（3）趋势分析法。

趋势分析法是指通过被审计单位连续若干期某一财务项目的变动金额及百分比的计算，分析该项目的增减变动方向和幅度，以获取有关审计证据的一种技术方法，进而发现项目或财务指标的异常变动点。在此过程中可以借助数据图表分析工具，形象生动地描绘被审单位财务收支的变化趋势。

4. 分析性复核分析方法的应用

可视化技术的广泛运用，为审计人员提供了便利灵活的分析工具，借助大数据分析技术获取被审计单位的财务数据情况，利用多样化展示技术呈现分析结果，有助于审计人员直观发现审计异常点，利用模型预警机制及时发现重大风险，快速明确审计重点，节约审计时间和人工的投入成本，提高重大风险揭示能力。

（三）抽样审计与详细审计结合审计法

1. 抽样审计与详细审计结合审计的概念

抽样审计与详细审计结合审计法是指审计人员基于企业内部控制与重要性水

平评估确定审计抽样方法，当对某一样本产生怀疑时，审计人员扩大样本的数量或对某一样本的业务流程进行详细审计。抽样审计与详细审计结合是审计重要性原则的有力体现，是抓大放小原则的践行方式之一，既关注审计重点内容，又能有效节约审计资源的证据搜集方法。将有效资源集中于重点环节和重大风险，降低了审计风险出现可能性。

2. 抽样审计与详细审计结合审计的作用

运用严格程序方法结合审计人员的专业判断，选取代表性、相对重要的样本进行抽样，由样本推断整体，极大地降低了审计投入成本，提高了审计工作效率；同时，对异常性、重要性的项目进行详细审计，在践行重要性原则的基础上全面搜集审计证据，有利于关注审计重大风险，减少了重大错报的可能性。抽样审计和详细审计的有效结合，既提高了审计工作效率，又兼顾了审计工作质量，贯彻了成本效益原则，有利于审计资源的高效利用。

3. 抽样审计与详细审计结合审计的应用

接入数据中台，扩展外部数据来源，利用数据技术方法，丰富了审计抽样范围，减少了抽样误差，提升了审计抽样科学性与准确性。同时，数据处处留痕的特性，既节省人力资本投入，减少琐碎的简单劳动，强化资源的集中运用；又为详细审计工作开展提供证据轨迹，便于审计人员追踪业务流程，提高问题核实速度。

（四）穿行测试

1. 穿行测试的概念

穿行测试是指追踪交易在财务报告信息系统中的处理过程，是审计人员了解被审计单位业务流程及其相关控制程序时经常使用的审计方法。穿行测试是了解企业内部控制设计与内部控制执行是否有效的重要方法，适用于审计工作的风险评估阶段。大数据时代，审计人员在执行穿行测试时，需要接入数据中台，运用数据挖掘技术抽取更多数据资源，同时还要强化事前、事中、事后的全过程监控，发挥电子函证全过程留痕的特性，更精准地测试各个业务循环是否有效执行，以节省人工投入和时间成本，提高审计效率。

2. 穿行测试的步骤

（1）重新描述企业业务的规范流程。

根据企业的规章制度，了解企业进行某项经济业务时所必需的流程步骤，通过重新描述的方式，方便审计人员获取该经济业务的必要流程，建立规范流程标准。

（2）抽取部分业务样本。

审计可以通过抽样方式获得总体的审计证据，根据被审单位的风险水平和审计人员的职业判断，在总体经济业务范围内，采取随机抽样的方式，选择部分业务样本进行跟踪、记录，获取审计人员所需的证据，验证被审单位的内部控制状况和业务执行情况。

（3）获取所抽取业务样本的运行记录。

业务样本的抽取数量与审计证据的可靠性正相关，业务样本的质量与审计证据的准确性正相关。因此，为了减少抽样误差对审计结果的影响，必须充分获取抽取业务样本的所有执行情况，清楚地了解每个样本、每个环节的具体运行记录。

（4）描述样本业务的实际运行情况。

按照流程环节，审计人员根据已获取的运行记录，准确、全面地描述样本业务在实际情况下的执行过程，获取被审单位经济业务的实际执行状况。

（5）对照标准流程比较并记录运行偏差部分。

在企业规章制度之下，将企业所抽样经济业务的实际运行情况与规范业务流程进行比较，发现被审单位实际执行与标准执行之间的差异，并记录具体的流程环节，总结所抽样业务存在的偏差数量以及偏差环节的重要性，获取被审单位是否一贯执行的审计证据。

3. 穿行测试的作用

（1）有利于加深对被审单位业务流程的了解程度。

审计人员通过学习了解被审单位的制度规范，并具体跟踪部分经济业务的运行情况，可以加深对被审单位的了解，也有利于审计人员全面知悉企业业务流程的具体情况，提高对业务流程的熟悉程度，便于发现被审单位可能的风险点以及未来的改进方向。

（2）有利于确认对重要交易的了解情况。

在抽取业务样本进行跟踪时，审计人员会结合专业知识和经验判断进行样本选取。通常而言，重要交易是抽样的重要组成部分，借此机会，审计人员可以清楚地跟踪重要交易的执行步骤，加深对重要交易的了解，也能识别重要交易可能发生错误的环节步骤，降低错报发生的概率。

（3）有利于识别业务流程中控制信息的准确性。

审计人员获取被审单位证据的方式多种多样，既有来自企业外部的审计证据，也有来源于企业内部的审计证据；有来自他人的间接证据，也有来源于审计人员自身获取的直接证据。审计人员通过抽样业务样本进行跟踪，从中获取的审计证据是来源于企业内部的直接证据，相较于外部的、间接的证据更具有可靠性，便于审计人员获取流程中的预防性控制和检查性控制信息的准确性，增强审计证据的说服力和科学性，提高审计结果的可靠性。

4. 穿行测试的应用

大数据时代，企业在进行穿行测试时，数据中台的接入，数据自动挖掘技术的成熟，加之计算机运行速度的加快，审计人员可以抽取更多的交易数据，降低样本数量和质量对审计结果的影响，有助于审计人员依据抽样结果作出正确的审计结论；同时，有利于强化交易过程的实时监控，及时发现交易过程的风险点，发挥电子函证全程留痕特性，有利于保存审计证据，帮助审计人员有效追踪整个业务流程，测试交易循环是否有效执行，节省人工投入，提升审计效率。

（五）控制测试

1. 控制测试的概念

控制测试是为了确定被审计单位控制政策和程序的设计与执行是否完整、有效而实施的审计程序，强调的是控制能够在各个不同的时点按照既定设计得以一贯执行。在测试控制运行的有效性时，审计人员主要获取的证据有以下四方面：

（1）控制在审计期间的不同时点是如何运行的；

（2）控制是否得到一贯执行；

（3）控制由谁执行；

（4）控制以何种方式运行（如人工控制或自动化控制）。

通常而言，当存在下列情形之一时，审计人员应当实施控制测试。

（1）在评估认定层次重大错报风险时，预期控制运行是有效的；

（2）仅仅实施实质性程序不足以提供认定层次充分、适当的审计证据。

2. 控制测试的内容

（1）控制设计测试，即对被审计单位的内部控制政策和程序的设计是否适当所进行的审计程序。目的是确定被审计单位的内部控制是否能够防止和发现特定财务报表认定的重大错报或漏报。

（2）控制执行测试，即被审计单位的内部控制政策和程序是否发挥应有的作用。如果被审计单位的控制政策和程序未能发挥其应有的作用，即使设计得再完整，也不能减少财务报表中出现重大错报或漏报的风险。因此，针对被审计单位现已存在的内部控制，审计人员应测试其是否得到有效执行。

3. 控制测试的应用

控制测试的目标是为了测试控制的有效性，在数字赋能背景下，审计过程实现了在线管控，强化了风险及时预警机制，推动了各部门互联互通，帮助审计人员及时发现控制异常点，推进内部控制问题在线整改，实现内控成果共享共用，保障内部控制有效运行。

（六）审计"七步法"

审计"七步法"是指数字化审计工作的审计流程一般分为 7 个阶段，包括：

（1）审计调查，形成审计需求；

（2）数据查找、采集；

（3）数据验证、清理和转换；

（4）建立审计中间表；

（5）把握总体，选择分析关注的重点；

（6）建模分析；

（7）延伸审计，核实取证。

上述 7 个阶段涵盖了数字化审计的主要环节，但在具体审计项目的执行过程中，审计人员应结合实际设定具体的审计步骤。审计"七步法"对于培养审计人员的数字化审计思维、促进审计人员熟悉数字化审计流程具有重要作用。

（七）三单法

"三单法"是指在审计项目执行过程中，围绕"重大政策和重要决策事项初步清单""重大政策和重要决策全部事项清单"和"重大政策和重要决策核查事项清单"三张清单开展审计工作，抓好审前调查、审计实施、审计整改等重要环节，实现审计质量的全过程控制。

根据"重大政策和重要决策事项初步清单"，审计人员需要通过学习政策文件，了解国家的战略部署，提高政治站位，进而科学地编制审计计划。

根据"重大政策和重要决策全部事项清单"，审计人员需要明确审计关键环节，关注重点审计风险，注重对审计过程的控制，及时发现审计实施过程的疑点、难点。

根据"重大政策和重要决策核查事项清单"，审计人员需要开展疑点核实工作，明确问题责任人，采取问题动态跟踪销号等管控措施，确保问题整改到位，同时实现审计成果共享。

二、审计记录方法

1. 审计记录方法的概念

审计记录方法是指对审计记录文件的设计、填制与审阅的各种方法。审计记录是审计人员对实施审计的过程、形成的审计结论和审计项目相关的重要管理事项等作出的记录。

2. 审计记录方法的作用

（1）有利于审计人员开展日常工作。

审计记录贯穿于审计的全过程，记录了审计人员的工作轨迹，有益于系统全面地反映审计的过程和结果，为形成审计的结论和决定提供充分依据，为编写审计报告提供完整的资料，同时也有利于确定审计人员审计行为的恰当性和应负的责任范围。

（2）有利于对审计人员进行监督评价。

审计记录文件记录了审计人员在审计项目中已执行的审计程序，记载了审计人员作出审计结论的过程，证明了审计人员对相关法律法规的和审计准则的遵循情况，有助于对审计人员工作情况的监督考核。同时，依据审计记录文件，有利于对审计人员的工作实施指导、检查，减少审计人员违规行为，提高审计人员专业能力。

3. 审计记录方法的分类

（1）调查了解记录。

调查了解记录是审计人员对调查了解被审计单位及其相关情况作出记录。记录的主要内容包括：对被审计单位及其相关情况的调查了解，对审计单位存在重要问题可能性的评估，确定的审计事项和审计应对措施。调查记录主要应用于审计方案设计，增强对被审计单位的了解，进而确定未来审计工作步骤。

（2）审计工作底稿。

审计工作底稿主要记录审计人员依据审计实施方案执行审计措施的活动情况。记录的主要内容包括：审计项目名称，审计事项名称，审计过程和结论，审计人员姓名和审计工作底稿编制日期并签名，审核人员姓名、审核意见及审核日期并签名，索引号及页码，附件数量。同时，审计工作底稿还需包含审计过程和结论中实施审计的主要步骤和方法，取得的审计证据的名称和来源，审计认定的事实摘要，得出审计结论及相关标准。审计工作底稿是审计形成审计结论关键资料，也是评估审计人员工作的重要依据。

（3）重要管理事项记录。

重要管理事项记录，用于记录与审计项目相关并对审计结论有重要影响的管理事项。其主要内容包括：可能损害审计独立性的情形及采取的措施，所聘请外部人员的相关情况，被审计单位承诺情况，与被审计单位沟通、反馈情况，审计组对审计发现的重大问题和审计报告讨论的过程及结论，审计机关业务部门对审计报告、审计决定书等审计项目材料的复核情况和意见，审理机构对审计项目的审理情况和意见，审计机关对审计报告的审定过程和结论，审计人员未能遵守审计准则规定的约束性条款及其原因，因外部因素使审计任务无法完成的原因及影响，以及其他重要管理事项。重要管理事项记录贯穿于审计项目实施和管理的全过程，包含被审计单位承诺书、会议记录、会议纪要等各种书面形式。

（4）实物观察与计量审计法。

实物观察与计量审计法，是指通过对实物的现场观察与实际计量来核实资产账面记录的真实性、存在性和准确性。数字时代的发展背景下，审计工作正在快速实现数字化转型。一方面更加强调资源的合理配置与高效利用，探索远程审计与现场审计相结合的审计模式；另一方面，大数据技术推动了传统审计工具的更新，审计人员可以借助智能审计机器人、无人机、视频连线等方式开展资产的清查与盘点，提高审计工作的准确性，节约审计成本。

4. 审计记录方法的应用

当前，审计工作进入数字化转型新时期，凭证日趋电子化，审计人员可以借助计算机存储量大的特点，保存审计记录文件，电子化记录、存档，也便于审计人员随时调用所需文件，方便学习查阅。同时，审计记录并非完全摒弃纸质化记录文件，而是纸质化和电子化相结合，有利于保存审计证据，为审计监督、检查提供多样化的审计证据，提高审计结论的合规性和可靠性。

三、审计评价方法

审计评价方法是指根据查明的事实，对照审计标准以判定是非良莠的方法。通过审计评价，可以确定被审计资料是否真实、正确和可信，以及确定被审计经济业务和经济活动是否合法、合理和有效。审计评价方法根据其适用范围的大小可分为一般评价方法和特定评价方法。一般评价方法是指适用于对各种被审计项目进行评价的程式和技术；特定评价方法是指只适用于对某些具体对象的评价要点与要求。

（一）目标评价法

1. 目标评价法的概念

目标评价法是指将当期经济效益或社会效益水平与其预定目标标准进行对比分析的方法。它分析所完成（或未完成）目标的因素，从而评价支出绩效，既可用于对部门和单位的评价，也可用于周期性较长项目的评价，还可用于规模及结构效益方面的评价。

2. 目标评价法的作用

以审计目标为导向，将审计结果与预期问题解决对比，核查审计人员已经执行的审计程序、搜集的审计证据和审计结论得出过程，可以发现审计工作是否符合目标要求、成果与目标之间的差距，为审计项目评价提供参照标准，也便于审计人员发现审计过程中存在的问题，帮助审计人员改进工作方法和积累经验教训。

3. 目标评价法的应用

以目标导向为原则，可以将审计项目的总体目标分解为各个具体目标，并以此为评价标准，将审计结果与具体目标分别进行对比分析，结合人工智能机器人，可以实现审计结果自动评价，智能化计算当前审计项目是否符合审计目标设定，实现审计监督、评价和鉴证的重要职能。

（二）综合评价法

1. 综合评价法的概念

综合评价法是指在多种指标计算的基础上，根据一定的权数计算出一个综合评价值，依据综合评价值对财务支出项目进行评价。综合评价法是我国目前绩效评价使用最多的方法，其评价的准确度较高、较全面，但在指标选择、标准值确定及权数计算等方面较复杂，操作难度相对较大。该方法可综合成本效益法、最低成本法、专家意见法、生产函数法等各方法的优点，适用项目支出、单位支出、部门支出和财政总体支出等各层次的绩效评价。

2. 综合评价法的作用

综合评价法将审计项目细分为多个子任务，并依据重要性原则赋予不同的权重，有利于突出审计重点问题，重点关注审计重要环节是否符合程序规定，同时兼顾整体审计项目的完成情况，是对审计项目的全方位评价，有利于提高审计评价的系统性、科学性和合理性。

3. 综合评价法的应用

综合评价法需要对不同的审计环节、审计问题赋予不同的权重并进行综合计算，权重的确定影响整个项目的评价的结果，而传统审计中，权重确定的难度比较高。数字化审计时，可以利用数学模型，合理预测各个环节的权重数值，同时还可以依据不同的审计情况进行合理的修订，提高了权重的准确性和科学性。同时，将审计结果同步至计算机系统，可以实现审计评价结果自动计算，减轻了审计人员的工作量，也提升了审计评价的准确性。

（三）360度反馈评价法

1. 360 度反馈评价法的概念

360 度反馈评价法，也称全方位考核法或全面评价法，是一种多角度进行的比较全面的绩效评价方法。它由审计对象的上级、同级、下级以及客户综合评价，同时结合自我评价综合而成。所谓 360 度反馈评价，就是指帮助一个组织的成员（主要是管理人员）从与自己发生工作关系的所有主体那里获得关于本人绩效信息的反馈过程，这些信息来自包括上级、下属、平级同事、本人及客户和供应商等。但这种方法也存在评价成本大、评价时间长、评价工作难度大等问题，同时，需要对收集到的信息进行分门别类的统计和分析，往往需要一些外部专业的咨询公司来指导完成。

2. 360 度反馈评价法的作用

首先，360 度反馈评价搜集了审计项目相关人员的评价和审计人员自身评价，涉及的方位全、角度多、误差小；其次，在反馈其他相关人员的评价结果时实行匿名方式，有助于提高评价客观性，增强评价的可靠性；再者，在搜集各成员评价结果时，有助于促进组织成员彼此之间的沟通和互动，提高团体凝聚力和工作效率，促进企业变革与发展。

3. 360 度反馈评价法的应用

大数据技术、信息通信技术的更新迭代，为 360 度反馈评价法提供了更多可用的工具。审计人员可以利用互联网技术实现线上搜集评价结果，节约了评价成本，缩短了评价时间，同时也扩大了评价主体的范围，为审计评价提供了更多的信息资料，有助于提升审计评价的质量。

四、审计报告方法

1. 审计报告方法的概念

审计报告方法是指设计、编写以及审定审计报告的方法。审计报告是综合反映审计结果的基本载体，在审计工作不同阶段，其报告的主体、对象、法律效力、内容范围也不尽相同，采取的报告形式也有所区别。

2. 审计报告方法的作用

审计报告方法将审计活动的过程整理成书面性文件，综合反映了审计人员根据既定的程序方法形成的审计结论，同时还确定了该审计项目的结果。详细的审计记录和规范性的格式报告，有利于审计委托者正确理解和使用审计报告，直观了解审计结果以及明确各自审计责任，也有助于上级领导机关监督审计人员工作情况，为审计人员的激励、监督提供了客观依据。

3. 审计报告方法的内容

审计报告与审计质量控制息息相关，审计人员应当遵循一定的程序进行审计报告的编审，以确保审计报告的质量。项目组审计报告的八大主要内容为：审计依据，实施审计的基本情况，被审计单位基本情况，审计评价意见，以往审计决定执行情况和审计建议采纳情况，审计发现的被审计单位违规情况依据和标准，审计机关移送处理事项的事实和处理意见，对已发现审计问题的整改建议。

4. 审计报告方法的应用

信息是审计报告编制的基础，海量数据为审计报告的编写提供了强大信息基础。数字化审计模式下，审计人员只需借助特定的信息系统，即可完成审计报告的编写、提交和报送。审计报告的编写流程越规范化，审计时间成本越低。同时，审计人员可以借助可视化技术丰富审计报告的展现形式，强化审计结果的运用，加强多部门的交流共享。

第七章
管 理 方 法

第一节　流程再造方法

一、6σ 管理

（一）6σ 管理的概念

6σ 管理法是一种统计评估法，核心是追求零缺陷生产，防范产品责任风险，降低成本，提高生产率和市场占有率，提高顾客满意度和忠诚度。6σ 管理既着眼于产品、服务质量，又关注过程的改进。

"σ" 是希腊文的一个字母，在统计学上用来表示标准偏差值，用以描述总体中的个体离均值的偏离程度。测量出的 σ 表征着诸如单位缺陷、百万缺陷或错误的概率性。σ 值越大，缺陷或错误就越少。

6σ 是一个目标，这个质量水平意味的是所有的过程和结果中，99.99966% 是无缺陷的，也就是说，做 100 万件事情，其中只有 3.4 件是有缺陷的。这几乎趋近人类能够达到的最为完美的境界。

6σ 管理关注过程，特别是企业为市场和顾客提供价值的核心过程。因为过程能力用 σ 来度量后，σ 越大，过程的波动越小，过程具体最低的成本损失、最短的时间周期，满足顾客要求的能力就越强。

6σ 理论认为，大多数企业在 3σ ~ 4σ 间运转，也就是说每百万次操作失误在 6210 ~ 66800 次之间。这些缺陷要求经营者以销售额在 15% ~ 30% 的资金进行事后的弥补或修正，而如果做到 6σ，事后弥补的资金将降低到约为销售额的 5%。

（二）6σ 管理的特征

（1）以顾客为关注焦点的管理理念。6σ 是以顾客为中心，关注顾客的需求。它的出发点就是研究客户最需要的是什么，最关心的是什么。比如改进一辆载货车，可以让它的动力增大一倍，载重量增大一倍，这在技术上完全做得到，但这是不是顾客最需要的呢？因为这样做，成本就会增加，油耗就会增加，顾客就不一定想要，什么是顾客最需要的呢？这就需要去调查和分析。假如顾客买一辆摩托车要考虑 30 个因素，这就需要去分析这 30 个要素中哪一个最重要，通过一种计算，找到最佳组合。因此 6σ 是根据顾客的需求来确定管理项目，将重点放在顾客最关心、对组织影响最大的方面。

（2）通过提高顾客满意度和降低资源成本促使组织的业绩提升。6σ 项目瞄准的目标有两个。①提高顾客满意度，通过提高顾客满意度来占领市场、开拓市场，从而提高组织的效益。②降低资源成本，通过降低资源成本，尤其是不良质量成本损失 COPQ（Cost of Poor Quality），从而增加组织的收入。因此，实施 6σ 管理方法能给一个组织带来显著的业绩提升，这也是它受到众多组织青睐的主要原因。

（3）注重数据和事实，使管理成为一种真正意义上基于数字的科学。6σ 管理方法是一种高度重视数据，依据数字、数据进行决策的管理方法，强调"用数据说话""依据数据进行决策""改进一个过程所需要的所有信息，都包含在数据中"。另外，它通过定义"机会"与"缺陷"，通过计算 DPO（每个机会中的缺陷数）、DPMO（每百万机会中的缺陷数），不但可以测量和评价产品质量，还可以把一些难以测量和评价的工作质量和过程质量，变得像产品质量一样可测量和用数据加以评价，从而有助于获得改进机会，达到消除或减少工作差错及产品缺陷的目的。因此，6σ 管理广泛采用各种统计技术工具，使管理成为一种可测量、数字化的科学。

（4）一种以项目为驱动力的管理方法。6σ 管理方法的实施是以项目为基本单元。通过一个个项目的实施来实现。通常项目是以黑带为负责人，牵头组织项目团队通过项目成功完成来实现产品或流程的突破性改进。

（5）实现对产品和流程的突破性质量改进。6σ 项目的一个显著特点是项目的改进都是突破性的。通过这种改进能使产品质量得到显著提高，或者使流程得到改造，从而使组织获得显著的经济利益。实现突破性改进是 6σ 的一大特点，也是组织业绩提升的源泉。

（6）有预见的积极管理。"积极"是指主动地在事情发生之前进行管理，而不是被动地处理那些令人忙乱的危机。有预见地积极管理意味着我们应当关注那些常被忽略了的业务运作，并养成习惯。确定远大的目标并且经常加以检视；确定清晰的工作优先次序；注重预防问题而不是疲于处理已发生的危机；经常质疑我们做事的目的，而不是不加分析地维持现状。6σ包括一系列工具和实践经验，它用动态的、即时反应的、有预见的、积极的管理方式取代那些被动的习惯，促使企业在当今追求几乎完美的质量水平而不容出错的竞争环境下能够快速向前发展。

（7）无边界合作。"无边界"是通用电气成功的秘籍之一。杰克·韦尔奇致力于消除部门及上下级间的障碍，促进组织内部横向和纵向的合作。这改善了过去仅仅是由于彼此间的隔阂和企业内部部门间的竞争而损失大量金钱的状况，这种做法改进了企业内部的合作，使企业获得了许多受益机会。而6σ扩展了这样的合作机会。在6σ管理中无边界合作需要确切地理解最终用户和流程中工作流向的真正需求，更重要的是，它需要用各种有关顾客和流程的知识使各方受益。由于6σ管理是建立在广泛沟通基础上的，故此6σ管理法能够营造出一种真正支持团队合作的管理结构和环境。黑带是项目改进团队的负责人，而黑带项目往往是跨部门的，要想获得成功就必须由黑带率领他的团队打破部门之间的障碍，通过无边界合作完成6σ项目。

（8）追求完美，容忍失误。作为一个以追求卓越作为目标的管理方法，6σ为企业提供了一个近乎完美的努力方向。没有不执行新方法贯彻新理念就能实施6σ管理的企业，而这样做总会带来风险。在推行6σ的过程中，可能会遇到挫折和失败，企业应以积极应对挑战的心态，面对挑战和失败。

（9）遵循DMAIC的改进方法。6σ有一套全面而系统地发现、分析、解决问题的方法和步骤，这就是DMAIC改进方法。DMAIC的具体意义为：D（Define）项目定义阶段、M（Measure）数据衡量阶段、A（Analysis）数据分析阶段、I（Improve）项目改善阶段、C（Control）项目控制阶段。

（10）强调骨干队伍的建设。6σ管理方法比较强调骨干队伍的建设。其中，倡导者、黑带大师、黑带、绿带是整个6σ队伍的骨干。对不同层次的骨干进行严格的资格认证制度。如黑带必须在规定的时间内完成规定的培训，并主持完成一项增产节约幅度较大的改进项目。

（三）6σ管理的作用

（1）能够提升企业管理的能力。6σ管理以数据和事实为驱动器。过去，企业对管理的理解和对管理理论的认识更多停留在口头上和书面上，而6σ把这一切都转化为实际有效的行动。6σ 管理法成为追求完美无瑕的管理方式的同义语。正如杰克•韦尔奇在通用电气公司 2000 年年报中所指出的："6σ 管理所创造的高品质，已经奇迹般地降低了通用电气公司在过去复杂管理流程中的浪费，简化了管理流程，降低了材料成本。6σ 管理的实施已经成为介绍和承诺高品质创新产品的必要战略和标志之一。"

6σ 管理给予了摩托罗拉公司更多的动力去追求当时看上去几乎是不可能实现的目标。20 世纪 80 年代早期公司的品质目标是每 5 年改进 10 倍，实施 6σ 管理后改为每 2 年改进 10 倍，创造了 4 年改进 100 倍的奇迹。

对国外成功经验的统计显示：如果企业全力实施 6σ 革新，每年可提高一个 σ 水平，直到达到 4.7σ，无需大的资本投入。这期间利润率的提高十分显著，而当达到 4.8σ 以后，再提高水平需要对过程重新设计，资本投入增加，但此时产品、服务的竞争力提高，市场占有率也相应提高。

（2）能够节约企业运营成本。对于企业而言，所有的不良品要么被废弃，要么需要重新返工，要么在客户现场需要维修、调换，这些都需要花费企业成本。美国的统计资料表明，一个执行 3σ 管理标准的公司直接与质量问题有关的成本占其销售收入的 10% ~ 15%。从实施 6σ 管理的 1987 ~ 1997 年的 10 年间，摩托罗拉公司由于实施 6σ 管理节省下来的成本累计已达 140 亿美元。6σ 管理的实施，使霍尼韦尔公司 1999 年一年就节约成本 6 亿美元。

（3）能够增加顾客价值实施。6σ 管理可以使企业从了解并满足顾客需求到实现最大利润之间的各个环节实现良性循环。公司首先了解、掌握顾客的需求，然后通过采用 6σ 管理原则减少随意性和降低差错率，从而提高顾客满意程度。

（4）能够改进服务水平。6σ 管理不但可以用来改善产品品质，而且可以用来改善服务流程，因此，对顾客服务的水平也得以大大提高。

（5）能够形成积极向上的企业文化。在传统管理方式下，人们经常感到不知所措，不知道自己的目标，工作处于一种被动状态。通过实施 6σ 管理，每个人知道自己应该做成什么样，应该怎么做，整个企业洋溢着热情和效率。员工十分重视质量以及顾客的要求，并力求做到最好，通过参加培训，掌握标准化、规范化的问题解决方法，工作效率获得明显提高。在强大的管理支持下，员工能够专心致力于工作，减少并消除工作中消防救火式的活动。

（四）6σ 管理的步骤

1. 辨别核心流程和关键顾客

随着企业规模的扩大，顾客细分日益加剧，产品和服务呈现出多标准化，人们对实际工作流程的了解越来越模糊。获得对现有流程的清晰认识，是实施6σ 管理的第一步。

（1）辨别核心流程。

核心流程是创造顾客价值最为重要的部门或者作业环节，如吸引顾客、订货管理、装货、顾客服务与支持、开发新产品或者新服务、开票收款流程等，它们直接关系顾客的满意程度。与此相对应，诸如融资、预算、人力资源管理、信息系统等流程属于辅助流程，对核心流程起支持作用，它们与提高顾客满意度是一种间接的关系。不同的企业，核心流程各不相同，回答下列问题，有助于确定核心流程。

1）企业通过哪些主要活动向顾客提供产品和服务？

2）怎样确切地对这些流程进行界定或命名？

3）用来评价这些流程绩效或性能的主要输出结果是什么？

（2）界定业务流程的关键输出物和顾客对象。

在这个过程中，应尽可能避免将太多的项目和工作成果堆到"输出物"栏目下，以免掩盖主要内容，抓不住工作重点。对于关键顾客，并不一定是企业外部顾客，对于某一流程来说，其关键顾客可能是下一个流程，如产品开发流程的关键顾客是生产流程。

（3）绘制核心流程图。

在辨明核心流程主要活动的基础上，将核心流程的主要活动绘制成流程图，使整个流程一目了然。

2. 定义顾客需求

（1）收集顾客数据，制订顾客反馈战略。

缺乏对顾客需求的清晰了解，是无法成功实施6σ 管理的。即使是内部的辅助部门，如人力资源部，也必须清楚了解其内部顾客——企业员工的需求状况。建立顾客反馈系统的关键在于：

①将顾客反馈系统视为一个持续进行的活动，看作是长期应优先处理的事情或中心工作。

②听取不同顾客的不同反映，不能以偏概全，由于几个印象特别深刻的特殊案例而形成片面的看法。

③除市场调查、访谈、正式化的投诉系统等常规的顾客反馈方法之外，积极采用新的顾客反馈方法，如顾客评分卡、数据库分析、顾客审计等。

④掌握顾客需求的发展变化趋势。

⑤对于已经收集到的顾客需求信息，要进行深入的总结和分析，并传达给相应的高层管理者。

（2）制订绩效指标及需求说明。

顾客的需求包括产品需求、服务需求或是两者的综合。对不同的需求，应分别制订绩效指标，如在包装食品订货流程中，服务需求主要包括界面友好的订货程序、装运完成后的预通知服务、顾客收货后满意程度监测等；产品需求主要包括按照时间要求发货、采用规定的运输工具运输、确保产品完整等。一份需求说明，是对某一流程中产品和服务绩效标准简洁而全面的描述。

（3）分析顾客各种不同的需求并对其进行排序。

确认哪些是顾客的基本需求，这些需求必须予以满足，否则顾客绝对不会产生满意感；哪些是顾客的可变需求，在这类需求上做得越好，顾客的评价等级就越高；哪些是顾客的潜在需求，如果产品或服务的某些特征超出了顾客的期望值，则顾客会处于喜出望外的状态。

3. 针对顾客需求评估当前行为绩效

如果公司拥有雄厚的资源，可以对所有的核心流程进行绩效评估。如果公司的资源相对有限，则应该从某一个或几个核心流程入手开展绩效评估活动。评估步骤如下：

（1）选择评估指标。标准有两条：①这些评估指标具有可得性，数据可以取得。②这些评估指标是有价值的，为顾客所关心。

（2）对评估指标进行可操作性的界定，以避免产生误解。

（3）确定评估指标的资料来源。

（4）准备收集资料。对于需要通过抽样调查来进行绩效评估的，需要制订样本抽取方案。

（5）实施绩效评估，并检测评估结果的准确性，确认其是否有价值。

（6）通过对评估结果所反映出来的误差，如次品率、次品成本等进行数量和原因方面的分析，识别可能的改进机会。

4. 辨别优先次序，实施流程改进

对需要改进的流程进行区分，找到高潜力的改进机会，优先对其实施改进。如果不确定优先次序，企业多方面出手，就可能分散精力，影响 6σ 管理的实施效果。业务流程改进遵循五步循环改进法，即 DMAIC 模式。

（1）定义（Define）。定义阶段主要是明确问题、目标和流程，需要回答以下问题：

应该重点关注哪些问题或机会？应该达到什么结果？何时达到这一结果？正在调查的是什么流程？它主要服务和影响哪些顾客？

（2）评估（Measure）。评估阶段主要分析问题的焦点是什么，借助关键数据缩小问题的范围，找到导致问题产生的关键原因，明确问题的核心所在。

（3）分析（Analyze）。通过采用逻辑分析法、观察法、访谈法等方法，对已评估出来的导致问题产生的原因进行进一步分析，确认它们之间是否存在因果关系。

（4）改进（Improve）。拟订几个可供选择的改进方案，通过讨论并多方面征求意见，从中挑选出最理想的改进方案付诸实施。实施 6σ 改进，可以是对原有流程进行局部的改进；在原有流程问题较多或惰性较大的情况下，也可以重新进行流程再设计，推出新的业务流程。

（5）控制（Control）。根据改进方案中预先确定的控制标准，在改进过程中，及时解决出现的各种问题，使改进过程不至于偏离预先确定的轨道，发生较大的失误。

5. 扩展、整合 6σ 管理系统

当某一 6σ 管理改进方案实现了减少缺陷的目标之后，如何巩固并扩大这一胜利成果就变得至关重要了。

（1）提供连续的评估以支持改进。

在企业内广泛宣传推广该改进方案，以取得企业管理层和员工的广泛认同，减少进一步改进的阻力；将改进方案落实到通俗易懂的文本资料上，以便于执行；实行连续的评估，让企业管理层和员工从评估结果中获得鼓舞和信心；任何改进方案都可能

存在着需要进一步改进之处，对可能出现的问题，应提前制订应对的策略，并做好进一步改进的准备。

（2）定义流程负责人及其相应的管理责任。

采用了 6σ 管理方法，就意味着打破了原有的部门职能的交叉障碍。为确保各个业务流程的高效、畅通，有必要指定流程负责人，并明确其管理责任，包括：维持流程文件记录、评估和监控流程绩效、确认流程可能存在的问题和机遇、启动和支持新的流程改进方案等。

（3）实施闭环管理，不断向 6σ 绩效水平推进。

6σ 改进是一个反复提高的过程，五步循环改进法在实践过程中也需要反复使用，形成一个良性发展的闭环系统，不断提高品质管理水平，减少缺陷率。此外，从部分核心环节开始实施的 6σ 管理，也有一个由点到面逐步推广改进成果、扩大改进范围的过程。

（五）6σ 管理的审计应用

6σ 管理是指要求 DPMO（百万缺陷机会中的缺陷数）不超过 3.4（或过程能力指数 $Cp \geqslant 2.0$, $Cpk \geqslant 1.5$）。6σ 是通过设计和监测日常业务过程，减少浪费和资源损失，提高顾客满意度，显著改进过程绩效的业务管理流程。这不仅仅是一种质量目标和质量改进活动，而且是一种公司战略、理念、文化和业务改进方法体系的集成，其运用不仅仅局限于解决质量问题，而且包括业务改进的时间、成本、服务等各个方面。其本质属性是以顾客为中心，管理层支持与参与，用数据作基础，以统计学方法为支撑的多种质量改进工具的综合运用，跨职能项目小组推进改进活动,持续改进和全员参与。

数字化审计实现了抽样审计向全量审计的转变，通过大数据精准画像，以客户需求为导向，全面接入审计中台数据、审计中间表，发挥审计团队跨专业知识技能，借助 SPSS 和 SAS 等分析软件，实现审计数据可视化，发现审计问题，敦促问题及时整改，提升审计工作质量。

二、业务流程图法

（一）业务流程图法的概念

业务流程图是一种描述管理系统内各单位、人员之间的业务关系、作业顺序和管理信息流向的图表。它用一些规定的符号及连线表示某个具体业务的处理过程，帮助分析人员找出业务流程中的不合理流向。业务流程图基本上按业务的实际处理步骤和过程绘制，是一种用图形方式反映实际业务处理过程的"流水账"。绘制这本"流水账"对于开发者理顺和优化业务过程是很有帮助的。

（二）业务流程图法的作用

（1）制作流程图的过程是全面了解业务处理的过程，是进行系统分析的依据。

（2）它是系统分析员、管理人员、业务操作人员相互交流思想的工具。

（3）系统分析员可直接在业务流程图上拟出可以实现计算机处理的部分。

（4）用它可以分析出业务流程的合理性。

（三）业务流程图法的审计应用

（1）审计人员即使是一时对某项新业务不够熟悉，也可以凭图直观、形象、清晰地看出该项业务处理环节与其他各环节之间的关系。

（2）可以把握起点到控制、制约、避免风险作用环节的审计控制点。因而不管某项新业务如何复杂，只要抓住了审计控制点，其他问题就迎刃而解。

（3）同一业务的"审计业务流程图"可周期性地重复使用，缩短审计时间，提高工作效率。

（4）凭借"业务流程图审计法"，可对被审计单位内控状况初步评价，提供深入审计的重要线索。

（5）运用"业务流程图审计法"，可以把多种审计方式如综合风险、个别风险分析，符合性、实质性测试，主观抽样、统计抽样等综合起来，并与审计问卷、审计程序结合起来。

（6）可据以考核审计工作的有效性和效率性。

三、鱼骨图法

（一）鱼骨图法的概念

鱼骨图由日本管理大师石川馨先生发明，故又名石川图。鱼骨图是一种发现问题"根本原因"的方法，也可以称为"Ishikawa"或者"因果图"。其特点是简洁实用，深入直观。它看上去有些像鱼骨，问题或缺陷（即后果）标在"鱼头"处。在鱼骨上长出鱼刺，上面按出现机会多寡列出产生问题的可能原因，有助于说明各个原因是如何影响后果的。

问题的特性总是受到一些因素的影响，我们通过头脑风暴法找出这些因素，并将它们与特性值一起，按相互关联性整理，形成层次分明、条理清楚并标出重要因素的图形，就称特性要因图、特性原因图。因其形状如鱼骨，所以又称鱼骨图。它是一种透过现象看本质的分析方法。鱼骨图也用于生产中，用来形象地表示生产车间的流程。

（二）鱼骨图法的作用

（1）鱼骨图分析法充分发挥了审计人员的主观能动性。在过往审计项目中，为了保持工作过程的谨慎性和工作结果的真实可靠性，审计人员需要关注全过程、全事项的经济活动，工作量大，工作烦琐，审计资源不能得到合理地配置。传统审计方法只是笼统地进行观察、检查、分析、抽查等工作，没有系统化和规范化，而应用鱼骨图分析法结合审计人员的专业知识能够对发现的问题进行充分的分析和解读，根据以往经验找到关键流程和重点问题，从而对审计资源进行优化配置。

（2）鱼骨图分析法的适用范围较广。对于一些难以观察或者相关人员不配合调查的审计项目，传统审计方法的应用就显得捉襟见肘，而鱼骨图分析法应用性强，结合图形的模式使得审计流程和审计结果通俗易懂，鞭辟入里，直击要害。再者，鱼骨图分析法和其他定量方法的结合性强。审计人员在实践中可以先应用鱼骨图分析法对问题进行定性分析，在确定了审计重点的基础上再应用于定量分析方法对具体工作的效益情况进行打分形成体系，这样得出的审计结论更具科学性，也弥补了单用鱼骨图分析法的不足之处。

（3）鱼骨图分析法更具直观性。在审计结果公示阶段应用鱼骨图模型契合现阶段审计可视化的时代要求。鱼骨图分析法有着自身的逻辑思路，它以一种思维导图的方式帮助审计人员在复杂问题中快速定位要素、理清思路，既简化了审计工作又提升了审计效率，帮助社会大众更加理解审计工作。

（三）鱼骨图法的步骤

1. 绘制鱼头

填入需要解决的问题，描述问题特性，根据鱼头方向绘制骨架。

2. 绘制主骨

主骨反映的是分析目标的特性，连接着分析得出的全部影响因素。

3．绘制大骨

大骨即要因，是主要的影响因素。在此按照人、机、料、法、环五个方面主要因素进行分析，即"4M1E"。"4M"包括：人员（Man），即管理人员、职工、劳务人员、组织架构等；机器（Machine），即施工中的机械设备；物料（Material），即施工物资、材料；方法（Method），即施工方案、运用的技术和工艺等。"1E"指环境（Environment），即社会、政治、经济环境和施工环境。

4．绘制中骨、小骨

将大骨反映的因素进行下一层次分解，分析出下一层次的影响因素。

5．分析重要因素

绘制出成本控制的鱼骨图后，采取头脑风暴、集中讨论、问卷调查或数据比对等方式，根据数据排名，得出其中最重要的几个因素，即为重要因素。

6．制订相应对策

针对重要因素，研究制订相应的成本控制对策。

（四）鱼骨图法的审计应用

鱼骨图法为企业审计工作管理提供了可靠的分析工具，通过整理、分类发现管理中存在的问题，根据管理需求绘制不同类型的鱼骨图，将问题可视化呈现，便于管理层发现问题，找到问题的根本所在，为问题的解决提供了高效的分析手段。

按照"发现问题—分析原因—提出建议"的工作逻辑，鱼骨图在审计中可以根据审前调研确定审计重点，快速定位问题原因，有针对性地提出审计整改对策中的适用性。根据不同的审计对象和审计内容，应用鱼骨图分析审计各个流程存在的风险点，并将风险点上的问题、原因进行细化，据之将审计整改措施具象化并填制审计报告。作为一种定性分析法，鱼骨图可以适用于不同审计项目、审计阶段和审计内容，弥补现阶段审计方法应用研究领域的不足之处。

四、业务流程管理

（一）业务流程管理的概念

业务流程管理（Business Process Management，BPM）是对企业内部和外部的业务流程的整个生命周期进行系统性管理的体系。以规范化地构建端到端的业务过程为中心，以持续提高组织业务绩效为目的。既是一种管理理念，又是一种融合现代技术的管理方法和工具。

工作流（Workflow）技术是 BPM 的核心技术之一。工作流是业务流程在计算机环境下自动化执行的过程，主要解决的是"使在多个参与者之间按照某种预定义的规则传递文档、信息或任务的过程自动进行，从而实现某个预期的业务目标，或者促使此目标的实现。"BPM 通过 Workflow 保障文档、任务等在各参与者之间流转，使得企业信息传递顺畅，Workflow 的应用很大程度上方便了企业内部的协同。

企业应用集成（Enterprise Application Integration，EAI）技术是 BPM 的另一种核心技术。EAI 主要是完成各种系统、应用程序、数据之间交互共享的集成技术。借助 EAI 技术，BPM 可以从数据、应用和业务三个层面实现企业内部或者企业之间的信息系统的集成。EAI 通过集成中间件实现各种层面的系统连接，从而打破应用系统间的"信息孤岛"，有效保障信息在各个应用系统间的通畅流转，实现企业应用系统间的协同。

（二）业务流程管理的目标

业务流程管理的各层次均有相对独立的、特定的方法，但层次之间也有着密切的联系。首先，高层的管理目标最终要通过低层的业务活动来实现。其次，当低层的管理解决不了实际问题时，就需要引入高层的管理。例如当运作层的调度无法解决资源的配置问题时，就说明分配给该流程的资源数目需要修改，此时需要引入计划层的管理，重新进行资源能力计划的计算。最后，低层的数据为高层的管理决策提供依据，企业的策略管理和战略管理中的模型和参数来自对企业实际经营活动统计数据的积累。因此，从整个企业流程管理的角度来看，有必要将这四个层面上的流程管理统一到一个框架下，并和企业的信息系统联系起来。

从企业信息系统的角度来看，办公自动化系统、事务处理系统和决策支持系统等都是常见的企业信息系统，但这些系统并没有加入流程的因素，只是用来帮助员工更好地完成某些特定的任务。工作流系统的出现使得整个流程的自动流转或自动执行成为可能，但是工作流一般只解决生产流程层的问题，与企业的计划和战略决策还存在一定的脱节。另外，随着企业业务流程向企业外部（供应商和客户）延伸，传统的工作流系统无力解决跨企业的流程集成问题。基于以上原因，面向企业的业务流程管理解决方案应运而生。

业务流程是把一个或多个输入转化为对顾客有价值的输出的活动。简而言之，业务流程是以涉及为顾客提供产品或服务为最终目标的组织活动的集合。一个典型的业务流程应该包括六大要素：流程目的（存在的理由）、输入资源，按一定秩序执行的活动、这些活动之间的结构（相互关系和作用）、输出结果、该流程创造的价值。

（三）业务流程管理的方法论

1. 面向工作流

工作流描述了在 BPM 空间内人与人的交互和人与系统的交互，在协同办公领域应用最为广泛。根据独立分析师 Sandy Kemsley 所述，工作流就是我们所熟知的 BPM 的初始阶段。"一开始就有工作流"，Sandy Kemsley 在其网站的第二专栏中写到，"更确切地说，在预先确定的流程图中有一个扫描过的人与人之间交互的路由文档。"在现代 BPM 的大背景下，工作流和 EAI 平起平坐，并在某种程度上，可以看成是人的集成。工作流 BPM 指的是在优化业务流程中以人为本的活动。这些措施包括活动监控，流程治理，正如 BPM 的成因，是针对未完成文档向下进一步处理的编制。

2. 面向文档

文档管理和工作流齐头并进。当文件穿过工作流时，追踪文件的去向以及它们的变动，维护文档记录的可靠性、安全性、可用性，在传统管理时代就是业务管控的关键任务。今天的企业文档管理系统利用计算机技术来提供存储、安全、索引和检索选项。可用性正日益重要，因为多方参与者经常需要凭借多个应用来使用同一个文件。因此，依靠现有业务系统的集成是面向文档 BPM 成功的一个主要元素。

3. 面向业务规则

在人工智能早期，当时研究人员试图以最简单的术语，集中于规则的使用来描述复杂的系统。像最早的尝试模拟国际象棋游戏实验计算机，这些系统按照状态机的模式工作。有点像游戏规则，组织显式地或隐式地按照关键"规则"来定义过程，这些关键"规则"在流程的某些点上提出要作出哪些决定或更改，或请求哪些授权。一旦被称为推理机，同类的软件系统就发展成了业务规则引擎或者业务规则管理系统。创建和维护业务规则的复杂性常常成为推广这些系统的阻碍。

这些系统承担了类似以建模为中心的 BPM 工具的角色。以建模为中心的方法起初倾向于自上而下地进行工作，这些工作就是在模型中用特殊符号描述一个组织，或组织的改进。一些工具厂商已经完成对可执行模型的支持，它们的模型可以生成或者帮助形成可用的业务逻辑的代码。其中业务规则引擎在纯 BPM 系统中的规模更大。

4. 面向 EAI

在 20 世纪 90 年代从不同系统对集成可操作数据方法的改进，主要是采取企业应用集成的形式。特点是硬接线的一对一集成，消息队列应用集成说主要表现方式，同时将隐含业务流程表现为有组织的队列，例如，清除银行支票或执行库存订单，让集成服务器很大程度上有了面向工作流的 BPM 的味道。随着大数据与人工智能的快速发展，现在流程架构师认为数据集成问题实际上是业务流程问题。

（四）业务流程管理的步骤

1. 确定 BPM 项目的

许多组织经常会犯这样一个错误：没有把 BPM 应用系统与项目实施部门及整个企业最重要的战略目标紧密联系起来。BPM 所关注的"流程效率"应当与更重要的战略目标结合起来，譬如提供效率更高的客户服务。

IT 组织以及来自每个业务部门重要的利益相关者应当就项目的轻重缓急达成一致，所选的项目不仅能给单个部门直接带来好处，还能给多个部门或者整个组织直接带来好处。达成一致意见的最佳办法就是，召开项目优选讨论会，所有利益相关者以及客观的协调者，如执行发起人或者外部顾问都来参加。

2. 确认 BPM 试点项目

一旦确定了 BPM 项目的轻重缓急，就应当选择针对某个部门的特定项目作为正式行动前的试点。成功的项目试点不仅会证明 BPM 的成功，还有助于证明有必要在整个企业扩大部署策略。因此，所选择的试点应当直接支持企业最紧迫的战略目标，无论是提高客户服务，更快地推出新品，还是缩短流程时间以获得竞争优势。

3. 成立亲和团体

许多组织在选择合适的试点项目及确保成功方面煞费苦心，可是在把项目推广到其他部门和流程方面却没有给予同样的关注和努力，等到试点项目完成后才开始规划下一个部署阶段。这是错误的做法。

组织需要有精心准备、分阶段进行的部署计划，还要考虑到有缓急之分的 BPM

项目以及有密切关系的亲和团体（affinity group）。亲和团体是指共享流程、文档/文件和数据的部门。譬如，有着共同管理职能的几个部门，如财会、营销和客户服务部门。这些部门或者业务单位可以重复使用流程的相同部分，从而能够获得跨部门的流程效率，降低实施、支持及培训成本。亲和团体里面的主要部门实施 BPM 应用系统后，它可以指导实施类似应用系统的下一个部门。这种方法促进了整个团体共享流程自动化知识。

作为这种方法的一部分，组织应当考虑亲和团体里面每个部门确认在最初实施阶段，哪些项目处于最有可能成功的准备状态和具备所需的资源。还要评估诸多因素，如自动化程度、计算机使用技能以及亲和团体里面每个部门的工作量。

4. 进行必要的组织变化

成功的企业 BPM 策略可能需要报告职能关系和对职责方面进行调整，事先进行这种改变很重要。譬如说，BPM 策略会影响多个系统和应用软件，包括 ERP 系统、财务应用软件、内容管理系统以及集成服务。BPM 策略还需要改变人们的办事方法以及使用系统的方法，即使核心流程根本上没有变动。

在评估组织变化时，把平常分散在组织各个角落以及不同 IT 部门的 BPM 知识集中起来也很重要。有些组织会建立"BPM 卓越中心"（BPM Center of Excellence），充当专家小组，负责评估、研究及实施 BPM 技术。代表可以包括参与 BPM 试点项目及后续项目的来自 IT 部门和系统集成商的人员。如果采用了亲和团体方案，IT 支持人员、BPM 系统管理员和来自各部门的重要业务用户也可以参与进来，分享经验和最佳策略。

一旦项目得到了执行发起人和几个重要的项目利益相关者的评审和一致同意，就应当把企业 BPM 策略、策略依赖的分析以及整个部署计划传达给行政管理班子、部门/业务单位的负责人、IT 管理人员以及参与"现状"评估的各方。这一步应当通过对每个部门的优先项目和需求进行一系列演示报告来进行。

遗憾的是，许多组织要么忽视了这一步，要么策略的传达对象不够广泛或者内容不够明确。沟通策略是任何技术策略项目的一个重要组成部分，但对 BPM 来说尤为重要，因为 BPM 会对系统、流程和多个级别的职员带来重大影响。

BPM 卓越中心可以负责沟通，最初的试点项目完成后应当继续沟通。另一个最佳策略就是成立由最初的项目利益相关者组成的 BPM 策略指导委员会，每月或者每个季度开一次会，评审策略，把最新情况传达给组织其他部门。

5.赢得企业上下的广泛支持

遵照这些步骤可以避免在整个企业部署 BPM 时掉入最大的陷阱：把重要的业务部门排除在规划过程外。部署规划不仅仅是项目经理和当前 BPM 项目队伍的工作。确认前期项目以及后续推广项目需要诸多部门及业务单位提供反馈意见，特别是因为规划有赖于如何选择对组织的战略目标产生最大影响的流程自动化应用系统。有些部门要到项目的后期阶段才能看到 BPM 策略在本部门的实施，在这些部门形成共识并得到其支持同样很重要。

（五）业务流程管理的审计应用

业务流程管理是内控体系建设的关键环节。"业务流程"是指通过规范一系列连续有规律的行动的发生和执行来实现预期目标的过程。"业务流程管理"是指在不断地变革中对企业所有的内外业务通过制度化的控制手段和图形化的流程模型来进行管理,达到优化业务流程,提高获利能力的目的。企业要加强内部控制、保障持续健康发展,进行流程管理是关键环节。从业务流程入手开展审计,在管理控制的链条中查找问题,使审计工作很快切入问题根源,提高效率,并且从根本上强化企业的内部控制。

五、业务流程再造

（一）业务流程再造的概念

业务流程再造是 20 世纪 90 年代由美国麻省理工学院（Massachusetts Institute of Technology，MIT）教授 Michael Hammer 和 CSC 管理顾问公司董事长 James Champy 提出的。1993 年，在他们联手编著的《企业再造》一书中，Michael Hammer 和 James Champy 指出，200 年来，人们一直遵循亚当·斯密（Adam Smith）的劳动分工的思想来建立和管理企业，即把工作分解为最简单和最基本的工作单元；而目前应围绕这样的概念来建立和管理企业，即把工作任务重新组合到首尾一贯的工作流程中去。他们给 BPR 下的定义是："为了飞跃性地改善成本、质量、服务、速度等现代企业的主要运营基础，必须对工作流程进行根本性的重新思考并彻底改革。"它的基本思想就是必须彻底改变传统的工作方式，也就是彻底改变传统的自工业革命以来、按照分工原则把一项完整的工作分成不同部分、由各自相对独立的部门依次进行工作的工作方式。

（二）业务流程再造的步骤

企业"再造"就是重新设计和安排企业的整个生产、服务和经营过程，使之合理化。通过对企业原来生产经营过程的各个方面、每个环节进行全面的调查研究和细致分析，对其中不合理、不必要的环节进行彻底变革。在具体实施过程中，可以按以下程序进行。

（1）对原有流程进行全面的功能和效率分析，发现其存在的问题。

根据企业现行的作业程序，绘制细致、明了的作业流程图。一般来说，原来的作业程序是与过去的市场需求、技术条件相适应的，并由一定的组织结构、作业规范作为其保证的。当市场需求、技术条件发生的变化使现有作业程序难以适应时，作业效率或组织结构的效能就会降低。因此，必须从以下方面分析现行作业流程的问题。

①功能障碍：随着技术的发展，技术上具有不可分性的团队工作，个人可完成的工作额度就会发生变化，这就会使原来的作业流程或者支离破碎增加管理成本，或者核算单位太大造成权责利脱节，并会造成组织机构设计不合理，形成企业发展的瓶颈。

②重要性：不同的作业流程环节对企业的影响是不同的。随着市场的发展，顾客对产品、服务需求的变化，作业流程中的关键环节以及各环节的重要性也在变化。

③可行性：根据市场、技术变化的特点及企业的现实情况，分清问题的轻重缓急，找出流程再造的切入点。为了对上述问题的认识更具有针对性，还必须深入现场，具体观测、分析现存作业流程的功能、制约因素以及表现的关键问题。

（2）设计新的流程改进方案，并进行评估。

为了设计更加科学、合理的作业流程，必须群策群力、集思广益、鼓励创新。在设计新的流程改进方案时，可以考虑：

①将现在的数项业务或工作组合，合并为一；

②工作流程的各个步骤按其自然顺序进行；

③给予职工参与决策的权力；

④为同一种工作流程设置若干种进行方式；

⑤工作应当超越组织的界限，在最适当的场所进行；

⑥尽量减少检查、控制、调整等管理工作；

⑦设置项目负责人。

对于提出的多个流程改进方案，还要从成本、效益、技术条件和风险程度等方面进行评估，选取可行性强的方案。

（3）制订与流程改进方案相配套的组织结构、人力资源配置和业务规范等方面的改进规划，形成系统的企业再造方案。

企业业务流程的实施，是以相应组织结构、人力资源配置方式、业务规范、沟通渠道甚至企业文化作为保证的，所以，只有以流程改进为核心形成系统的企业再造方案，才能达到预期的目的。

（4）组织实施与持续改善。

实施企业再造方案，必然会触及原有的利益格局。因此，必须精心组织，谨慎推进。既要态度坚定，克服阻力，又要积极宣传，形成共识，以保证企业再造的顺利进行。企业再造方案的实施并不意味着企业再造的终结。在社会发展日益加快的时代，企业总是不断面临新的挑战，这就需要对企业再造方案不断地进行改进，以适应新形势的需要。

（三）业务流程再造的审计应用

审计业务流程再造指在审计业务中通过数据分析的前置、梳理和改进流程，从而实现业务流程的信息化，通过增加数据分析的智能化程度，实现审计效率和质量的提高。

审计业务流程再造的四个因素是再造的主体、对象、方式、目的。其中业务流程再造主体是审计部门，但需各级政府部门、单位共同合作；业务流程再造对象是实施审计所需的各类数据；业务流程再造方式是对审计流程进行整体重新布局，并按有关要求实施；业务流程再造目的是要提高审计质量和效率。这四个关键因素既是审计流程再造的本质属性，也体现了审计流程再造各环节的逻辑关系。

审计数据具有集成作用，通过不同行业的数据对比关联分析，能够将本来低价值的零散数据转变为高价值的有效数据，并为审计问题发现提供决策参考。同时，某类数据的集成还能帮助实现自动监督功能。审计机关应将大数据技术的最新成果及时应用到审计流程中，借助大数据技术实现工作方式的转变，即由"先发现问题再通过数据分析验证"到"先通过数据分析，获得数据疑点，进而引导审计方向"的转变，使审计机关能够及时预警问题，提高监督能力。只有在充分研究大数据与审计流程再造的可行性，分析现有流程的情况下，通过认识到大数据技术变革审计流程的作用以及优化审计流程的途径，才能实现向大数据要资源、向信息化要效率。

第二节 全面质量管理方法

一、帕累托法则

（一）帕累托法则的概念

帕累托法则，又称二八定律，是指在任何一组东西中，最重要的只占其中一小部分，约20%，其余80%尽管是多数，却是次要的。它是企业进行审计资源配置的一项基本原则，强调将着眼点放在关键的少数部分，致力于将有限资源放到重要环节之中，达到事半功倍的目的。

（二）帕累托法则（二八定律）的审计应用

根据帕累托分布规律，在实施审计中，要特别注意提高审计的针对性。在审计调查的基础上，或者根据往年的审计结果分析，要将被审计单位最容易出现问题的地方作为审计重点，或者作为一个突破方向，进行深入细致的审计。这样，既提高了审计效率，突出了审计重点，又查清了问题，促进了整改，真正体现了"审、帮、促"的审计目的，发挥了审计应有的作用。

以二八定律作为一项重要的审计管理方法，强调对资源的集中、有效利用，坚持重要性原则，发挥关键少数的作用，避免资源冗余、浪费，实现审计人、财、物的高效配置，推动企业治理体系和治理能力现代化，实现内部审计的高质量发展。

二、PDCA循环

（一）PDCA循环的概念

PDCA循环是美国质量管理专家沃特·阿曼德·休哈特（Walter A. Shewhart）首先提出的，由戴明采纳、宣传，获得普及，所以又称戴明环。全面质量管理的思想基础和方法依据就是PDCA循环。PDCA循环的含义是将质量管理分为四个阶段，即Plan（计划）、Do（执行）、Check（检查）和Act（处理）。在质量管理活动中，要求把各项工作按照作出计划、计划实施、检查实施效果，然后将成功的纳入标准，不成功的留待下一循环去解决。这一工作方法是质量管理的基本方法，也是企业管理各项工作的一般规律。

（二）PDCA 循环的作用

1. 大环带小环

如果把整个企业的工作作为一个大的 PDCA 循环，那么各个部门、小组还有各自小的 PDCA 循环，就像一个行星轮系一样，大环带动小环，一级带一级，有机地构成一个运转的体系。

2. 阶梯式上升

PDCA 循环不是在同一水平上循环，每循环一次，就解决一部分问题，取得一部分成果，工作就前进一步，水平就提高一步。到了下一次循环，又有了新的目标和内容，更上一层楼。

3. 科学管理方法的综合应用

PDCA 循环应用以质量控制七种工具为主的统计处理方法以及工业工程（IE）中工作研究的方法，作为进行工作和发现、解决问题的工具。

（三）PDCA 循环的审计应用

PDCA 循环是全面质量管理的思想基础和方法依据，也是企业审计管理各项工作的一般规律，强调对审计闭环管理。在质量管理活动中，要求把审计各项工作按照作出计划、计划实施、检查实施效果，然后将成功的纳入标准，不成功的留待下一循环去解决。基于 PDCA 循环的理论基础，公司借助全数字化综合审计平台，将企业管理流程标准化，利用自动信息挖掘技术，运用大数据分析手段，实现企业风险即时预警，通过疑点清单核对，找到问题整改方向，发挥工作成果互联共享，为企业管理工作提供经验借鉴，进一步提高管理工作效率，提升"两办新规"要求下内部经济审计结果运用的质量。

三、ISO 9000 系列

（一）ISO 9000 的概念

ISO 9000 族标准是指"由国际标准化组织质量管理和质量保证技术委员会（ISO/TC176）制定的所有国际标准"。ISO 9000 族标准是国际标准化组织（英文缩写为

ISO）于 1987 年制订，后经不断修改完善而成的系列标准。现已有 90 多个国家和地区将此标准等同转化为国家标准。该标准族可帮助组织实施并有效运行质量管理体系，是质量管理体系通用的要求或指南。它不受具体的行业或经济部门限制，可广泛适用于各种类型和规模的组织，在国内和国际贸易中促进相互理解。

一般组织活动由三方面组成：经营、管理和开发。在管理上又主要表现为行政管理、财务管理、质量管理等。ISO 9000 族标准主要针对质量管理，同时涵盖了部分行政管理和财务管理的范畴。ISO 9000 族标准并不是产品的技术标准，而是针对组织的管理结构、人员、技术能力、各项规章制度、技术文件和内部监督机制等一系列体现组织保证产品及服务质量的管理措施的标准。具体地讲，ISO 9000 族标准就是在以下四个方面规范质量管理。

（1）机构：标准明确规定了为保证产品质量而必须建立的管理机构及职责权限。

（2）程序：组织的产品生产必须制订规章制度、技术标准、质量手册、质量体系操作检查程序，并使之文件化。

（3）过程：质量控制是对生产的全部过程加以控制，是面的控制，不是点的控制。从根据市场调研确定产品、设计产品、采购原材料，到生产、检验、包装和储运等，其全过程按程序要求控制质量，并要求过程具有标识性、监督性、可追溯性。

（4）总结：不断地总结、评价质量管理体系，不断地改进质量管理体系，使质量管理呈螺旋式上升。

（二）ISO 9000 的作用

（1）可以完善组织内部管理，使质量管理制度化、体系化和法制化，提高产品质量，并确保产品质量的稳定性。

（2）表明尊重消费者权益和对社会负责，增强消费者的信赖，使消费者放心，从而放心地采用其生产的产品，提高产品的市场竞争力，并可借此机会树立组织的形象，提高组织的知名度，形成名牌企业。

（3）ISO 9000 质量管理体系认证有利于发展外向型经济，扩大市场占有率，是政府采购等招投标项目的入场券，是组织向海外市场进军的准入证，是消除贸易壁垒的强有力的武器。

（4）通过 ISO 9000 质量管理体系的建立，可以举一反三地建立健全其他管理制度。

（5）通过 ISO 9000 认证可以一举数得，非一般广告投资、策划投资、管理投资或培训可比，具有综合效益；还可享受国家的优惠政策及对获证单位的重点扶持。

（三）ISO 9000 的审计应用

质量目标应力求细致、量化、全面，根据 ISO 9000 标准的要求，在制订内部审计的质量目标时，应围绕当前内部审计工作重点，针对相关岗位及人员的职责或审计活动各环节的具体质量要求，充分细化和具体化，尽量落实到具体数量，以利于测量和比较。

ISO 9000 是国际标准化组织颁发的质量管理和质量保证标准的总称，其中 ISO 9001：2000《质量管理体系——要求》用于证实和评价企业具有提供满足顾客和法规要求的产品、持续改进增强顾客满意的能力，对完善组织的质量管理体系建设具有良好的帮助和指导作用，适用于所有的行业和不同产品类别的组织。在内部审计中引入 ISO 9000 关于质量管理和质量保证的理念，按照国际通用的标准要求，对内部审计工作的重点和关键环节的质量提出标准要求和描述，建立有效的内部审计质量管理体系，并获得 ISO 9000 质量认证资格，将会使内部审计运作更加标准化、规范化和科学化。

在内部审计质量管理中引入 ISO 9000 标准，就是针对内部审计工作规律和特点，采用先进科学的管理理念和系统管理、过程控制的方法，实现审计业务标准化和管理工作程序化，建立健全质量信息传递和反馈系统，最终实现对内部审计质量的全过程、全方位管理。

第八章
技 术 方 法

传统的审计工具已经不能满足目前审计工作开展的实际需求，对现有的审计工具进行创新是非常有必要的。由于被审计单位工作内容不断丰富，经营管理范围越来越大，这使得审计部门在开展审计工作的时候，所涉及的数据信息量也越来越大，需要审计部门与其他部门建立起密切沟通的关系，从而保证相关数据信息获取的统一性以及准确性。这就需要对现有的审计工具进行不断创新，从海量的数据中挖掘出有价值的数据信息，从而得出正确的审计结论。

通过对相关数字化审计技术和工具的合理运用，审计工作人员可以对被审计单位现阶段经济业务状况全面、深入地了解，有利于审计工作的开展。同时，应用数字化审计手段，应该注意对数据信息安全问题予以充分关注，要注意引进应用先进的数据安全技术，提高审计信息系统安全性，防止数据信息丢失以及假账真审等现象。

第一节　大数据审计技术

一、数据分析技术

（一）数据挖掘

1. 数据挖掘的概念

数据挖掘，是指通过大量数据集进行分类的自动化过程，以通过数据分析来识别趋势和模式，建立关系来解决业务问题。换句话说，从存放在数据库、数据仓库或其他信息库中的大量不确定的、不完全的、模糊的、随机的实际应用数据中提取有效的、新颖的、潜在有用的、最终可理解的隐藏信息和知识的过程。它在传统的数据库管理系统（Database Management System，DBMS）数据处理的基础上，通过对数据进行统计、分析、综合和推理等更深层次的处理，发现更多的知识和信息。

数据挖掘技术最早出现于20世纪80年代后期，是在数据库、人工智能、数据整理、数据统计以及数据可视化等方面发展的全新交叉学科，因此数据挖掘技术中含有多种不同的专业理论知识和专业技术。数据挖掘技术主要是利用机器学习的方法，从数据库中寻找和发现全新的知识，以此来作为解决实际问题的重要依据，预测未来数据发展趋势，为决策问题提供更有力的保障和依据。

2. 数据挖掘的作用

在大数据准确营销和大数据洞察力等一系列热门词汇的背后，数据挖掘技术在各行业发挥着重要作用。随着数据资源的爆炸性增长，数据挖掘技术成为政府部门提高治理能力的重要手段，也是各行业提升核心竞争力的关键技术。近几年来，电力企业的电力系统在实际运行中产生了许多数据，包括运营管理、电网设备、运行检修等，如何利用已有技术充分对复杂繁多的数据进行挖掘，发现数据中存在的实际价值，从而实现降低企业运营成本，提高企业经济效益和管理水平的基本目标。这也是现阶段电力企业在发展过程中亟须重点解决的问题。在互联网信息技术不断发展的背景下，电力企业需要在各项设备运行中有效地应用数据挖掘技术，将数据挖掘的价值充分地发挥，这也是企业发展的重点内容。

3. 数据挖掘的方法

数据挖掘是使用数学分析从大型数据集中发现蕴涵的数据模式和规律（即"数据挖掘模型"）的过程，其基本步骤分六步：定义问题、准备数据、浏览数据、生产模型、浏览和验证模型、部署和更新模型。上述模型生成过程中，有4种常用的数据挖掘分析方法，即分类分析、聚类分析、关联分析和序列分析。

（1）分类分析。

分类的主要功能是根据数据的属性将数据分派到不同的组中。在实际应用中，需要运用一定的统计方法从数据库中选出已经分好类的样本数据库作为训练集，在该训练集上运用数据挖掘分类的技术建立分类模型，然后根据数据属性对没有分类的数据进行分类。审计根据这些关键属性建立分类模型，对公司情况进行分析，判断其属于哪一种类型，得出数据与公司其他规整数据进行对比分析，进一步判断公司的真实业务情况。

（2）聚类分析。

聚类分析是指将物理或抽象对象的集合分组为由类似的对象组成的多个类的分析

过程。分类分析对数据是先分类，然后发现其特性。与其相反，聚类分析面对的是一组未明确分类的数据，其任务是根据一些聚簇规则（或数据的相似性）把数据按相似特征归成若干类，即"物以类聚"。它的基本要求是属于同一个类别的数据之间的相似性尽可能大，而不同类别数据之间的相似性尽可能小，从而发现数据的分布模式和数据属性间的规律，找出对全体数据的描述。

实际应用中，可以通过将当年数据与往年数据比较、当年各月数据比较等，分析出被审计单位数据的真实性及准确性。通过数据建模简化数据，主要分为层次聚类和非层次聚类。其目标是在相似的基础上收集数据进行分类，主要用于数据描述，以衡量不同数据源间的相似性，以及将数据源分类到不同的簇中，强调对数据的归纳分类，是数据挖掘的主要任务之一。

数字化审计时代，审计数据海量式出现，数据庞大而无序，充分运用聚类分析方法，发现数据间的相似性，梳理数据逻辑，合理进行数据分类整合，为审计业务分析奠定良好的数据基础，提升分析的准确性和科学性，推进审计工作进一步开展。

（3）关联分析。

关联分析又称关联挖掘，是指在交易数据、关系数据或其他信息载体中，查找存在于项目集合或对象集合之间的频繁模式、关联、相关性或因果结构。这是一种简单、实用的分析技术，目的是发现存在于大量数据集中的关联性或相关性，从而描述了一个事物中某些属性同时出现的规律和模式。

大数据技术的引入，为审计业务开展提供了扎实的数据基础，也增加了审计分析的难度，而关联分析技术通过发现海量数据间的联系，分析数据间的特性，找寻数据规律，既可以确定客户的审计需求，也可以为审计业务总结一般规律，精确筛查风险隐患，审视问题线索，最大程度发挥新技术的优势作用，实现审计目标，落实科技强审。

（4）序列分析。

关联分析发现数据项同时出现的规律，序列分析发现数据项出现的时间上或序列上的规律，从审计数据库中挖掘出被审计单位正常行为和异常行为的频繁序列模式，发现审计数据之间的前后（因果）联系。审计人员可以根据大量历史数据，对序列模式加以运用，以确认账簿数据的合理性和真实性。比如，对具有连续取值特征的凭证号进行断号、空号和重号情况检查；又如，在审核企业销售数据时，可利用序列模式对被审计单位的生产领料数据进行挖掘，通过一些频繁领料业务发生的时间序列模式表现出的统计特征来发现存在的异常现象。

4.数据挖掘的应用

数据挖掘技术的应用主要源于商业价值的直接需要，因此数据挖掘技术在各行业中都有着较为广泛的应用价值。

（1）对业绩进行评估。

在公司发展的过程中，公司需要对子公司的业绩进行评价，业绩评价一直都是公司业绩总结中较为困难的问题。只针对利润方面对子公司业绩进行分析，较为片面。而且电力资源关系到国民的生计问题，安全等方面比利润更加重要，因此以利润对子公司业绩进行分析，不能全面概括子公司发展的实际情况。数据挖掘技术能在最大程度上对子公司业绩进行评价，综合多方面的因素进行考虑，通过对利润进行分析，将利润增长概率与同行业进行比较等数据进行组合，从而对某一个地区内的子公司经营情况进行分析。同时，利用最为直观的方式将分析结果进行展示，比如图表，更加方便领导人员对子公司的业绩进行最终评估。

（2）对电力企业建设规划进行指导。

近几年，我国电力行业的发展较为紧张，电力企业电力供应情况不能很好地满足社会对电力资源的基本需求。这主要是因为电力企业掌握市场发展的基本趋势不够，无论是电站建设，还是电网建设，都还需要更进一步地跟随时代发展的趋势。针对这样的情况，数据挖掘技术能发挥出良好的作用，通过对新增用户、现有用户、用户位置、用电情况以及国家建设规划等方面的数据进行分析，能够对电力企业未来的发展和建设提供指导，更好地保证电力企业供电的实际效果，在满足市场基本需求的基础上，更好地促进电力企业的稳定发展，在电厂和电网中安装更大容量的电力设备等。

（二）文本挖掘

1.文本挖掘的概念

文本挖掘指从大量文本数据中抽取事先未知的、可理解的、最终可用的知识的过程，同时运用这些知识更好地组织信息以供将来参考。文本挖掘涵盖多种技术，包括信息抽取、信息检索、自然语言处理和数据挖掘技术。它的主要用途是从原本未经使用的文本中提取出未知的知识。但是文本挖掘也是一项非常困难的工作，因为它必须处理那些本来就模糊而且非结构化的文本数据，所以它是一个多学科混杂的领域，涵盖了大数据技术、文本分析、模式识别、统计学、数据可视化、数据库技术、机器学习以及数据挖掘等技术。

文本挖掘是从数据挖掘发展而来，因此其定义与我们熟知的数据挖掘定义相类似。但与传统的数据挖掘相比，文本挖掘有其独特之处。这主要表现在：文档本身是半结构化或非结构化的，无确定形式并且缺乏机器可理解的语义；而数据挖掘的对象以数据库中的结构化数据为主，并利用关系表等存储结构来发现知识。因此，有些数据挖掘技术并不适用于文本挖掘，即使可用，也需要建立在对文本集预处理的基础之上。

2. 文本挖掘的作用

融入了文本挖掘技术的审计实现了内审过程的系统化，扩大了内审的范围，同时也极大地提高了内审效率。企业中涉及包括大量合同、法律法规、相对方信息等非结构化文本材料，不同于传统内审中的抽样，利用自然语言处理等义本挖掘技术可以自动化处理非结构文本信息，系统化、自动化地检索整理审查要点，使内审人员从繁重的大量阅读、审阅工作中解放出来。同时，利用语言模型可以识别出不符合目标条款、发文的高风险案例，为内审人员进行初步筛查，使他们可以集中关注高风险案例并进行深入跟踪，实现高效率的内审工作。

3. 文本挖掘的方法

文本挖掘利用智能算法，如神经网络、基于案例的推理、可能性推理等，并结合文字处理技术，分析大量的非结构化文本源（如文档、电子表格、客户电子邮件、问题查询、网页等），抽取或标记关键字概念、文字间的关系，并按照内容对文档进行分类，获取有用的知识和信息。文本挖掘是一个多学科混杂的领域，涵盖了多种技术，包括数据挖掘技术、信息抽取、信息检索、机器学习、自然语言处理、计算语言学、统计数据分析、线性几何、概率理论、图论。

具体而言，文本数据挖掘技术需要从两个层面进行理解。

（1）底层技术，文本挖掘作为数据挖掘的一个分支学科，其底层技术包括机器学习、数理统计、自然语言处理等领域的技术方法。

自然语言处理是文本挖掘的核心技术之一。自然语言处理（Natural Language Processing，NLP）是计算机科学领域与人工智能领域中的一个重要方向。它研究能实现人与计算机之间用自然语言进行有效通信的各种理论和方法，主要应用于机器翻译、舆情监测、自动摘要、观点提取、文本分类、问题回答、文本语义对比、语音识别、中文文字识别（OCR）等方面。

自然语言处理技术在审计工作中发挥着重要作用。它能够帮助审计人员自动分析海量的文本，并提炼出大量有价值的信息，这恰恰是传统人工审计的薄弱环节。虽然审计准则要求审计人员对被审计单位的各种文件、规章制度、会议记录等文本信息进行分析，从而获取审计证据，但受限于高昂的审计成本，审计人员只能分析其中很少一部分，而且效果较差。而计算机可以对这些非结构化数据进行全面高效的分析。例如，通过对报表期间的会议记录等文本信息进行文本分析，判断公司战略、经营管理等方面是否发生了重大变化、如何变化，进而分析可能的审计风险。

在访谈信息处理方面，自然语言处理也可以发挥重要作用。审计准则要求审计人员对相关人员进行访谈，发现进一步审计的线索，尤其是当不同访谈对象针对同一问题给出的回答不一致时，更容易发现线索。然而，人工分析的效率和效果都比较差，会严重影响访谈这一审计程序的应用效果。基于自然语言处理技术，可以实现智能分析。首先，通过现场访谈，形成音频文件；其次，自动将语音转为文本信息；再次，利用自然语言处理技术，自动对文本信息进行分析，提取关键信息。例如，通过分析不同访谈对象针对同一问题的回答，分析是否存在矛盾之处；通过分析访谈信息中的高频词，构建词云图（word clouds），判断公司最关心的事项有哪些等。总之，采用自然语言处理技术，可以基本实现访谈信息分析的自动化与智能化。

自然语言处理技术也可以用于内控测试。例如，可以自动分析企业内控运行情况是否与内控手册的要求一致。以授权这一重要的控制活动为例，计算机可以自动分析每项业务的授权人是谁，并自动与内控手册中的规定进行比较，看两者是否一致。如果发现不一致，则自动标记为一项内控偏差。

自然语言处理技术也适用于审计质量控制环节。例如，计算机可以自动将工作底稿与审计准则、职业规范等进行对比分析，自动判断审计工作是否符合审计准则和职业规范的要求。比较的点包括重要性水平的确定标准；具体审计项目的抽样比例、审计证据数量、审计程序性质与数量等。

此外，也可以利用自然语言处理技术自动生成审计报告。计算机会基于工作底稿，自动提取关键信息，基于固定的模板，自动生成审计报告。从技术上说，目前已经可以实现。

（2）进阶技术，即文本挖掘的基本技术，面向不同的应用，分为信息抽取、文本分类、文本聚类、文本数据压缩、文本数据处理五大类。

4．文本挖掘的应用

文本挖掘最终的目的是信息访问与知识发现。信息访问包括信息检索、信息浏览、信息过滤和信息报告，知识发现包括数据分析和数据预测。

本节主要探索运用文本挖掘技术将招投标资料中的非结构化数据转换为结构化数据，再运用文本分析算法，进行审计分析，帮助审计人员发现审计疑点。在公司招投标过程中，从招标文件获取招标要求，从投标文件获取投标信息，找出不符合资质的投标单位。从投标文件中提取和分析投标项目、投标单位、投标代理人，结合公司信息找出经常在相同项目中一起投标，同时存在关联持股、交换委托代理人的投标单位，找出异常投标企业和股份持有人。

（1）抽取关键信息。

利用文本挖掘技术抽取招标文件中的项目名称、投标企业资质要求（注册资金、企业人员规模、企业成立时间）等，形成招标要求关键信息数据。利用文本挖掘技术抽取投标文件中的分析投标项目、投标单位、投标委托代理人姓名等关键数据，形成项目投标关键数据表。接入外部企业信息数据，外部企业信息数据包括企业名称、注册资金、企业人员规模、企业成立时间、企业股份组成（企业股东信息、企业股东股份比例、企业股东占股金额）等关键信息。

（2）分析关键信息。

根据关联招标要求关键信息数据中的投标企业资质要求与外部企业信息数据中的注册资金、企业人员规模、企业成立时间进行比较。将注册资金低于投标企业注册资金，企业人员数量少于投标企业人员规模，企业成立年限晚于投标企业成立年限的信息视为异常，作为审计疑点。运用关系网分析算法分析，找出在相同项目中一起投标，同时存在相互持股情况的异常投标企业和股份持有人，作为审计疑点。利用关联分析算法分析，识别出经常在相同类型的项目中一起投标，同时存在交换委托代理人的投标单位，作为审计疑点。

（三）智能分析

1．智能分析的概念

智能数据分析，是指运用统计学、模式识别、机器学习、数据抽象等数据分析工具从数据中发现知识的分析方法。智能数据分析的目的是直接或间接地提高工作效率，在实际使用中充当智能化助手的角色，使工作人员在恰当的时间拥有恰当的信息，帮助他们在有限的时间内作出正确的决定。

2. 智能分析的作用

（1）审计智能化有利于实现全面审计。

当前，审计工作受审计时间和人力资源等因素的影响，审计组常采用重点抽查的工作方式。重点抽查因"总体＞样本"，存在可能遗漏重大问题的局限性。使用人工智能、机器学习等技术后，审计软件可以夜以继日、不知疲倦地工作，使审计工作摆脱审计时间，特别是人力资源的制约，从而使全面审计得以真正实现。同时，人工智能、机器学习等技术还可以避免人为因素的影响，如审计人员判断失误，甚至故意"放水"等导致重大问题的遗漏。

（2）审计智能化有助于审计工作自动化。

利用人工智能、机器学习等技术，审计软件可以按审计模板（实质是审计人员预先设定的程序）自动进行数据采集、数据整理、数据分析，甚至还可以对被审计单位的常规性问题进行纠错查弊。同时，使用深度学习技术，还可以自动搜索、识别、归纳和总结被审计单位新出现的普遍性、倾向性异常问题，并自动形成可移植、"傻瓜型"的审计模板，其他审计组使用该模板，即可自动对该类问题进行审计。

（3）审计智能化将大大减轻审前知识储备。

随着经济的发展，社会分工将越来越细，同时，法律法规的完善也意味着其内容将更加丰富与多样。为更好地履行职责，作为"经济守夜人"的审计人员需学习的法律法规、行业背景等知识也将越来越多、越来越细。为此，传统审计模式下审计人员在审前阶段不得不花大量时间学习相关法律法规及行业背景等。运用人工智能，计算机可以实时更新现行法律制度，自动搜索行业背景和专业知识，且不会出现记不清、记不准、记不牢，更不会出现注意力不集中、精神疲惫等情况。

（4）审计智能化将大大解放审计人员。

审计智能化不仅可以缩短审计工作所需的时间，还可将审计人员从烦琐、重复的简单劳动中解脱出来。比如，传统审计模式下，审计组对某银行进行审计，一般需派七八名审计人员专门对电子数据进行采集、整理，运用人工智能后，其工作均可由审计软件自动完成，因此，审计智能化相当于增加了审计力量。这样，审计人员就可以进一步发挥人的主观能动性，专心关注审计软件难以完成的重大事项，如查处重大违纪违规问题及从体制机制等角度分析问题产生的原因，并从更高层面、更广范围、更加综合的视角提供具有前瞻性的审计建议。

3. 智能分析的方法

人工智能技术（Artificial Intelligence，AI），早在1955年就已经作为一个研究领域被推出。2010年之后，大数据、云计算、互联网等新一代大数据技术的发展，为人工智能技术研究提供了更强大的运算能力和更广泛的数据资源，助力人工智能技术加速发展，促进人工智能从理论研究走向实际应用，特别是图像识别、语音识别、无人驾驶等技术应用趋于成熟，人工智能技术的社会影响日益凸显。

在2018年中国电子技术标准化研究院发布的《人工智能标准化白皮书》中，人工智能定义为借助数字计算机及受其控制的机器设备对人类的智能进行模拟，并将模拟行为进行延伸和扩展，以达到对知识的获取和对环境感知的目的。它是一系列理论、方法、技术及应用系统的统称，意在通过对知识的应用获得最佳结果。人工智能的本质是人类设计和开发的以数据为基础的计算，能够模仿人类对感知的外界环境作出反应，最终实现与人类的交互和互补，达到为人类服务的目的。

目前，人工智能技术已经应用于审计工作流程，将传统审计中手工完成的审计工作嵌入自动化系统之中，改变了传统审计工作耗时长、范围小、效率低的现状。与此同时，人工智能下的审计模式改变了审计测试的范围和方法，从而提高了审计效率和审计质量。基于人工智能技术的审计作业模式，不同于传统审计，将实现机器与人工协同工作的作业模式。人工智能下的审计内容由传统审计的内部控制审计和财务审计数据转变为信息系统及底层数据审计，从而将审计人员从繁杂的重复性工作中解放出来，转而学习更高级的数据分析技术。借助互联网技术逐步实现联网审计，能够保证财务数据的全覆盖审计，进一步实现持续审计。随着区块链和人工智能技术的发展，各种技术的融合将成为人工智能时代审计工作的发展趋势。

人工智能技术内涵深广，具有较多技术细分领域，通常需要多项细分技术相互衔接、组合应用。人工智能部分细分技术已初步达到可商用的成熟度，将审计实务与人工智能技术结合，具有广阔的发展前景。

（1）运用自然语言处理、图像识别技术，实现非结构化数据的分析处理，扩展数据审计范围。合同、会计凭证、业务单据等非结构化数据是记录公司主要经济事项的重要媒介，是众多审计项目均涉及的审计资料。但由于资料数量庞大，实际审计中抽样率较低，问题较难发现，审计风险高。利用自然语言处理、图像识别技术，可自动识别合同文档、会计凭证及业务单据影像资料中的关键信息，将每份非结构化资料转化为一组标准化的结构化数据，再利用传统数据审计方法进行自动处理得出审计结果，这样可有效替代人工查阅原始资料的过程，大幅提升审计效率，扩大数字化审计覆盖领域，扩展审计人员的"眼"。

（2）运用机器学习技术，自动构建并持续优化数据审计模型，提升远程审计精度。部分违规行为操作复杂、隐蔽性强，且为逃避监督经常变换违规形式，如员工在业务运营系统中的违规操作、合作商违规套取企业营销资源等，其违规行为的特征不易人为把握，造成对应的数据审计模型准确率低，且滞后于违规形式的变化。引入机器学习技术，使用海量业务数据开展模型训练，由"机器"自动提炼违规行为特征，构建智能模型，并根据最新的业务数据自动优化、调整模型，可有效提升审计模型精度，扩展审计人员的"脑"。

（3）运用机器人流程自动化技术，实现审计作业部分关键流程的自动化处理，提升审计作业效率。在审计作业过程中，部分工作不可或缺，但工作本身简单、重复、耗时耗力，利用机器人流程自动化技术，编制自动化执行程序，由机器代替人工执行相关操作，打造"审计机器人"，如审计资料的自动下载、互联网上批量信息的自动查询、审计作业底稿及确认单的自动整理及上传归档等，可有效提升审计作业效率，扩展审计人员的"手"。

4. 智能分析的应用

企业可以充分利用自身信息化优势，将智能分析技术用于内部审计之中。智能分析技术的创新应用包括合同智能审计、凭证智能审计、数据审计智能建模、"审计机器人"自动化作业等创新产品。

（1）合同智能审计产品。

对于大型企业来说，业务范围广、客户数量多，每年对外签订合同数量超过百万份，亟须通过智能审计技术实现合同自动审计能力。

合同智能审计产品的核心能力包括合同文档识别、合同关键信息提取以及合同审计模型。其中，合同文档识别能力，可以利用深度学习技术构建文档分类器，从档案系统、合同系统的电子化归档资料中自动识别出合同文本；合同关键信息提取能力，可以利用深度学习技术构建关键信息识别模型，自动从合同文本中提取出甲乙方信息、合同金额、质保期、知识产权条款及归属、违约条款、合同标的、付款计划等多项关键信息，并将其转化为结构化信息进行存储；合同审计模型能力，可以基于大数据技术，将上述合同关键信息与报账平台、采购系统、智慧审计等系统中的相关结构化信息进行关联分析，固化审计模型，自动出具审计结果。

（2）凭证智能审计产品。

大型企业每年的报账单据数量超千万，其中增值税发票（包括专票、普票）、火车票是全国范围内格式统一的票据，也是企业成本费用报账单中的主要票据。研发凭证智能审计产品可有效替代审计人员现场翻阅账本。

凭证智能审计产品与合同智能审计产品较为相似，均是对非结构化数据的加工和处理。产品的核心能力包括凭证类型识别、凭证关键信息提取及凭证审计模型。其中凭证类型识别能力，是利用图像识别技术构建凭证分类器，可以从财务电子影像系统的报账单图片中自动识别出增值税发票、火车票；凭证关键信息提取能力，是利用深度学习技术训练文字识别（OCR）模型，自动从凭证影像中提取增值税发票号码、购买方及销售方信息、金额、税率等字段，火车票的席别、价格、出发到达地、姓名等字段，并将其转化为结构化信息进行存储；凭证审计模型能力，是基于大数据技术，将上述合同关键信息与报账平台、供应链等系统中的相关结构化信息进行关联分析，固化审计模型，自动出具审计结果。

（3）数据审计智能建模产品。

内部审计需要对部分高风险领域开展持续审计实务，按月持续监控违规行为，出具审计报告，促进相关单位持续完善管控机制，降低违规风险。但也存在持续审计模型运行一段时间后，模型准确性有所降低的问题。为此，利用机器学习技术自动建立审计模型，可促进审计模型准确性的提升。

数据审计智能建模产品集监督学习、无监督学习、深度学习等相关机器学习算法，并与审计数据集市对接，可供数据审计人员研究及训练智能模型。产品的核心流程包括特征选择、模型训练、结果验证及优化反馈。以员工异常业务操作审计为例：

在特征选择阶段，先通过审计人员的业务理解，圈选出可能与员工违规行为相关的数据特征，由机器通过随机森林、主成分分析（Principal Component Analysis，

PCA）等方法，从中筛选出可能的特征组合，形成特征空间。

在模型训练阶段，由于违规行为发现率低，带违规标签的业务数据较少，采用无监督学习方法，通过聚类算法，将业务数据按其特征值聚成若干数据集，对于明显偏离各数据集的少量游离样本，判断为异常业务样本，作为审计结果输出。

在结果验证阶段，审计人员对模型提示出的异常结果进行核查，将结果正确与否反馈给"机器"，增加带标签的训练样本。

在优化反馈阶段，模型根据人工反馈进行自适应调整，优化分类算法，不断提升模型精度。

（4）"审计机器人"自动化作业产品。

根据流程诊断结果，审计人员在审计作业流程中大量的时间用于收集审计资料、整理审计作业底稿，大量占用本应用于审计查证工作的时间。"审计机器人"自动化作业产品（简称"审计机器人"）主要集成各类自动化工具，可以有效提升审计人员工作效率。

"审计机器人"主要集成各类自动化脚本技术，可支持审计人员根据业务场景，自主开发或集成相关脚本，执行特定的自动化处理工作。目前常用的集成脚本主要集中于审计数据采集及审计资料归档上传。审计数据采集功能主要应用于从企业内外部系统中自动下载数据，弥补审计数据源的不足。如编制自动化脚本，自动从被审计单位办公（OA）系统中下载各项制度文件，自动从政府网站下载合作公司的工商企业注册信息等；审计资料归档上传功能主要表现为根据审计人员现场作业中形成的审计底稿、审计确认单中的信息，按审计流程系统中规定的格式，自动填充相关字段，上传相关文档及扫描件，实现审计人员对作业底稿及确认单的一次编辑、一键上传。

二、数据可视化技术

（一）数据可视化技术的概念

可视化分析是一种通过交互式可视化界面来辅助用户对大规模复杂数据集进行分析推理的科学与技术。可视化分析技术作为大数据分析技术手段，是现代审计大数据处理过程中不可或缺的技术方法，在数字化审计中具有明显优势。数据可视化技术的基本思维框架是用图元元素表示数据库中的数据项，大量的数据集可构成数据图像，同时用多维数据的形式表示数据的属性值，可以从不同的维度更深入地观察和分析数据。

通俗地说，数据可视化就是将复杂的数据模型以图形的形式表达出来，将数据中的信息清晰有效地展示出来，方便人们了解和掌握数据规律。在大数据的驱动下，数据可视化的内涵和外延发生了重大变化，从简单的呈现逐渐演变为图表、分析和交互的综合融合。

数据可视化技术包含以下几个基本概念。

（1）数据空间：是由 n 维属性和 m 个元素组成的数据集所构成的多维信息空间。

（2）数据开发：是指利用一定的算法和工具对数据进行定量的推演和计算。

（3）数据分析：指对多维数据进行切片、块、旋转等动作剖析数据，从而能多角度多侧面观察数据。

（4）数据可视化：是指将大型数据集中的数据以图形图像形式表示，并利用数据分析和开发工具发现其中未知信息的处理过程。

（二）数据可视化技术的作用

大数据可视化分析方法有助于审计人员探索分析海量的数据，也能更简洁地表达搜寻的数据信息，探查数据信息的内在关联，找出其中蕴含的规律。审计人员可借助大数据可视化软件进行建模和分析并输出结果，之后审计人员可利用自身感知来探索输出结果中存在异常的部分，以此作为审计线索并深入挖掘其特征，最终获得项目违规的审计证据。

（三）数据可视化技术的方法

针对数据可视化已经提出了许多方法，这些方法根据其可视化的原理不同可以划分为基于几何的技术、面向像素技术、基于图表的技术、基于层次的技术、基于图像的技术和分布式技术等。数据可视化技术主要包含时空、网络、文本和多维数据可视化技术等。其中，文本可视化技术是非结构化数据的典型代表，可以将逻辑结果、重要程度、词频和动态演化规律等文本中蕴含的语义特征直观地展示出来。例如标签云可按照一定的规律将关键词进行排序和布局排列，并利用字体大小、颜色表示关键词重要程度，以达到可视化目的。除此之外，散点图、树地图、折线图、柱状图、雷达图、地区分布图和气泡图等都是大数据可视化技术的表现方式。可视化分析技术作为大数据分析技术手段，是现代审计大数据处理过程中不可或缺的技术方法，在数字化审计中具有明显优势。

（四）数据可视化技术的应用

1. 可视化业务数据展示

可视化技术改变了传统审计模式下的数据界面，代之以各种直观的动态图表。一直以来，审计人员在审计过程中面对的大多是数据界面，很难快速找出数据中隐藏的规律和问题，即便是已经加工过的数据。而可视化界面可以直观地将数据形象地展示出来，便于审计人员快速分析并得出结论。在审计的全过程中，可以基于 Quick BI 和 Power BI 等工具，自动将所有数据都以图表形式展现出来。未来的趋势是将 AI 与 BI 结合，让可视化技术更加智能。

目前，已经有很多公司开发出可视化商业智能（BI）产品，其商业化应用日益普遍，无论是企业的生产部门、安监部门，还是管理部门，都在大量使用可视化技术。通过可视化工具将被审计数据转化为审计人员可以直观感受的图形，审计人员对图形化展示进行分析观察，结合自身的专业判断，交互地改变可视化工具的设置，改变输出的图形化展示，从而全面地分析被审计数据。例如仪表盘（驾驶舱）是目前应用很广的可视化产品，它能够直观地实时反映各环节、各产品、各部门的实时状态，大幅度提升企业决策的效率。

2. 可视化人员进度安排

在审计过程中，可以以仪表盘的形式展示审计项目的实时动态，实时展示各小组工作完成情况、所需资源、遇到的困难、发现的问题，等等。从项目负责人角度来说，他们可以随时了解项目进展并协调各小组的工作；从项目小组的角度来说，小组之间、小组内部可以实现实时资源共享。在移动互联时代，这些都可以在移动端实现，让审计工作更加便捷高效。

3. 可视化数据建模

随着可视化技术的发展，审计工作必将日益依赖图表展示和表达结果。可视化工具能够提供直观、简洁的方法表示审计分析的过程，帮助审计人员定位可疑、重要的信息。

（1）词云图可以将出现频率比较高的关键词进行大小、颜色上的突出显示。在实务审计工作中，存在大量的文本数据，如销售、采购合同、企业内部文件等，审计人员可以借助词云图及时找到审计方向，定位需要进行额外审计程序的主要企业。

（2）散点图常用来表示 X、Y 坐标轴之间数据的变化关系，在可视化软件中可以将三个维度和两个度量相结合，表示出更多的信息。散点图还有另一个重要功能就是数据拟合。在数据拟合的过程中，通过判断横纵坐标轴大致数量关系，选择需要添加的趋势线类型，趋势线外分布较为离散的点属于异常、可疑数据，需要审计人员进行重点分析。

（3）气泡图可以通过气泡大小直观反映数值的大小。气泡图与散点图有一定的相似之处，都是通过点的位置表示坐标轴的数量关系，也可以像彩色散点图那样对不同的气泡上色，不同之处在于气泡图可以在图中额外加一个大小变量反映数量关系。特别是对于不同时间维度下的同一类数据，可以制作动态气泡图，并追踪气泡痕迹，反映同一数据在不同时间线的变化情况，帮助进行纵向时间线的分析。

（4）箱线图是一种用于显示数据分布情况的统计图表，在箱线图中用上边界、下边界、中点、上四分位数、下四分位数五个点对一个数据集进行简单总结。审计人员通过箱体的长短判断数据的波动情况，找到异常值。

（5）填充地图是进行区域分析的重要工具。在审计过程中经常会碰到有关产品销量、销售额等地区分布的信息，审计人员可以通过制作可视化地图，直观地将地理数据和财务、业务数据相结合，展示不同地区产品的销售情况。此外，为了将不同度量的数据展示在同一图表中，可以通过标记双轴的方式将销售额、利润等维度通过颜色深浅、图形大小在同一张图表当中一起展示，帮助审计人员进行区域对比分析。

（6）钻取是非常实用的可视化联机分析处理（OLAP）分析操作，可以在利用可视化图表分析业务问题时，由宏观层面向下逐级钻取至明细数据；或者先展示明细数据，再向上钻取至汇总数据。在日常审计过程中，常遇到多层分类数据，审计人员可以通过创建分层结构，逐层分析、展示这些科目的数据结构，使审计工作更加明晰、有条理。

（7）社会网络分析是研究个体、群体或社会之间的社会关系结构及其属性的规范和方法。在审计工作当中，社会网络分析有着广泛的运用空间：其一方面可以在内控分析中通过追踪企业内部单据签字流程，绘制流程关系图，发现流程审批缺陷，评估企业内控情况；另一方面，也可以用于关联方分析领域，通过计算机编程语言（Python）从企业信息查询网站上爬取（根据万维网网页链接，获取相关万维网资源的手段）客户的股东信息后，绘制企业与股东关系网络图，直观显示企业之间持股情况，帮助审计人员找到隐蔽的关联方关系。

4. 可视化审计结果对比

可视化技术不仅适用于审计过程，也适用于审计报告阶段。在出具审计报告之前，审计人员要实施分析程序，然后确认审计后的报表是否存在异常。在此阶段，除了可以采用机器学习等方法将审计后的报表与历年报表以及同行业其他公司的报表进行对比分析之外，还可以采用可视化技术，直观而形象地呈现报表项目，便于与历年报表以及同行业其他公司的报表进行比较。在审计报告阶段，也可以多用图表的形式展示审计结果。目前的审计报告多为一维模式，未来的报告应该是多维的，可以用动态图、立体图等形式展示更丰富的细节。

三、常规数字化审计技术

（一）统计分析方法

1. 统计分析的概念

审计统计分析是以审计统计报表为基础，运用统计方法对统计数据的解释和分析。其基本任务是运用统计数据对审计工作情况和审计所涉及的社会经济现象进行剖析，为领导决策或指导审计实践提供依据，使审计工作在宏观管理中发挥更大的作用。

传统的审计分析过程与数字化审计时代下的分析过程基本类似，都要通过采集数据、导入及预处理数据、统计及分析数据、挖掘数据疑点等步骤来实现。但是随着数据量呈几何倍数的增加，加之采集到的数据类型不一，审计人员需进一步转化为结构化数据才能高效分析，因此大数据时代下数据处理方式与传统审计不同，作为审计作业核心部分的统计分析数据更加重要。

2. 统计分析的作用

大数据时代背景下审计工作对统计分析方法应用越来越广泛，同时大数据的应用统计分析方法也是关键。在审计过程中数据是极其关键的要素，审计工作就是通过对数据进行采集、分析和处理来对某一领域某一范围的现象进行研究，得出审计结论，在这个过程中需要确保审计数据的真实性、有效性以及完整性。在数字化审计背景下统计分析方法的应用呈现出更加精细和高效的特征。在这个过程中需要确保审计数据的真实性、有效性以及完整性。在数字化审计背景下，统计分析方法的应用呈现出更加精细和高效的特征。一方面数字化审计应用统计分析方法使得审计工作更加精细化，精细化主要体现在数据的采集和录入环节，大数据时代可以实现审计数据采集和录入的动态化，实现同步更新，从而确保审计数据的完整性和精准性。另一方面数字化审计应用统计分析方法可以使审计更加高效。统计分析方法能够有效提升数据处理的效率，从而提高整个审计工作的效率。

3. 统计分析的方法

（1）描述性统计。

在数字化审计中，描述性统计是比较常用的一种方法，相对而言也是较为简单的一种方法。它能够较好地分析、明确大数据的分布状态以及集中趋势，对于平均值、方差、中位数以及极值，其中中位数的关注度比较高。在描述性统计分析中，需要重点把握好近年来的所有报表数据信息，针对这些报表数据信息进行汇总，进而借助于相关统计分析方法进行描述，呈现大数据的关键指标，如此也就能够给予审计工作人员以参考意见，促使其在近年来发展趋势方面更为明确，结果的呈现相对而言也较为直接。

（2）关联分析。

对于数字化审计下的统计分析方法的应用，关联分析同样也是比较重要的一类基本手段。它能够针对大量数据信息中的关键字进行系统分析，了解这些关键字在所有数据信息中的分布状况，探索相互之间的关联性。结合这种关联分析方法的应用，其主要借助于 Oracle 或者 SQL 数据分析软件处理，在具体数据信息分析结果中能够表现出更强的实际应用效益，同时也可以降低工作人员的难度，提升其数据分析处理效率。这种关联分析方法的应用能够更好地发现其中可能存在的异常值，对于审计工作的作用价值进行优化。

（3）多元回归分析。

对于数字化审计工作的落实，多元回归分析的应用同样也能够表现出较强的作用。它能够更好地展现数据信息之间的因果关系，尤其是在历史性数据信息的分析研究中，该方法的应用比较有效。为了更好提升其审计效果，还应该重点把握好离散程度，促使其后续推导工作较为准确适宜。

4. 统计分析的应用

数字化审计下不同的统计分析方法均有不同用途。针对审计目的的不同，选取相应的统计分析方法，完成大数据分析。

（1）描述性统计在数字化审计中的操作规范。

使用描述性统计中的求和、均值、极值、方差、众数、中位数、分位数等基本分析要素，可以对数据的分布特征、趋势变动有形象、直观、深刻的了解；使用线性回归分析法，能够对被审计单位业务、财务等数据的集中趋势、离散程度、分布形态集中掌握。描述性统计并不仅限于对数据的整体掌握，它还能够反映出数据库中大量的细节数据，并将这些细节数据与审计目的相结合，快速、有效地让数据真正服务于审计工作。通过使用描述性统计方法，审计人员既可以从时间上分析被审计单位近年来相关情况的变化趋势，又能快速掌握结构化数据中的重点。例如，虚假的财务数据与正常的财务数据相比，从数据结构、数据属性、数据分布及离散程度均有不合常理的方面。

审计人员通过对结构化数据分析挖掘，将该数据库中不同字段所特有的属性归纳整理，再将属性转换为数字符号，并依据转换后的数字符号做回归分析，使被审计单位的财务数据特征能被抽象概括，极大提高数据的可理解性及可分析性，并为审计人员提供审计决策依据，找到被审计单位中可能存在的风险点。

例如，在经济责任审计项目中，审计人员通过对逐年报表数据进行分析，使用描述性统计方法重点对资产总额、负债总额、营业收入、利润总额、净利润、资产负债率、净资产收益率、国有资本保值增值率等指标进行概化描述及趋势分析，从而客观了解被审计单位领导人员任职前后企业发展的实际状况和经营变化特点。

（2）关联分析在数字化审计中的操作规范。

目前，关联分析方法在数据分析中应用较为广泛。在数字化审计下，一般使用SQL 或 Oracle 数据库软件收集、存储数据，并利用不同表内同一或不同关键字做表内或表间关联。每个独立的表是对某一事件的数据描述，体现了基本的数据事实，表与表之间体现不同项目集合及集合之间的交易。通过表之间的关联分析，得出不同交易主体间频繁交易情况以及数据之间的相关性、因果关系等，从而挖掘出数据集合内在隐藏的相互作用关系。审计人员通过在不同表间使用关联数据关系，挖掘出信息之间存在的异常数据，通过对异常数据进一步分析，查找出现异常数据的原因。在此基础上，审计人员进一步还原事实，并发现审计疑点。

审计实践过程中，利用关联分析技术，审计人员对被审计数据库中的数据进行挖掘分析，找出被审计数据库中不同数据之间的联系，从而发现存在异常联系的数据项。在此基础上通过进一步分析，发现审计疑点。

（3）多元回归分析在数字化审计中的操作规范。

多元回归分析法是统计学中较为基础的回归分析方法。它主要研究的是多个变量之间的数量关系。因变量与自变量之间所存在的一个因变量对应多个自变量的情况，称为"一对多"关系，多个因变量对应多个自变量的情况，称为"多对多"关系。多元回归分析法按数据形态将变量间关系分为线性回归和非线性回归关系。

在数字化审计下，审计数据库中结果型业务数据与过程型业务数据之间会体现一定的变量关系。结果型业务数据一般体现为因变量，而过程性业务数据则体现为自变量。就某项审计事项而言，影响结果型业务数据的因素不仅仅体现为单一因素，更体现为较多因素综合作用的结果。大量的审计数据统计研究证实，正常的业务数据在因变量与自变量之间会体现较为集中的线性或非线性关系。审计人员可以利用历史数据找到回归关系，代入现有历史数据后推导出特定时间段内可能发生的数据区间，再将实际发生的数据与该区间比照，依据离散程度分析审计重点。

在审计实践过程中，审计人员可以使用 SPSS 统计软件对上述数据做多元回归分析；通过对各因变量拟合度检验、显著性 F 检验、显著性 t 检验，最终得出多元回归方程。通过对回归方程各变量系数分析，发现各变量因子存在显著性同向变化。审计人员将被审计单位被审计期间相关指标数据作为已知数据代入方程，推导出理论数据区间，将理论数据区间与实际审计期间数据做分析比较，计算差异值。将偏离度较大的、离散度高的数据作为审计重点，精准定位审计疑点，快速突破。

（二）多维数据分析技术

1. 多维数据分析的概念

多维数据分析，也称为联机分析处理（on-line analytical processing，OLAP），是以海量数据为基础的复杂分析技术，它支持分析人员从不同的角度、快速灵活地对数据库中的数据进行多角度查询和分析，并以直观易懂的形式将查询和分析结果展示给分析人员。

2．多维数据分析技术的作用

多维数据分析技术对需要以大量图表、对比来进行分析的审计项目，具有十分有效、突出的作用。相较于传统的 SQL 查询，多维数据分析所使用的多维概念和表现模式更符合人的思维习惯，更适宜于高效地聚合、检索、观察和分析数据。因此，审计人员对业务数据进行多维分析，可以更好地把握业务情况和发展趋势，形成审计重点和疑点，快速实现审计目标，从而提高审计的效率和质量。

多维数据分析的优势体现为以下三点：

一是数据展现方式。基于多维模型的数据组织让数据的展示更加直观，就像是人们平常看待各种事物的方式，可以从多个角度多个层面发现事物的不同特性，多维数据分析正是将这种寻常的思维模型应用到数据分析上。

二是查询效率。多维模型的建立是基于对多维数据分析操作优化的基础上。比如，基于各个维度的索引，对于常用查询所建的视图等，这些优化使得对百万千万甚至上亿数量级的运算变得得心应手。

三是分析的灵活性。多维数据模型可以从不同的角度和层面观察数据，可以利用各类多维度数据分析操作对数据进行聚合、细分和选取，提高分析的灵活性，满足不同分析的需求。

3．多维数据分析技术的方法

大型企业的审计要求在不同系统间的海量数据中找到有用的数据，对其进行关联性、多角度的复核、分析、查证，并按照不同使用主体、不同使用目的，使用不同视图进行结果展示；而多维度数据分析技术以其灵活的分析手段、高效的查询方式和直观的数据展现方式，与企业审计工作对数据处理要求较为契合。因此，开发出一套基于多维数据分析的审计支撑工具，不仅能全面迅速地将海量数据转换成审计工作所需要的目标结果，发现审计证据，同时对公司内部客户管理、客户服务、风险管理方面也有一定指导作用。

多维数据分析与传统的数据分析方法相同，在获取数据后通过查询、验证和挖掘发现问题，只是在应用多维分析的思路后，引入了分析对象、分析维度和分析模型的理念。

（1）查询型分析。这是目前应用最为普遍，也是最容易实现的数据分析方法。审计人员可以通过多种方式完成数据的查询分析工作。比如，利用 SQL 查询语句访问相应数据库，查询数据记录，并进行筛选、查找、排序、计算等操作性分析。

（2）验证型分析。验证型分析属于逆向思维的审计数据分析方式，需要审计人员首先提出自己的假设，然后利用数据分析方法验证或否定自己的假设，从数据中确定审计事实。验证型分析需要审计人员能够提出合理相关的假设，并要多次假设—验证—再假设—再验证，才能确认审计结果。

（3）挖掘型分析。挖掘型分析是对海量数据中有一定规律和一定层次的数据进行技术处理，以直观易懂的形式展示其规律或特点的过程。它是一种综合性的分析方法，需要审计人员有较高的业务素质和计算机应用能力。

查询型、验证型和挖掘型三种数据分析基本方法在多维数据分析应用中，需要根据不同的审计目标结合应用，定制相应的模型。比如，对常规业务量的变化，定制用户维度和产品维度的查询模型，并通过验证模型发现其异常波动，最后使用挖掘分析模型定位异常所在。

4. 多维数据分析技术的应用

应用多维数据分析技术进行主营业务收入审计的方法。

（1）年度主营业务收入变动分析。应用多维数据分析技术对本年度和上年度的主营业务收入变动情况进行分析。选取会计期间（年）和产品项目两个维度，聚合主营业务收入这一度量值，将本期主营业务收入与上期主营业务收入的构成及波动情况进行比较，分析产品的销售结构是否发生变化，是否处于正常变动范围，并通过主营业务收入构成的变化来分析异常变动的原因。

（2）月度主营业务收入变动分析。选取会计期间（月）这一维度，比较本会计期间各月主营业务收入的波动情况，分析其变动趋势是否属于正常范畴。若发现异常，可以选取产品或成本等其他维度进行分析，以查明异常现象和重大波动情况发生的原因。

（3）主营业务收入及主营业务成本配比分析。将主营业务收入分析与主营业务成本分析结合起来，通过选取主营业务收入和主营业务成本这两个维度，比较本期与上期同一产品项目毛利率的变动情况。重点关注收入与成本是否配比，并查明异常现象和重大波动情况发生的原因。

第二节 大数据审计工具

一、数据分析工具

（一）数据分析工具的类型

1. Excel 工具

Excel 作为最基础的数据分析工具，同时也是最主要的数据分析工具。Excel 有多种强大功能，比如创建表单，数据透视表，VBA 等。Excel 的系统十分强大，以至于没有任何一个分析工具是可以超越它的，可以根据自己的需求分析数据。Excel 可以满足绝大部分数据分析工作的需求，同时也提供友好的操作界面，对于具备基本统计学理论的用户来说 Excel 是比较容易上手的，但是它的处理的数据量较小。

2. 数理统计工具

SAS 功能强大并且可以编程，很受高级用户的欢迎，也正因为此，它是比较难掌握的软件之一，在企业工作中用得比较多，需要编写 SAS 程序去处理数据。

SPSS（Statistical Product and Service Solutions）是世界上最早采用图形菜单的驱动界面统计软件，其最大的特点就是操作界面极为友好，输出的结果美观漂亮。用户只需掌握一定的 Windows 操作技能，精通统计的分析原理，就能够使用该软件为特定的科研工作而服务。SPSS 采用了 Excel 表格的方式输入与管理数据，数据的接口较为通用，可以方便地从其他数据库当中读入数据。其统计的过程包括常用的、较为成熟的统计过程，可以完全满足非统计专业人士的工作需要。

3. 数据库工具

SQL 可以说是数据方向所有岗位都要掌握的工具，入门相对比较简单，概括起来就是增删改查。SQL 需要掌握的知识主要包括数据的定义语言以及数据的控制语言和操控语言。在数据操控的过程中要能够理解 SQL 的语法顺序和执行顺序，理解 SQL 与各种 join 不同，熟练地掌握 SQL 的重要函数，想要入行数据分析，SQL 是必要技能。

4. 编程工具

R 是一门用于统计计算与作图的语言，其实 R 不单单是一门语言，还是一个数据计算与分析的环境。它最主要的特点是免费、开源，并且各类模块都十分齐全。在 R 的综合档案网络 CRAN 中，有大量的第三方功能包，涵盖了从统计计算到机器学习，从社会网络分析到自然语言处理，从金融分析到生物信息，从各种数据库语言接口到高性能的计算模型，可以说是应有尽有。这也是为什么 R 获得了越来越多的各行各业从业人员喜爱的重要原因。

Python 是一种面向对象、解释型计算机程序设计的语言。Python 的语法简洁清晰，在数据分析和数据可视化等方面都显得比较活跃。Python 具有强大的编程能力，但是这种编程语言不同于 R 或者 matlab，Python 有非常强大的数据分析能力，还可以利用 Python 进行爬虫，写游戏和自动化运维。Python 在这些领域当中应用很广泛。这些优点就使得可以用一种技术去解决所有的业务服务问题，体现了 Python 有利于各个业务之间融合的价值。使用 Python，能够大大地提高数据分析的效率。

5. BI 工具

BI 工具是按照数据分析的流程进行设计的，商业智能的 BI 是为数据分析而生的，诞生起点很高，目的是缩短商业数据到商业决策的时间，并用数据去影响决策。

（二）数据分析工具的应用

以 SPSS 为例，SPSS 软件是一组专业的、通用的统计软件包，同时它也是一个组合式软件包，兼有数据管理、统计分析、统计绘图和统计报表功能。

SPSS 是世界上最早采用图形菜单驱动界面的统计软件，它最突出的特点就是操作界面极为友好，输出结果美观漂亮。它将几乎所有的功能都以统一、规范的界面展现出来，使用 Windows 的窗口方式展示各种管理和分析数据方法的功能，对话框展示出各种功能选择项。用户只要掌握一定的 Windows 操作技能，精通统计分析原理，就可以使用该软件为特定的科研工作服务。SPSS 采用类似 Excel 表格的方式输入与管理数据，数据接口较为通用，能方便地从其他数据库中（如 Dbase、Excel、Lotus 等读入数据。其统计过程包括了常用的、较为成熟的统计过程，完全可以满足非统计专业人士的工作需要。SPSS 输出结果十分美观，存储时则是专用的 SPO 格式，可以转存为 HTML 格式和文本格式。

SPSS 软件对计算机硬件系统的要求较低；对运行的软件环境要求宽松，有各种版本可运行在 Windows XP、WIN7 系统环境下。

SPSS 的主要功能分为两个方面：一是对数据文件的建立和管理；另外一个是提供了各种统计分析方法。对数据文件的建立和管理主要通过 Data 菜单和 Transform 菜单实现，可以对数据进行修改编辑、查找、排序、合并、分割、抽样、加权、重新编码、编秩、设定种子数及计算或转换新的变量等多种功能。提供各种统计分析方法则是通过 Analyze 菜单实现。可以对数据集进行一般统计分析，如描述性统计、探索性分析、单因素和多因素方差分析、协方差分析、四格表和列联表卡方检验、相关分析、线性回归分析、非参数检验等。

通过 SPSS 数据分析工具，从数据角度出发，运用贝叶斯统计、逻辑回归、重复度量分析等高级统计方法分析海量数据，可以让数据说话，发现传统业务逻辑分析难以识别的风险。如针对营销计量箱管控水平开展高级数据分析，对购置安装比与库存运行比两项指标运用 K-Means＋＋算法聚类后发现异常风险。

二、数据可视化工具

（一）数据可视化工具的类型

数据可视化是数据分析中不可或缺的重要组成部分。不论是传统的可视化工具，如 SAP 公司的 Business Objects，还是新型报表工具 Qlik Sense，可视化图表都能非常直观地为管理者和决策者提供有效的企业信息，使快速有效的决策成为可能。数据可视化工具能够以一种简便易用的方式将复杂的数据呈现出来，用户更容易理解这些数据，也就更容易作出决策。Tableau、Qlik、R、SAS、IBM 等 IT 厂商纷纷加入数据可视化的阵营，在降低数据分析门槛的同时，为分析结果提供更炫的展现方式。

1. Tableau

Tableau 致力于帮助人们查看并理解数据，可以快速分析、可视化并分享信息。其主要功能如下：

（1）快速分析。在数分钟内完成数据连接和可视化。Tableau 比现有的其他解决方案快 10～100 倍。

（2）大数据。无论是电子表格、数据库还是 Hadoop 和云服务，任何数据都可以轻松探索。

（3）自动更新。通过实时连接获取最新数据，或者根据制订的日程表获取自动更新。

（4）简单易用。任何人都可以使用直观明了的拖放产品分析数据。无须编程即可深入分析。

（5）智能仪表板。集合多个数据视图，进行更丰富的深入分析。

（6）瞬时共享。只需数次点击，即可发布仪表板，在网络和移动设备上实现实时共享。

2．Qlik

Qlik 是一个端到端数据管理和分析平台，审计人员都可以轻松分析其所有数据。其优势在于以下几点：

（1）拖拉式操作。简单的拖放界面，创建灵活的交互式数据可视化。

（2）支持多数据源。接入多数据源，在不牺牲性能的情况下提供更加全面的观点。

（3）智能搜索。简单输入关键词，即可连接相关信息和数据，一步步引导进入后续的流程。

（4）自主分析。拖放即可创建属于自己的可视化数据，无需脚本、复杂的 SQL 查询或连接。

（5）响应式设计。自适应各种电脑、平板、智能手机，无缝对接。

（6）数据讲故事。帮助审计人员便捷地分享可视化数据，与团队沟通最新的发现，并有效地实现协同。

3．SAS

SAS（Statistical Analysis System）是一个模块化、集成化的大型应用软件系统。它由数十个专用模块构成，功能包括数据访问、数据存储及管理、应用开发、图形处理、数据分析、报告编制、运筹学方法、计量经济学与预测等。SAS 系统基本上可以分为四大部分：SAS 数据库部分，SAS 分析核心，SAS 开发呈现工具，SAS 对分布处理模式的支持及其数据仓库设计。

SAS 系统主要完成以数据为中心的四大任务：

（1）数据访问。

（2）数据管理（SAS 的数据管理功能并不是很出色，而是数据分析能力强大，所以常用微软的产品管理数据，然后再导成 SAS 数据格式。要注意与其他软件的配套使用）。

（3）数据呈现。

（4）数据分析。当前软件最高版本为 SAS9.6。其中 Base SAS 模块是 SAS 系统的核心。其他各模块均在 Base SAS 提供的环境中运行。用户可选择需要的模块与 Base SAS 一起构成一个用户化的 SAS 系统。

4. R

R 语言因其简洁、灵活、开源的特性，具备处理 TB、PB 级数据集的能力，能够自由、有效地用于统计计算和绘图的语言环境，并在 UNIX、Windows 及 Mac-OS 系统中均可以运行。它还提供了广泛的统计分析和绘图技术，包括回归分析、时间序列、分类和聚类等建模方法。在数据保存方面，R 语言具有良好的处理机制。与其他语言相比，它是彻底面向对象的统计编程语言，与数据库之间有较好的接口，可以编译条件语句、循环语句、自定义递归函数，利用 MapReduce 模型进行分布式计算，满足 TB、PB 级的数据处理需求，提高了运行速度和计算效率。R 语言还提供了丰富的数据挖掘算法程序包，如 ggplot2 程序包中的可编译图形，带给 R 语言可视化更多的可能性。大数据可视化技术有助于数据直观分析，因此可视化技术成为大数据应用的重点之一。

（二）数据可视化工具的应用

1. R 语言大数据可视化审计领域分析

随着财会、审计领域的计量运用逐渐增多，R 语言的开发和使用因其开源性、可绘制性等优势受到众多财会、审计乃至整个统计分析行业人员的喜爱。可视化审计分析方式能够帮助审计人员快速、有效地交互分析大量数据，帮助审计人员更快、更准确地从复杂的数据中发现审计线索，洞悉财务漏洞。

R 语言通过 RMySQL、ROracle、RODBC 等程序包与 MySQL、Oracle、ODBC 等数据库均能建立联系。此功能很好地解决了数据转换问题，为 R 语言在审计领域的普及带来了更多可能性。以往传统审计中的审计数据分析方法多采用纸质凭证和纸质底稿，年终汇总和出具报表工作量巨大，数据归类方式有限，统计数据时十分烦琐，审计人员对电子数据进行采集也多基于 Excel 工具。从大量数据中提取审计依据并进行分析处理是审计人员工作的难点。随着技术的发展，财会、审计行业逐渐转型变革，财务数据从纸质向电子化发展，从纸质发票向电子发票演变，网上报账系统、手机 App 报税平台建设及数据的链接统一，带来行业效率的提升。以往财务数据量巨大，翻阅及审阅大量纸质凭证严重影响了审计效率，而 R 语言很好地解决了该问题。R 语言数据可视化审计分析，是基于大数据技术开发出来的，具有时代背景。

针对被审计单位提供的专项审计数据，R 语言可以根据审计项目进行分项归类，有效存储数据。审计人员审计调查时可以利用分门别类的专项数据开展对不同项目的审计审查。例如，对内部供应链审计，采集和分析上下供应链数据，评估、改善供应链，降低运营成本，提高供应链效率；对税务审计，审查纳税人是否按税法规定纳税、减税和免税，有无偷税、漏税行为，纳税依据是否真实，计算是否准确，有无弄虚作假、截留税款等现象；对离任审计、清算审计、经济责任审计、高新技术企业认定审计、财产转移审计、贷款审计等均能处理。审计单位结合详尽的分类项目指标，出具的专项审计报告将更具体，更聚焦审计专项风险所在，促使被审计单位的风险症结得到更早发现、更快处理。这样可切实增强专项审计为被审计单位识别风险、排除风险、化解风险的能力，使专项审计提质增效。

2. 审计文本内容的可视化呈现

审计文本内容由主题、字、关键词、短语、句子等要素构成，且有线性与非线性之分。线性文本是一个有序数据元素的文本集合，而非线性文本具有非线性的结构，其结点可能拥有多个前驱或后继。简单的线性文本数据可以运用图标集、条形图、方形图、走势图等传统可视化方法呈现，但对于复杂的线性文本信息以及非线性文本数据，只能采用更具针对性的文本可视化方法加以呈现。比如借助 Tableau 等可视化分析软件，将审计文本数据加载至相应的软件界面，将情感词汇拖拽至特定的词云图对话框中，自动产生情感词云图。

三、常用辅助工具和软件

（一）信息化管理工具

1. 信息化管理工具的类型

目前国内流行的企业信息化管理软件主要有 CRM（客户关系管理）、HR（人力资源管理）、OA（协同办公）、ERP（企业资源计划）、EAM（企业资产管理）、KMS（知识管理系统）等大类。可以分为两大类，一类为"职能系统"，即各行各业的企业都涉及的工作；第二类为"业务系统"，即某行业的企业所特有的工作。

几种常见的企业信息化管理软件如下：

（1）BPM（Business Process Management）：业务流程管理。它是一种以规范化的构造端到端的卓越业务流程为中心，以持续地提高组织业务绩效为目的的系统化工具和方法论。面对经济全球化的竞争压力和各种新技术创新场景下不断变化的用户需求，这种通过诊断、梳理、优化、监控和持续优化业务流程的实践，可以有效提高企业组织力并助力企业赢得市场竞争。

（2）CRM（Customer Relationship Management）：客户关系管理系统。通过集合最新的大数据技术，包括 Interne 和电子商务、多媒体技术、数据仓库和数据挖掘、专家系统和人工智能、呼叫中心等，为企业提供了一个业务自动化的解决方案。该方案要求企业从"以产品为中心"的模式向以"客户为中心"的模式转移，通过深入的客户分析来满足客户需求，并通过完善的客户服务，保证实现客户的终生价值。

（3）OA（Office Automation）：办公自动化系统。它是将现代化办公和计算机技术结合起来的一种新型的办公方式。办公自动化没有统一的定义，凡是在传统的办公室中采用各种新技术、新机器、新设备从事办公业务，都属于办公自动化的领域。通过实现办公自动化，或者说实现数字化办公，可以优化现有的管理组织结构，调整管理体制，在提高效率的基础上，增加协同办公能力，强化决策的一致性。

（4）ERP（Enterprise Resource Planning）：企业资源管理计划。它是以全面系统化的管理思想为基础，帮助企业实现各部门的便捷管理，为决策层及员工提供决策依据并提高工作效率的企业管理系统软件。适用于管理流程成熟、顺畅、有各部门全方位管理需求的企业。

（5）KMS（Knowledge Management System）：知识管理系统。通常用于将企业或组织中隐性知识显性化，完成知识的沉淀、加工、传播、利用，最终应用回企业或组织的生产活动中。

2. 信息化管理工具的应用

通过大数据技术手段实现审计管理和作业流程线上化，为实现远程办公、提升工作效率提供工具支撑。主要包括：机器人流程自动化、可视化技术、文档传输和归集工具、智库支撑、电子邮件等，支撑全数字化综合审计计划管理、人员管理、项目管理、作业管理、报告流转、问题整改销号的全过程管理。

（二）信息通信工具

1. 信息通信工具的类型

（1）基础通信工具。

利用有效硬件，如电脑、视频、可视电话、手机等，安装实时通信程序，如

QQ、ICQ、MSN、钉钉等，通过网络连接在线，可以进行实时语音、文字、视频交流，也称为实时通信工具。

（2）专业通信工具。

虽然微信、QQ、钉钉方便了企业办公的需要，但可能造成数据泄露等安全事件。越来越多的企业开始注重信息安全。比如开始布置私有服务器载体，打造安全即时通信环境，对通信数据进行多重加密防护，保护隐私安全。这类软件提供了办公即时通信、音视频会议、协同办公、任务管理、ERP 改造、应用开发、万物互联、互联互通、聚合推广等多层次的平台服务，具有微信、钉钉等即时通信工具的所有功能，又因为可以私有化部署等，可防止用户数据被第三方商业化利用或者第三方工作人员非法出卖，成为企业首选的办公通信软件和协同办公软件。

2. 信息通信工具的应用

依托信息通信工具可以实现远程访谈交流和远程核实。企业可以依托数字化审计工作室，通过视频会议系统、数字化审计视频会议系统在内网实现视频通信；根据审计现场需要，在满足网络安全和保密工作要求的前提下，可选择钉钉、腾讯会议等在外网实现视频通信，满足审计访谈、沟通、碰头、审理、报告等远程会议条件；对于库存物资的审计疑点核实，可以通过在线视频、拍照录像等方式进行库存物资远程盘点。

四、数据分析语言

（一）Python

Python 是一种面向对象的解释型计算机程序设计语言，具有丰富和强大的库，所以常被称为胶水语言，能够把用其他语言制作的各种模块（尤其是 C/C ＋＋）轻松地连接在一起，是国内外众多企业使用的关键开发语言之一。Python 是一门真正的通用设计语言，脚本语言应用广泛，有众多组件、拓展库的支持，并且适用于多种平台的操作系统，可以处理基础性、前瞻性的审计数据工作。

数字化审计需要用到的 Python 的库主要包括：Numpy、Scripy、Pandas、Matplotlib 等。

Numpy 是一个科学计算的库，提供了矩阵运算等功能；Scripy 工具包，包括统计、优化、整合、线性代数模块、常微方程求解器等，可以和 Numpy 数组一起工作，并提供许多对用户友好的和有效的数值例程，如数值积分和优化；Pandas 是 Python 的一个数据分析包，最初作为金融数据分析工具被开发出来，因此，提供了能使审计人员便捷处理数据的函数和方法。

Pandas 建立在 Numpy 之上，使得以 Numpy 为中心的应用变得简单，并且非常适合进行数据清洗和整理。Matplotlib 是 Python 的一个可视化模块，审计人员可以利用该模块方便地制作线条图、柱状图等专业图形。Python 有着像 Matlab 一样强大的计算工具包 Numpy，有 Matplotlib 绘图工具包能够对数据进行可视化，有科学计算工具包 Scripy，Pandas 可以像 SQL 对数据进行控制。对于大数据环境下的电子数据审计而言，Python 可以实现数据获取、分析和可视化，非常有发展潜力。

Python 在数字化审计分析中具有较强的适用性。具体表现在：Python 能够从文件、数据库获取数据，利用网络爬虫技术抓取网页信息，获取外部数据；能够利用 Matplotlib 绘图包、Jieba 分词组件等实现基本绘图、中文标签云和相似度分析功能，帮助审计人员完成确定审计重点、发现审计疑点以及审计成果展示等工作；能够利用 Numpy 为审计工作的开展提供矩阵运算等重要功能支持；能够利用 Scripy 的细胞功能模块进行微方程求解，这些模块主要包括数据统计、数据优化、数据整合以及线性代数等；Numpy 与 Scripy 可以组合开展工作，实现用户数值积分以及数据优化等多项数值例程的确认。

1. Python 数据获取研究

使用 Python 内置函数读取文本和数字，打开审计文件读取文件内容，获取 Word、Excel 文件指定行的内容，以实现从键盘、文本文件、Office 文件获取。Python 的标准数据库接口支持多种数据库。接口定义了必需的对象和数据库存取方式，以便为各种底层数据库和数据库接口提供一致的访问接口。审计人员可以根据适合审计项目的数据库下载不同的模块，连接数据库后，可以通过执行 SQL 语句等方式完成查找和存储。

2. Matplotlib 绘图工具包的使用

Matplotlib 是 Python 一个可视化模块，一个 2D 绘图库。审计人员写几行代码，便可以完成直方图、条形图、散点图等基础绘图。根据图像的趋势判断数据的合理性，以进一步作出正确的审计结论。

3. 利用 Jieba 和 Py Tag Cloud 实现中文标签云

Jieba 是 Python 的一个中文分词组件，支持多种分词模式。Py Tag Cloud 是 Python

的一个扩展库，可以生成一个标签云，当前它可以输出图片和网页两种格式。通过 Jieba 组件对被审计的文档分词，去除标点符号"的""地""了"等停用词，通过设置参数提取文档内权重大、词频高的词语。Jieba 分词的结果结合 Py Tag Cloud 的标签云可视化功能，可以实现对审计文件进行充分的理解。在被审计单位提供审计数据，或已通过爬虫技术获取数据的基础上，可使用标签云技术实现可视化分析。

4. 使用 gensim 进行文本相似度计算

文本相似度计算的需求始于搜索引擎。它需要计算用户查询和"爬"下来的众多网页之间的相似度，从而把最相似的排在最前返回给用户。使用的主要算法是 tf-idf（词频 - 逆文档频率）。文本相似度计算的主要步骤有：首先导入 Jieba 和 gensim 库，使用 Jieba 对文章进行分词；然后建立 TF-IDF 模型，通过模型计算文本与 query 文本的相似度即可。

（二）SQL

结构化查询语言（Structured Query Language，SQL）是具有数据操纵和数据定义等多种功能的数据库语言。这种语言具有交互性特点，能为用户提供极大的便利。数据库管理系统应充分利用 SQL 语言提高计算机应用系统的工作质量与效率。SQL 语言不仅能独立应用于终端，还可以作为子语言为其他程序设计提供有效助力。该程序应用中，SQL 可与其他程序语言一起优化程序功能，进而为用户提供更多、更全面的信息。

SQL 数据库的数据体系结构基本上是三级结构，但使用术语与传统关系模型术语不同。在 SQL 中，关系模式（模式）称为"基本表"（base table）；存储模式（内模式）称为"存储文件"（stored file）；子模式（外模式）称为"视图"（view）；元组称为"行"（row）；属性称为"列"（column）。

（三）Cypher

Cypher 是 Neo4j 提出的图查询语言，是一种声明式的图数据库查询语言。它拥有精简的语法和强大的表现力，能够精准且高效地对图数据进行查询和更新。它是一种受 SQL 启发的语言，用于使用 ASCII-Art 语法描述图中的可视模式。它允许声明想要从图数据库中选择、插入、更新或删除什么，而不需要精确地描述如何做到这一点。通过 Cypher，用户可以构建表达性强且高效的查询，处理所需的创建、读取、更新和删除功能。

第四部分

实践篇

审计作为一项具体实践工作，在科学理论的指导和具体方法的支持下，仍需落地于具体的实践运用。经济责任审计是国有企业的重要审计内容，按照审计特征和业务特性，分为重大决策类、控制类、评价类、经营类、整改类等5大模块17类审计要素，从上至下，既包括党中央政策落实，又涵盖企业各项经营活动，是全数字化综合审计体系有力体现。

本篇主要从业务、技术、管理三个维度研究全数字化综合审计体系在履行公司审计"三项职责"中具体的实践和应用。立足公司的经济责任审计实践，以重大决策类审计、控制类审计和评价类审计为主要切入点，围绕审计事项、组织模式、审计方式和典型案例等方面，将全数字化综合审计理论与实践有机联系，描述公司对数字化审计技术的运用状况，明确所需的组织模式、数据需求和审计方式，树立全数字化综合审计体系实践榜样，为企业的其他审计业务、同行的审计实践提供经验借鉴，共同助力国家治理体系现代水平建设，加速企业数字化转型进程。

本篇将在以下章节进行具体论述：

第九章从重大决策类审计出发，论证公司作为特大型国有企业，在坚持党的领导和贯彻国家战略部署方面的有力担当。重大决策类审计一直是总部近几年审计的重点内容，主要是针对党和国家重大政策落实、公司党组决策部署落实等两个内容进行审计，具体包括公司在服务区域协调发展、"碳达峰、碳中和"等中央重大决策落实上的实施情况，以及公司在能源互联网升级、金融业务、支撑产业、战略性新兴产业改革发展、改革创新、制度完善和风险防范等重点业务上的实施情况。此项审计主要由总部层面组织实施，审计方式主要依赖于传统审计方式和数字化审计相结合、现场审计与远程审计相结合的审计方式，包括审计"七步法""三单法"等。

第十章从控制类审计出发，从内部控制体系的建立健全、执行和信息化管控等方面描述企业的主要审计事项，概括"总部—省级公司"纵向组织模式，厘清各级公司在控制类审计的职能作用，运用具体的审计方式，借助六大典型案例的实践素材，总结公司在控制类审计工作中的启示特点，提高企业数据赋能的运用水平，为深化全数字化综合审计体系提供实践支撑。

第十一章从评价类审计出发，以绩效审计为主要切入点，围绕效益评价，结合审计工作目标任务，明确审计事项和组织模式安排。通过科学的审计方式，提高企业风险防范水平，识别审计重点，确认审计程序方法，结合公司五大典型案例，概括公司利用数字化审计技术在评价类审计实践中的经验特点，为其他审计业务和其他公司提供经验指南，也为全数字化综合审计体系的落地实施提供实践佐证，深化企业数字赋能水平，提高企业现代化治理能力和水平，指明企业未来发展方向。

第十二章从经营与绩效类审计出发，重点关注针对公司经营管理活动的经济性、效率性和效果性进行的审查和评价。重点从重大经济事项决策与执行、发展战略规划制订与执行、经营绩效情况等方面开展审计。审计部门对企业财务状况、经营的稳健性和可持续发展能力、主要业绩考核和风险监管指标完成情况等经营绩效情况进行审计。结合公司近年五大典型案例，总结了公司在经营与绩效类审计工作中的启示特点，以提高公司整体数字化经营审计水平。

第十三章从重点业务类审计出发，紧扣服务公司依法合规经营和高质量健康发展，突出主责主业，围绕公司财务、营销、人资、工程、物资等重点领域、关键环节，主要从资产管理、资源配置、业务管控、提质增效四个方面进行审计，结合公司近年来数字化建设成果，深化应用数字化审计手段，发挥数字化审计跨专业、全链条、时效强的特点，实施维度更丰富、定位更精准、贯穿更深入的数据分析，提升审计揭示问题的深度、广度、精准度，推动公司经营管理提升。

第九章
重大决策类审计

重大政策类审计是指审计应重点关注党和国家重大政策、公司党组决策、公司"两会"精神和重点工作部署在各单位落地实施、贯彻执行情况。

第一节 审 计 事 项

一、审计思路

以习近平新时代中国特色社会主义思想为指导，深入贯彻《中华人民共和国审计法》（主席令 1994 年第 32 号）及党中央、国务院关于强化审计监督的意见要求，落实公司年度"两会"精神和党组决策部署以及"一审、二帮、三促进"审计要求，不断提高政治站位，履行新发展阶段审计首要职责，增强审计工作围绕中心、服务大局的意识和能力，持续提高监督效能，深入揭示影响重大政策措施落实的制约因素和存在问题，有效促进公司治理提升，防范化解重大风险隐患，推动党和国家重大政策措施以及公司党组决策部署有效落实，服务公司安全稳健高质量发展。

二、审计事项

（一）党和国家重大政策落实方面

国家经济方针政策、决策部署主要指党和国家经济体制改革、宏观经济调控、产业结构调整等经济方针政策及决策部署。公司应结合被审计单位的主责主业确定审计内容。党和国家重大政策落实情况审计要紧紧围绕相关工作机制或者制度是否健全完善、决策部署是否贯彻执行、落实效果是否达到预期目标展开。

1. 电力保供情况

电力保供，要求关注电力保供工作的统筹组织、责任压实、措施落实、风险防控、资金使用、工作效果等情况。包括：①保供重点工程推进、建设和利用情况，中长期交易合同签订、执行情况；②需求侧管理工作开展情况，可调节负荷资源库建设、新型电力负荷管理系统建设与应用情况；③重大活动、重点单位保电工作组织管理、资金投入，以及项目建设推进和后续有效利用情况；④用户平均停电时间、综合电压合格率、一次设备故障停运率、二次设备可靠率、电网装备质量保障指数等指标情况；⑤代理购电配套机制和交易规则执行情况；⑥强化服务模式创新、服务能力建设，提升响应速度和服务质量，减轻中小微企业电费负担等优化营商环境措施落实情况；⑦电力营商环境发展指数、供电服务合规率等指标完成情况。

2. 服务区域协调发展情况

服务区域协调发展，要求关注：①紧密对接长江经济带发展、长江三角洲区域一体化发展、黄河流域生态保护和高质量发展等国家区域发展战略的重点项目推进情况；②城际铁路、市域（郊）铁路配套供电工程等城市服务重点项目建设情况；③疫情期间推进复产复工、及时保供电、优化营商环境、提升获取电力指数排名等服务地方社会发展措施的落实情况。

3. 服务乡村振兴情况及新型城镇建设情况

服务乡村振兴及新型城镇建设，要求关注：①新一轮农网改造升级相关重点工程推进过程中，是否存在扶贫资金违规使用情况，项目建设是否存在进度缓慢等突出问题；②农业生产生活电价优惠政策执行是否到位，农业用电是否得到充分保障；③关注扶贫点帮扶政策的延续性，进一步优化精准帮扶措施，巩固电力帮扶成效等；④老旧小区及城中村配电网改造、北方地区清洁取暖五年规划配套电网工程、农村电网巩固提升工程、乡村电气化提升工程推进完成情况，乡村振兴电力发展指数等指标完成情况等。还需特别关注重点工程建设及运营效率情况。

4. 助力"碳达峰、碳中和"工作情况

助力"碳达峰、碳中和"工作，要求关注：①清洁能源落地消纳的电网建设、并网服务、消纳情况及采取的主要工作措施，消纳指标是否完成；②"煤改电"、充电桩、车联网平台建设等电能替代重点工程推进、完成情况，项目进度是否满足要求；③环保专项资金分配管理使用是否合规；④综合能源服务业务开展、上下协同的业务运作体系构建情况，是否达到预期成效等。

5. 推动科技创新落实情况

推动科技创新落实，要求关注：①各单位落实科研改革措施，优化科研布局和资源配置，改进科研人员评价标准和考核机制，健全研究体系和创新平台，激发创新创造活力情况；②与科研相关的源头创新、成果转化、市场应用链条相配套的管理机制是否畅通，是否完善，效果如何；③承担的国家及公司重点科技项目，审计年度内研发进度、科研投入、经费管理、运营推广等情况；④新型电力系统科技攻关行动计划的项目、工作推进落实情况等。

6. 国资国企及电力改革落实情况

国资国企及电力改革落实，要求关注：①公司国企改革三年行动方案的落实情况，重点关注任务推进完成情况，是否围绕方案任务清单及时间节点要求，建立改革组织体系、完善工作机制、压实工作责任、加强闭环管控，推进改革任务落实情况；②将党的领导融入公司治理，董事会、经理层规范运作，落实国资委"两分类"改革情况；③落实混合所有制改革任务，依法合规开展混合所有制改革各项工作情况；混改过程中决策审批、审计评估、产权交易、员工持股等重点环节管控情况；④落实"三项制度"改革任务，健全用工、分配、激励制度及其执行情况；⑤落实主管部门要求推进省级现货市场建设和试运行情况；⑥省管产业单位改革方案细化及按期推进情况等。

7. 提质增效工作情况

提质增效工作，要求：①关注是否持续优化经营策略，着力培育新动能，确保经营业绩稳定增长；②重点关注落实国资委"两增一控三提高"要求，公司下达重点任务推进、有关指标控制和实际完成情况，相关工作部署过程跟踪、动态分析机制建立与执行情况；③关注输配电成本监审各项配合工作组织落实，开展输配电价关键参数、政策性电网投资、新型电力系统成本梳理情况；④关注控制资产负债率和带息负债有关举措制订落实情况，采取作业标准成本、投入产出效能评估、压降三项费用等举措加强综合计划和预算管控，是否存在闲置和低效存量资产，司库体系建设运行情况等；⑤关注开展电能替代增供扩销，强化电费回收防范欠费风险举措落实，高损台区治理和反窃查违，清理规范不合理转供加价情况；⑥关注提升电网投资的投入产出水平，压减非生产性支出情况；⑦关注提升"获得电力"服务水平、转供电规范治理、城区网格化服务推广、能效诊断和节能服务开展情况等；⑧依托各地"电e金服"中心加大推广应用、拓展服务规模情况；⑨关注取消目录电价政策后，电价执行及相关影响情况，发展投资效率、电网优质运行指数、综合线损率、人力资本效率、市场占有率等指标管控情况。

8. 民企清欠情况、保障农民工工资支付情况

这要求关注是否建立健全民企清欠工作长效机制，"三金一款"（投标保证金、履约保证金、质量保证金，合同款项）清退、降价清费政策执行情况，历史遗留相关问题解决情况；特别关注长期未付款项明确责任主体、核实原因，加快清理进度情况；工程建设、物资采购、信息化项目等重点业务领域清欠情况等。

保障农民工工资支付方面，关注落实《保障农民工工资支付条例》（国令第724号）情况，重点关注是否及时设立农民工工资账户、及时足额拨付资金、合规支付工资，专户结算等管理情况，欠薪排查、分包商欠薪管理情况等。

（二）公司党组决策部署落实方面

公司审计部门应将公司党组决策部署的制订、执行和效果情况作为审计的重点。

一是关注公司党组决策制订情况。关注是否依据国家宏观经济发展布局和国有企业深化改革的要求，结合公司主营业务的实际情况调整制订了较为完备的中长期发展规划，符合国家、区域发展的经济方针政策，具有较强的前瞻性、针对性和有效性。

二是关注公司党组决策部署落实执行情况。关注公司是否按照自身情况制订战略决策并实施，实施过程中是否形成了具体可行的配套操作措施和安全有效的风险防控机制，总体决策部署下的分项目标是否根据内外部环境变化情况及时进行调整完善。

三是关注公司党组决策部署落实成效情况。关注党组决策部署落实是否能够按期取得阶段性成果，取得的成果是否符合公司高质量发展的现实需要，是否有利于推动国有资产保值增值和提高国有经济竞争力，推动公司发展转型及战略升级。

1. 推动能源转型与电网发展情况

以特高压等跨区跨省输变电工程、新能源供给消纳、提高电网数字化水平为重点，关注对标党和国家要求，落实公司"双碳"行动方案和新型电力系统行动方案情况。包括：①承担的"十四五"重点电网工程前期工作开展情况，外送通道和跨区跨省输变电工程、新型电力系统示范区建设推进，地区网架优化和配电网建设改造情况；②打造新能源供给消纳体系，促进源网荷储各环节协调互动，引导新能源有序发展相关举措落实和

政策争取情况，新能源发电并网消纳及清洁能源利用率指标完成情况；③新型电力系统数字技术支撑体系建设、应用情况。特别关注在推动能源转型、行业发展中是否存在规划不衔接、机制不健全等情况。

2. 现代企业制度完善落实情况

这要求：①关注党委会、董事会、监事会、总经理办公会及其他议事协调机构制度是否健全，职责界面是否清晰，是否有效运行；②关注"战略＋运营""战略＋财务"管控模式，是否结合本单位业务特征、管理特点以及"放管服"推进情况进行优化，是否做到"放活"与"管好"相互结合，实现整体统筹，激发各级活力，保障战略落地。

3. 战略新兴产业升级情况

这要求：①关注实施主导产业升级专项行动重大政策决策是否落实到位，数字基础设施建设与运维等"新基建"实施情况，虚拟电厂项目的建设和运营情况；②关注综合能源服务业务、电动汽车服务业务、基础资源商业化运营业务、大数据运营业务、芯片业务，以及"能源＋电商业务""电e金服""能源＋工业互联网"业务开展情况及合规性。

4. 推进"四翼"转型升级情况

信托单位关注落实服务公司主业、服务能源行业、服务绿色低碳发展要求，优化业务布局，增强服务实体能力、培育价值创造能力情况。金融产业单位遵循国家金融监管相关政策情况，特别是重大风险防范化解情况，以及内控与合规管理情况，包括存量风险的处置情况以及新增项目的合规管理等情况等。电商、电动汽车等单位关注规范所属单位、合资公司、参股企业治理，建立科学合规的管控机制情况；关联公司之间担保融资、资金往来是否规范情况；聚焦核心业务培育价值创造力、核心竞争力的工作规划和执行落地情况。还应特别关注业绩目标设置是否科学，是否存在"空转""走单"等虚假贸易行为。

5. 金融改革及风险防范情况

这要求关注：①是否建立健全面向主业、产融结合、以融促产协同发展机制，服务公司和行业转型发展；②是否为公司和电网高质量发展提供持续金融支持；

③是否加大监管科技运用，有效提升监管能力和水平；④是否建立健全与金融业务发展相协同的全面风险管理体系，是否满足全覆盖、重要性、独立性、业务融合原则。

6. 强化内部控制建设与监督情况

这要求关注：①《关于加强中央企业内部控制体系建设与监督工作的实施意见》（国资发监督规〔2019〕101号）、《关于做好2021年中央企业内部控制体系建设与监督工作有关事项的通知》（国资厅发监督〔2020〕307号）、《中央企业重大经营风险事件报告工作规则》（国资发监督规〔2021〕103号）和《关于做好2022年中央企业内部控制体系建设与监督工作有关事项的通知》（国资厅监督〔2021〕299号）等文件要求落实情况；②把握内部控制体系建立健全、运转执行、信息化管控整体情况；③是否全面梳理内控、风险和合规管理相关制度，是否统筹推进内控、风险和合规管理的监督评价工作，是否推动优化内控体系；④聚焦关键业务、改革重点领域、国有资本运营重要环节，在重大政策决策落实落地过程中，相关内部控制体系是否建立健全、运转有效、沟通顺畅、责任明确，相关配套制度、控制机制是否完善并适应工作需要。

第二节　组织模式

近几年，公司通过组织开展重大政策决策部署落实跟踪审计项目、任期经济责任审计项目、数字化持续审计项目等，以点对点、"1＋N"、融入式等方式，将重大政策审计事项纳入审计监督范围。

一、重大政策决策部署落实跟踪审计项目

1. 组织管理

重大政策跟踪审计为周期性审计，总公司审计部负责统筹管控指导，制订重大政策跟踪审计年度指导意见，把握审计主线，确定审计内容，提出阶段性审计要点，并根据工作需要进行动态调整。构建专题指导、综合协调、过程督导的组织体系，采用适时督导、工作交流、审计项目质量评价等多种形式，保障工作质效。区域审计中心负责具体项目实施。遵循"政策—项目—资金"条线，将有明确任务要求、具体时间节点、量化指标考核的事项作为跟踪审计主要对象，确定具体审计内容。遵循"资金—

项目—政策"条线，加强成效经验、问题风险的总结提炼，为公司审计部开展综合分析奠定坚实基础，提供有力支撑。被审计单位负责迎审配合工作。及时成立专门迎审协调机构,指定专人负责日常迎审配合工作,明确各业务部门及相关单位的迎审责任人。强化整改组织管理，及时、高质、高效推进问题整改工作。

2. 审计对象

组织对各省电力公司、公司直属产业及金融等单位等开展重大政策跟踪审计，重点关注党和国家重大政策、公司党组决策部署在各单位落地实施情况。

3. 审计安排

按期组织开展，一般每年度分别组织2~3期。2期重大政策跟踪审计分别于7月、12月前完成有关审计工作；3期重大政策跟踪审计分别于5月、7月、11月前完成有关审计工作。

二、重大决策落实情况与风险领域数字化持续审计项目

1. 组织管理

重大决策落实情况与风险领域数字化持续审计项目为连续性审计，围绕公司重大决策部署与相关业务管理的典型性风险确定监督主题，根据各监督主题特点，分别由区域审计中心、各省（市）公司组织开展持续审计。公司审计部负责制订持续审计工作计划，拟订审计主题，编制操作指引，开展工作质量考核，组织总部持续审计工作。区域审计中心负责按照公司指定主题对区域内省（市）公司开展持续审计工作，按季度汇总报告上报公司审计部。各省（市）公司负责按照公司审计部指定主题和自行设定主题对本单位开展持续审计，按季度汇总报告上报公司审计部。对公司审计部、各区域审计中心出具的疑点核实工单、组织的现场核实，积极做好反馈等配合工作，对审计发现的问题及时整改。

2. 审计对象

各区域审计中心按照拟订的监督主题对辖区内省（市）公司相关业务开展持续审计监督；各省(市)公司按照拟订的监督主题对本部及所属各单位相关业务开展持续审计监督。

3. 审计安排

按月持续组织开展，一般每年度分别组织2~3期。各区域审计中心、各省（市）

公司于 6 月、10 月、次年 1 月向总部报送审计成果。

第三节 审 计 方 式

充分考虑审计目标、审计重要性、审计风险和审计成本等因素,结合重大政策审计特点,以非现场审计与现场审计相结合的方式开展。

一、审计实施方式

在重大政策落实情况审计中,贯彻执行一项国家政策和公司决策往往会涉及各个方面。传统审计方法已经无法完全满足大数据环境下重大政策跟踪审计的需要。在审计中,审计人员需要充分运用大数据技术手段提高审计能力,在大数据环境下积极探索新的审计思路和方法。

重大政策落实情况审计一般包括以下几个步骤:

(1)了解基本情况并取得有关资料。内部审计人员通过有关工作机制的了解,收集政策执行、政策落实结果等具体资料。

(2)分析整理国家重大经济方针政策、公司党组决策部署的相关文件。内部审计人员初步确定被审计单位完成情况。

(3)访谈。内部审计人员通过走访相关部门及负责人员,逐项了解贯彻执行经济方针政策和公司党组决策部署的实际情况。

(4)检查相关资料。内部审计人员检查重大政策验收资料、审计资料。

(5)咨询相关部门和专家。内部审计人员咨询有关部门、专家,调查了解相关经济方针政策的贯彻执行效果,取得有关业务考核、评估类的资料。

(6)财务审计。内部审计人员结合相关项目的财务记录,确认与贯彻执行党和国家经济方针政策、公司党组决策部署相关的经济效益实现是否真实,相关支出是否真实合法,有关基建项目管理是否合规等。

(7)报告和整改。内部审计人员根据前期的工作结论出具审计报告。对于不合规的地方,被审计单位整改落实。

传统重大政策落实情况审计主要以现场审计为主,审计方法主要以调研和访谈为主。然而,随着前期数据分析越来越受到重视,重大政策落实情况审计开始以远程审计与现场审计相结合的方式开展。结合重大政策跟踪审计特点,内部审计人员可以灵活运用多种审计方法。按照"三有"原则找准审计切入点，加大审计"七步法""三单法"等方法的运用力度，综合运用数字化审计平台、远程查询业务管理信息系统、视频会议系统等平台系统开展审计工作。

疫情以来，重大政策落实情况审计主要通过远程审计与现场审计结合的方式完成上述步骤。

（1）远程审计阶段。审计人员首先进行审计调查，了解被审计单位基础情况，形成审计需求。按照审计需求，提前拟订资料清单和电子数据清单，发至被审计单位，进行数据查找和采集。通过前期获得的电子数据，进行数据验证、清理和转换。全面应用数字化审计方法，建立审计中间表，对业务数据和财务数据进行全量审查、总体分析，采取数据比对、分析、筛选等方式形成审计疑点和线索，选择分析关注的重点并建模分析，为提升现场审计效率提供资料基础。

（2）现场审计阶段。这个阶段主要完成对非现场无法确认事项的查证，并对在非现场阶段发现的问题和疑点组织开展核实。灵活运用座谈、访谈、实地走访等多种方法全面了解、梳理、筛选、聚焦、核查被审计单位落实党和国家重大政策、公司党组决策部署相关工作情况，坚持具体问题具体分析，区分体制机制造成的问题、工作责任不落实造成的问题、因为条件不具备而一时难以解决的问题等，审慎、科学、客观地揭示与定性，最终出具审计报告并要求被审计单位整改。

二、审计实施方法

审计中应积极践行全量审计、跨域审计、预警审计，有效扩大审计覆盖面，通过广泛运用数字化手段，努力压减现场审计人数和时间，减少延伸审计工作量。

1. 灵活运用多种审计方法

可以灵活运用多种审计方法，通过综合运用数字化审计平台和远程查询业务管理系统，分析经营管理电子资料和内外部电子数据，利用视频会议系统开展访谈，现场实地检查等多种方式开展审计。加大座谈、问卷调查、访谈、实地走访、抽查核实等方法的运用力度，丰富着眼宏观全局、把握总体情况的信息渠道。

2. 强化审计沟通和交流

广泛听取主管业务部门、具体落实单位和人员等多方意见，在访谈了解的基础上有针对性地收集审计证据，评价政策效果，研究问题成因，提出完善政策措施的审计建议，提高工作效率。

3. 注重微观和宏观的协调

遵循"资金—项目—政策"条线归纳分析，把揭示微观问题与服务宏观决策结合起来，克服"就事论事""盲人摸象"的局限性，注重以宏观和全局视角揭示问题，提升审计发现的层次。对于重点审计事项，应当置于公司发展布局的大背景下进行分析，坚持具体问题具体分析和多维度问题分析，拓展审计的广度和深度。

4. 强化审计过程在线管控

积极使用数字化审计平台等项目在线管理功能，实时在线跟踪管理项目进展情况，并将各项文档资料线上录入情况纳入审计项目质量评价范围。应按照公司相关规定和要求，根据时间节点，及时、全面、准确地在数字化审计平台录入、编写所有审计相关文档，包括但不限于审计方案、审计记录底稿、审计报告、双周报等，并且要严格数据管理，确保数据安全。

第四节　典　型　案　例

案例一："蓝天保卫战"政策落实不到位

1. 审计案例概述

煤改电清洁取暖改造是国家打赢蓝天保卫战，推动大气污染治理，服务人民美好生活需要的重大战略部署。201×—202×年，A电力公司共实施煤改电工程1082项，总投资额41亿元。为确保电网改造工程顺利实施、按期投产，有效解决群众冬季供暖困难，改善农村居民生产生活条件，A电力公司审计组充分发挥审计监督、评价和建议职能，开展专项审计，保障重大政策落实。

2. 审计过程及表现特征

（1）事项陈述。

A电力公司重大政策措施落实专项审计主要针对201×—202×年涉及重大政策落实的所有煤改电工程建设项目，采用全覆盖、无死角模式开展工作，聚焦工程管理全链条，关注工程实施"发热点"和"出血点"，创新审计组织方式，优化业务流程，通过"事前、事中、事后"持续跟踪监督，有效发挥了审计保障作用。

（2）表现特征。

由于煤改电工程建设项目的宏观性，牵涉面广，审计范围与边界与传统审计相比更为广泛与模糊，审计组按照"三有"原则找准审计切入点，即将有明确任务要求、具体时间节点、量化指标考核的事项作为跟踪审计主要对象。在具体实施时，审计组首先赴基层现场核实，对照项目初设批复规模，重点检查项目真实完工情况、新建及改造设备型号与设计一致性、竣工资料完整性、物资退利库完成情况等内容。其次，审查项目合同实际履约情况，查看工程量和物资耗用量是否据实结算、建设定额套用是否正确、竣工资料是否完备等内容。然后前后对比。统计完工与投产的时间差异，查询项目投产后的电量数据，与项目改造前比对，分析评价工程投资效益。

（3）审计方法。

根据煤改电工程建设项目的实际情况，审计组主要采取审计"七步法"进行审计工作。

一是审计调查，形成审计需求。为做好对民心工程全流程的跟踪审计，审计部门改变以往仅在完工后进行竣工结（决）算审计的做法，打通审前调查和内部控制测试两个阶段的工作流程，从项目前期即开始介入监督。事前实地走访公司项目工程、财务等负责人员，或通过视频会议系统开展专项访谈，初步了解所有煤改电、光伏扶贫、农网升级改造建设项目现状及突出矛盾。

二是数据查找、采集。结合审前调查和历年开展重大政策跟踪审计掌握的项目资料信息、管理状况及本次审计目标、审计重点等情况，A电力公司审计部门专门设立数据分析小组，根据审计重点列出数据清单，并进行数据查找和采集。

三是数据验证、清理和转换。突破原有的抽样分析模式，通过 Python 数据分析工具和构建审计模型对全业务数据中心（数据中台）和信息化系统底层数据表进行深入挖掘，从技术层面突破数据全量获取和分析的难点、堵点，利用数字化审计平台对海量数据进行加工、整理和清洗。

四是建立审计中间表。审计人员通过建立审计中间表，将原本各自独立的专业管理流程从数字化角度进行多维度全景展示，充分发挥了数据价值。

五是把握总体，选择分析关注的重点。审计人员按照前期获取的数据，利用简单的数据分析工具分析项目总体的情况，选择重点环节进行审计。

六是建模分析。通过数学、统计等方法构建数据模型，分析、挖掘出数据背后蕴含的意义及信息，从而找到审计异常，发现审计线索，找出审计疑点。

七是延伸审计，核实取证。线下核对工程量和竣工资料的传统审计方式，核对工程建设常见问题。对于数字化审计来说，审计组人员通过找准数据源，在线监控，一旦数据突破预设规则和阈值，就可以随时下达风险提示单和整改通知，后续对整改情况进行线上动态跟踪和线下核实取证，建立了"实时监督、过程纠偏、及时整改"的审计整改新模式。

3. 审计结果

（1）审计结论。

201×—202×年，在全过程审计的监督下，煤改电工程建设项目共节约建设投资金额1.3亿元，有效推动物资清仓利库，保证工程建设质量。通过审计监督不仅实现了提升公司价值的审计目标，还有力保障了中央重大决策部署落地，实现了承担社会责任和助力公司增值的"双赢"目标。

（2）审计建议。

对煤改电工程建设等重大政策落实情况审计，重大政策建设项目管理部门应当注意以下五点：

一是设计先行，提高前期工作质量。项目前期工作应预留合理时间周期，论证、评估、筛选输变电项目方案，科学决策建设目标。

二是扎实推进，完善工程过程管理。建立工程、物资和财务管理部门之间的协调沟通机制，及时办理物资出入库手续，规范工程分包，严格控制造价，竣工后按规定开展工程结算决算工作，确保资产及时入账、真实准确、账实相符。

三是摸清家底，规范工程物资管理。项目管理部门应提高物资需求报的准确性，注重物资合同变更的及时性，保证退利库操作的真实性。

四是客观准确，加强工程结算审核。项目管理部门对工程结算负主体责任，应对施工单位编制的结算进行审核把关，确保竣工图与结算工程量一致、结算工程量与现场一致、结算金额与财务支出金额一致。

五是强基固本，健全财务管理流程。严格执行公司财务管理制度，强化工程成本内部控制，准确核算工程成本，充分发挥财务监督职能，确保经济业务真实、完整、有效，列支依据充分。

4．案例特点及启示

重大政策落实一直是审计关注的重中之重。该案例主要通过对煤改电工程建设政策落实情况进行审计，利用线下核实以及数据比对，找到审计异常，发现审计线索，找出审计疑点；对于审计疑点，审计组人员通过数字化审计，找准数据源在线监控，最终实现了提升公司价值的审计目标，还有力保障了中央重大决策部署落地。

案例二："移花接木"，农排电量猫腻多

1．审计案例概述

为扶持农业发展，减轻农民负担，我国实行农业生产优惠电价政策，特别是农业生产中排灌用电电价较低。实践中，部分单位、个人动起了歪脑筋，在电价较低的农业排灌用户名下挂接一般工商业等高电价用电，扰乱了用电秩序，导致公司利益流失。

2018 年 7 ~ 9 月，某省电力公司创新审计组织形式，分专业组建联合审计组，采取"在线＋现场"双线作业模式，同步实施 4 个地市供电公司经济责任审计项目。审计过程中，营销审计组总结审计经验，联动运监中心，构建审计模型，利用大数据优势筛查发现农排电量异常用户，并将该模型扩展至某省电力公司所属 11 个地市供电公司应用实践，形成疑点用户移交清单，移交现场审计组、疑点用户所在单位集中核实，取得良好审计成效。农排电量异常审计模型通过运营监控系统、营销业务系统、用电信息采集系统等信息化系统及 Execl 表格高级功能筛查疑点数据，在此基础上深入现场检查，有效发现低电价农业排灌用户挂接其他高电价用电负荷的问题，俗称"高挂低"，及时提出审计意见，促进问题有效解决。

2．规章制度

（1）《国家发展改革委关于调整电价分类结构有关问题的通知》（发改价格〔2013〕973 号）中第二条，农业生产用电价格，是指农业、林木培育和种植、畜牧业、渔业生产用电，农业灌溉用电，以及农业服务业中的农产品初加工用电的价格。其他农、林、牧、渔服务业用电和农副食品加工业用电等不执行农业生产用电价格；工商业及其他用电价格，是指除居民生活及农业生产用电以外的用电价格。

（2）《国家电网公司电价工作管理办法》〔国网（财/2）102—2013〕中第二十五条，公司各单位必须严格执行国家电价政策，不得擅自或变相调整电价，不得执行违规出台的电价政策。要积极落实国家节能减排、节能降耗政策，严格执行差别

电价、脱硫电价、脱硝电价、可再生能源电价、系统备用容量费、自备电厂政府性基金及附加、高可靠性供电费用、分时电价及国家出台的其他专项电价政策。

（3）《供电营业规则》（中华人民共和国电力工业部 1996 年第 8 号令）中第一百条，危害供用电安全、扰乱正常供用电秩序的行为，属于违约用电行为……。在电价低的供电线路上，擅自接用电价高的用电设备或私自改变用电类别的，应按实际使用日期补交其差额电费，并承担两倍差额电费的违约使用电费。使用起讫日期难以确定的，实际使用日期按三个月计算。

3. 审计方法

利用运营监控系统按月导出公司系统 2017 年 9 月至 2018 年 8 月所有执行农业排灌电价用户；通过 Excel 数据透视表、高级筛选等功能筛查出月均用电量超 5000 千瓦时客户，利用中国北方农业排灌用户季节性用电特征较为明显（夏季用电高于冬季用电），年内用电负荷变动率较大的特点，应用 Excel 标准偏差公式构建农排电量异常审计模型，筛选出疑点用户后，再按单位、按比例通过营销业务系统进行有针对性的分析，形成疑点清单，移交审计组、疑点用户所在单位现场核实反馈，有效发现存在问题。

（1）分类分析数据源，确定审计重要性水平。根据审计思路，与运营监控中心合作，利用运营监控系统导出公司系统各单位 2017 年 9 月至 2018 年 8 月执行农业排灌电价的用户，结合农排用户用电量平均在 5000 千瓦时的实际用电特性，利用 Excel 的高级筛选功能，将数据按电量大小以大于等于 5000 千瓦时、介于 0 ~ 5000 千瓦时、等于 0 千瓦时、小于 0 千瓦时 4 个级别加以备注，确定月用电量在 5000 千瓦时及以上用户为审计重要性水平。利用 Excel 数据透视表功能，按户号、电量、户名计数统计，共计导出用户 46519 户，涉及 4 个电量级别 508490 条次数据。

（2）筛选 12 个月用电量均达到重要性水平的用户。根据审计重要性水平，将数据透视表 4 个电量级别中，大于等于 5000 千瓦时涉及用户数据条次降序排列，同一用户，大于等于 5000 千瓦时数据出现条次大于等于 12 次的，即 2017 年 9 月至 2018 年 8 月用电量均大于等于 5000 千瓦时，涉及用户 779 户。

（3）筛选重要性水平用户月用电情况。首先，在原始数据中利用 Excel 中的 IF+COUNTIF 函数筛选出月用电量均大于等于 5000 千瓦时的重要用户涉及数据；其次，通过数据透视表功能按户号、年月、电量求和统计出 779 户达到重要性水平用户用电情况；然后，利用 Excel 中的 STDEVP 函数按户得出 2017 年 9 月至 2018 年 8 月用电量标准偏差；最后，结合审计经验、反复测试模型系数，将标准偏差与月均用电量比值少于等于 20% 的用户界定为疑点用户（即农业排灌用户用电量较为均衡，不符合季节性用电特征），筛选出疑点用户 347 户。

（4）现场核实。将应用农排电量异常审计模型在某省电力公司所属 11 个市供电公司筛查发现的 347 户疑点用户按单位、按比例抽取 40 户，通过营销业务系统、用电信息采集系统分析预判 347 所筛选疑点的审计价值，并在此基础上将 347 户疑点用户 100% 移交审计组、疑点用户所在单位调查核实。

4. 审计结果

通过创新运用运监大数据平台，结合营销信息化系统，建立智能审计模型，综合运用各种审计方法、工具、手段，辅助现场实地检查查证，发现被审计单位营销部门对基层用户管控不到位。

一是由于农业排灌电价低，不法用户私自转供工商业用电，高挂低计，造成公司效益流失；

二是工作人员里勾外联，为违约用户大开方便之门，从中获取好处，损害公司利益，扰乱用电秩序；

三是农业排灌定比长期不核定。

以上均造成排灌电量无序增长，给公司造成损失。经核实反馈，在 347 户疑点用户中，核实确定 54 户存在"高挂低""估抄""探抄"等问题，涉及电量 568 万千瓦时，少计差价电费 68 万余元。

5. 案例特点及启示

因为农村较为宽散的特点，农村电费问题一直是电力公司关注的重点。公司针对农村电费问题，出台了各项管理办法并且将电价数据化呈现。审计组人员根据电价数据和管理规范，采取实地抽样调查和数据分析的方法，聚焦重点，分析疑点，最终发现被审计单位营销部门对基层用户管控不到位，减少了公司利益损失。

案例三：借"瘦身健体"东风，"假债务"抵销"真欠款"

1. 审计案例概述

按照集体企业"瘦身健体"工作部署，集体企业 A 公司将于 201× 年 12 月挂牌对外转让。审计组结合挂牌转让工作，对 A 公司开展了专项审计。审计发现，当年 5 月，A 公司利用对外转让之际，将多年来做假账虚挂的"应付暂估款"1921.36 万元，抵顶了同一母公司下的另一家子公司 B 公司的应收账款。

审计人员在查看审计期间内往来款项时，发现当年 5 月将部分应付暂估款与应收账款直接抵消，金额 1921.36 万元。通过集体企业 SG-NC 系统，查询"应付账款"辅助余额表，对大额结转业务追踪会计凭证。比对财务原材料明细账和仓库物资保管明细账，利用 VLOOKUP 函数，以"物料名称"和"物料型号"为关联字段，通过大数据筛选，发现 55 笔采购高压柜、分支箱、母线桥的业务，财务账与保管账不一致。由此判断财务通过虚假原材料入库、出库，虚挂假"应付暂估款"，虚增成本，调节利润。经与集体企业负责人访谈，证实了公司历年来为了调控利润，虚增成本，虚挂应付暂估款，几年下来积累 1921.36 万元，趁挂牌对外转让之际，抓紧处理，从而变相转移内部利润。集体企业投资平台在整个业务处理过程中监管不严，相关责任人思想意识淡薄，重大事项没有经过审批程序，给公司带来内外部检查风险。

2. 审计过程及表现特征

一是关注重大决策事项，锁定审计方向。201× 年，公司下发了《国家电网公司突出核心业务实施瘦身健体推动集体企业改革发展工作方案》（通过国家电网办〔2017〕656 号下发），根据公司党组决议，该集体企业将于当年 12 月对外转让。在此背景下，对该集体企业开展了专项审计，在审计过程中重点关注了债权债务清理、库存物资盘点、所得税缴纳、坏账核销等方面事项。

二是收集核实资料信息，分析审计疑点。通过集体企业 SG-NC 系统，查询"应付账款"辅助余额表，将审计时段内财务出入库汇总表导出，同时调取审计时段内仓库物资保管明细账，利用 VLOOKUP 函数，以"物料名称"和"物料型号"为关联字段，通过大数据筛选，剔除共同项，共发现 55 笔采购高压柜、分支箱、母线桥的业务存在疑点。为了摸清公司的实际物资情况，审计人员对库存物资进行了全面实地盘点，发现"账实不符"的 55 笔业务中，16 笔财务已记账但仓库无采购记录，39 笔财务记账数量大于仓库采购记录，涉及金额 1921.36 万元。综合比对资料，审计人员对业务真实性存疑。

三是结合债权债务转移，证实审计推测。通过以上"查科目余额，比对明细账，到现场盘点"，审计人员认为问题出在财务上：判断 55 笔业务并不存在，没有真实的供应商，通过财务账面空做原材料入库，结转生产成本，以达到调节利润的目的。经与集体企业 A 公司负责人访谈，证实审计人员的判断准确无误，集体企业 A 公司多年来通过虚增成本，减少利润总额，减少缴纳公司所得税。因公司要对外转让，借着"瘦身健体"的东风，将虚构的应付暂估款抵顶应收兄弟单位的货款，既处理了假账，又转移了内部利润。

3. 审计结果

（1）审计结论。

集体企业利用"瘦身健体"对外转让之际，将多年来做假账虚挂的应付暂估款 1921.36 万元，抵顶了应收内部单位的货款。集体企业投资平台管理缺位，重大事项审批形同虚设，财务管理不合规，给公司带来风险。

（2）审计建议。

一是集体企业重大事项必须履行"三重一大"决议，母公司应监督子公司之间的债权债务转移，认真分析问题成因，重新梳理管理流程，加强关键环节控制，避免内外部检查风险。

二是集体企业进行会计核算时，应严格按照国家会计制度规定和公司系统的各类办法和要求，以实际发生的交易或事项为依据进行会计确认、计量和报告，保证会计信息真实可靠、内容完整。

4. 案例特点及启示

（1）案例特点。

一是"挂牌转让"显端倪。根据"瘦身健体"工作方案，集体企业 A 公司将于 201× 年 12 月挂牌对外转让。当年 3 月，某评估公司对公司当年 2 月末资产状况进行了评估，之后公司开始清理债权债务，该笔账务浮出水面。

二是"应付暂估"露马脚。集体企业 A 公司主要从事高、低压电气设备的研发、制造和销售，"应付暂估款"形成时间长，暂估金额大。

三是"应收账款"急清理。集体企业 A 公司每年与同一母公司下的另一内部兄弟单位 B 公司有大量业务往来，兄弟单位 B 公司主要从事工程项目的建设和施工，所需材料、设备大部分从该集体企业购入，借着对外转让，集体企业 A 公司抓紧清理内部往来款。

（2）案例启示。

一是对即将合并、转让、关闭的公司，审计时应重点关注债权债务清理、坏账核销、所得税缴纳、资产处置等业务的真实性、合规性，通过开展物资全面盘点，进一步收集辅助证据。

二是数字化审计生态体系要与传统审计方法相融合，通过数字化手段筛查"海量"数据，快速锁定疑点，再运用传统审计方法分散核实、系统分析，准确发现重点领域的"出血点"。

三是加大对经办人员的访谈力度，查找谈话中的交叉内容，通过函证、走访等审计手段，捕捉疑点，完整挖掘，切实还原事实真相，确保审计结果真实可信，审计定性准确可靠。

案例四：以数据赋能审计，助力"双碳"目标实现

1. 审计案例概述

为应对气候变化，国家提出了"二氧化碳排放力争于 2030 年前达到峰值，努力争取 2060 年前实现碳中和"的目标。公司作为关系国民经济命脉和国家能源安全的大型国有重点骨干企业，承担着保障安全、经济、清洁、可持续电力供应的基本使命。公司审计部提出"将党和国家重大政策措施和公司党组决策部署落实作为审计工作首要职责"的工作目标。公司审计坚决贯彻落实总部决策部署，以配网项目建设环保规划为着眼点，助力"碳达峰""碳中和"战略目标早日实现，组织开展了专项审计。

2. 审计过程及表现特征

配网项目建设环保规划审计以《三相配电变压器能效限定值及节能评价值》（GB 20052—2013）中关于能效限定值的要求为基础，按照《高耗能落后机电设备（产品）淘汰目录（第四批）》要求，针对 S7 ~ S9 系列油浸式无励磁调压变压器进行梳理，审计 S7、S8 在运数量，近几年是否有在配网技术改造中安装 S9 及以下类型配电变压器的情况。具体思路如下：在 PMS 2.0 系统内查询项目内容包含"变压器"字样的技改项目，ERP 系统内查询对应项目状态、项目关联资产状态，PMS 2.0 系统设备台账查询统计筛选在运国网资产配电变压器，选择 S9 及以下系列型号配电变压器，查询配电变压器的设备履历与投运时间，最终锁定近年来投运的高能耗配电变压器。

一是查询 PMS 2.0 系统：系统导航—计划和中心—技改一体化管理—技改项目里

程碑查询，按照"年度""项目内容"筛选包含"油式、干式、S9/S8/S7 变压器"的技改项目。

二是查询 ERP 系统：事务代码项目构造器（CJ20N），查询相关项目基本信息，项目具体状态。

三是应用 ERP 系统中项目实际成本（CJI3）功能，查询项目关联的变压器实际成本信息。

四是应用 ERP 系统中资产主数据（AS03），查询项目涉及的变压器具体资产编码、设备编码。

五是查询 PMS 2.0 系统，应用系统导航—电网资源管理—设备台账查询—站内一次设备功能，根据"设备编码""单位名称"筛选"投运状态"为"在运"的设备，选择 S9 及以下系列型号配电变压器，查询配电变压器的设备履历与投运时间。

六是根据上述三方面业务系统查询结果，通过数据中台通用审计中间表［技改项目信息表（QRYE_W_PROJECT_JG）、项目基本信息表（QRYE_W_PROJECT_BASICINFO）、项目固定资产基本信息（QRYE_W_ ProjectAsset_basicInfo）、项目成本明细表（QRYE_W_PROJECT_CostDetail）、设备台账明细表（QRYE_W_Asset_MX）］，按照"单位编码""项目编码""资产编码""设备编码"进行表间关联查询，编写 SQL 查询语句，输出相关变压器数据信息。

七是上述输出的在运油式 S7、S8 变压器，工信部要求在 2016 年底前停止使用，对于 S9 变压器，鼓励公司自主逐步更新淘汰，经被审计单位核实，除 328 条为系统垃圾数据外，其余全部属实。

3. 审计结果

（1）审计结论。

通过配网项目建设环保规划审计，发现全省 9 家地市公司共有在运国网资产 S7-S9 系列油浸式无励磁调压配电变压器共计 2543 台，上述型号变压器空载损耗、负载损耗、总损耗已经无法达到现行《三项配电变压器能效限定值及节能评价值》中能效限定值的要求，存在项目建设环保规划不到位风险。

（2）审计建议。

通过审计，建议各相关管理部门，加大对上述变压器改造计划投入，加速高耗能变压器迭代更新，确保配电变压器全部符合国标能效标准。

4. 案例特点及启示

配网变压器虽然单体价值不高，但基数较大，且与居民用电客户关系密切，淘汰高耗能配电变压器对实现"碳达峰""碳中和"战略目标有很大帮助，对提升公司形象也有裨益。通过本案例，可以有效了解目前全省高耗能配电变压器的运行情况，不断促进生产专业对 PMS 2.0 系统进行数据质量治理，推动公司有针对性地加大高耗能配电变压器的技术改造与更新换代，为公司决策部署提供审计支撑，充分彰显了内审价值。

案例五：无视重大事项集体决策，导致巨额损失

1. 审计案例概述

风险管理是保障金融企业健康有序发展的生命线，但由于内控漏洞导致巨额风险的信息屡屡见诸报端。201× 年 × 月，对系统内 A 金融单位业务开展情况进行审计，发现该公司自营业务部门，利用内部监督不到位的漏洞，迷信所谓内幕消息，未严格执行重大事项集体决策，擅自持续重仓持股 Y 股票，长达三个月未得到及时纠正。经测算，给公司造成投资损失 968.14 万元。

2. 审计过程及表现特征

一是系统查询法。通过恒生投资管理系统、集中交易系统、法人清算系统、财务管控系统的数据进行查询，摸清自营业务内容和交易情况。

二是数据挖掘法。为避免风险集中，A 公司对自营业务的单一证券持仓成本比例和止盈止损比例均有明确要求。从系统中将 201× 年至 201× 年 1 季度各月全部持仓证券内容、成本、市值、交易情况等基本信息导出，审计人员将期间涉及的 163 只股票运用 SQL 数据库搭建数字化分析模型，将持仓比例、浮盈浮亏比例触及制度规定警戒线的股票进行筛选，发现期间有 10 只股票触及比例警戒点。其中：1 只成本超比例，7 只超浮盈比例，2 只超浮亏比例。审计组对上述 10 只股票的相关决策资料进行重点抽查与核实。

三是资料查阅法。不仅对 10 只股票的购入前和触及止盈止损线时的操作程序进行核实，更对资料内容进行深度查阅，通过与实际情况进行对比，才发现 Y 股投资违

背决策内容的情况，进而锁定问题疑点。从资料完整度和程序规范性角度来看，表面上不存在问题。但通过对资料内容进一步核实，发现 201× 年 9 月 6 日的公司证券投资决策执行例会基于大形势判断，作出"仓位较集中的股票当月必须减仓"的决议。审计组排除迷雾，追踪触及警戒点仓位最为集中的 Y 股票，其 9 月底持仓成本达到8110 万元，超过月初的 7721 万元。显然，当月不仅没有按照决议要求进行减持，相反还有所增加。10 月中旬开始，该股从高点 9.44 元 / 股一路向下调整，12 月底收盘价6.43 元 / 股。

四是正面问询法。审计人员在获取完整的证据链条之后，对自营业务部门人员进行正面问询。其承认：投资经理为追求更大涨幅，迷信所谓内幕消息，看到此后公司未就 Y 股实际减仓情况进一步关注，因此未执行减仓决策。经审计组按照比例进行测算，该公司由于未严格执行集体决策，导致 Y 股票投资损失 968.14 万元。

3. 审计结果

（1）审计结论。

A 公司自营业务部门风险意识淡薄，在重仓持有 Y 股票期间对市场风险预计不足，未按决议要求采取措施进行止盈。同时，内控严重缺失，存在监督漏洞，导致集体决策未严格执行并在长达三个月的时间里未得以纠正，形成大额投资损失。

（2）审计建议。

一是强化风险意识。进一步强化投资岗位相关人员的风险意识，尤其是重仓投资品种，应充分、全面分析未来风险。

二是健全内控制度。构建长效机制，明确部门职责，对决策执行环节进行持续监督，确保决策落实到位。

4. 案例特点及启示

（1）案例特点。

一是重仓持有。从模型筛选结果来看，Y 股票是 A 公司 2017 年唯一持股比例超过总投资额度 10% 的股票。9 月作出减持决策后，自营部门全部股票持仓成本由月初的 36943 万元降为月末的 28105 万元，股票支数由月初的 86 支降为月末的 77 支。但却未对 Y 股票进行减仓操作，显然违背"仓位较集中的股票当月必须减仓"的决议。

二是盈亏差大。从明细表来看，Y 股票投资从 2017 年 9 月底的浮盈 1455 万元，到 12 月底的浮亏 778 万元，盈亏差达到 2233 万元。

三是风险分析缺失。从会议纪要来看，在重仓持有 Y 股票的 6～12 月，A 公司每月的投资执行例会均未对该股风险状态进行深入分析研讨。

四是执行监督缺位。从风控部门风险提示函来看，该部门对持股比、浮盈浮亏比超限情况下达了风险提示，但对于集体决策执行情况未进行跟踪监督。即使在 Y 股持续下跌的 10~12 月，也未就其决策执行情况进行关注。

（2）案例启示。

一是充分利用数据挖掘。在传统的审计方式下，抽样审计存在较大抽样风险，在样本量不够的情况，难以真实反映出普遍问题，而充足的样本量又必须有充足的审计力量和时间进行支撑。利用数据挖掘，可以最大可能地实现"样本量＝全量"的目标。本次审计通过数字化模型，对涉及的 163 只股票进行数据分析，确定 10 只进行重点核查，实现了精准抽样，大大提升审计效率。

二是巧妙使用专业系统。全覆盖对审计人员的综合业务水平提出较高要求，跨行业、跨专业审计考验审计人员的审计智慧。A 证券公司涉及信息系统 42 个，其中非国网统一推广系统 36 个，专业性强，在有限的时间内要想熟练掌握显然不现实。审计人员根据分工熟悉制度要求和关键流程，掌握风险点位置，在审前座谈过程中有的放矢了解相关系统主要的查询功能，实现了业务与系统的高效对接，为项目的顺利实施奠定了基础。

案例六："放管服"改革政策落实不到位

1. 审计案例概述

为认真贯彻落实党中央国务院"放管服"改革工作部署，进一步优化营商环境，增强公司市场竞争力，2018 年 11 月，×× 公司在对所属单位营销部（客户服务中心）开展业扩报装专业管理专项审计，重点关注了"放管服"改革业扩报装工作进展情况。在审计过程中，审计人员结合公司《关于简化 10 千伏及以下业扩配套电网项目管理流程加快工程建设速度的通知》《关于印发"放管服"改革业扩报装工作提升方案（试行）的通知》等文件，对"放管服"改革业扩报装工作执行情况进行检查，发现配套电网项目权限下发及过程管控已经实现，业扩报装减少审批层级和实行属地化管理、提高低压接入标准、客户办电"零服务费"、高可靠和临时接电费收取及退还等措施已执行到位,但配套电网物资供应效率、产权分界点前的设备物资供应、减轻用户办电成本、业扩工单杜绝线下流转、规范停(送)电管理简化报批手续、业扩配套工程建设限时机制及公开客户受电工程平均造价等措施未执行到位。在应用营销业务系统进行数据提取跟踪进度比对和现场调查核实中发现,业扩配套电网项目物资供应存在施工单位垫付、"产权分界点前的设备物资"部分由用户承担、"业扩工单"存在系统外流转、"停(送)电"环节不规范、业扩配套工程建设限时机制和公开客户受电工程平均造价等措施未执行到位。该公司"放管服"改革业扩报装工作开展有待进一步推进,"放"已到位,"管""服"工作需要进一步加强和提升。

2. 审计过程及表现特征

一是收集文件确定改革执行力度及时效。查阅公司、省公司及××公司有关"放管服"改革的制度、方案等文件,确定"放管服"改革时间节点、改革要求、改革执行力度、改革执行效果,了解被审计单位是否严格按照上级部署开展工作,"放管服"改革是否有效落地。

二是系统在线分析。通过营销业务应用系统"新装增容及变更用电"模块下的"工作单查询"功能点导出 2018 年 1~9 月被审计单位高低压新装、增容、临时装表用电客户明细,统计对比提取出有配套电网工程的样本用户工单,进入营销系统,导出用户申请时间、可研编制及批复时间、供电方案答复时间、物资领用时间、工程施工及验收接收时间、工程施工及验收完成时间、停(送)电管理接收时间、工单归档时间等信息。依照被审计单位提供的"放管服"执行时间节点筛选出相关业扩工单,对工单运行环节进行梳理,查看工单流转过程中配套电网物资供应情况、产权分界点前设备物资承担方、工单流转时限、停(送)电计划及执行等环节。

三是系统数据与纸质资料核对。调阅样本用户业扩报装纸质档案资料、物资领料单、停(送)电工作票、带电作业工作单等资料,导出配套电网工程 ERP 模块物资领料单,调度停(送)电工作票、带电作业工作单等资料与系统内工单流转核对,查看工单流转差异。

四是现场检查取证。抽取部分高低压业扩报装用户进行现场检查,核实用户业扩报装实际工期、产权分界点前设备物资供应情况、配套电网工程进度、配套工程施工过程中是否存在私自收费情况及与受电工程是否紧密衔接、客户受电工程是否存在"三指定"情况、停(送)电工作协同管理是否到位等。

五是走访了解。根据管理权限，分别对"放管服"管理、集体企业、物资供应中心、大客户分理处、低压业扩报装、调度控制中心、运维部等相关部门专责进行走访了解，汇总"放管服"改革执行过程中工单流转现状及存在问题，配套电网物资供应渠道、供应及时性及库存物资情况，带电作业及停送电计划和执行过程中部门协同情况，产权分界点前的物资是否全部由供电企业承担，客户工程"三不指定"执行情况，是否存在因供电企业业扩报装不及时、停（送）电及带电接火不及时等原因引起的客户投诉等舆情事件。

3. 审计结果

（1）审计结论。

通过对比系统数据与纸质资料以及进行现场核查，发现××公司"放管服"以下措施未执行到位：配套电网物资供应效率未到达要求，部分物资因计划和物资储备不充分、短缺及工期进度要求由施工单位垫支；产权分界点前的设备物资未按要求供应，部分物资（如产权分界点前的令克、开关）由用户承担，未达到减轻用户用电成本的目的；业扩工单未按照"放管服"要求杜绝线下流转，部分业扩工单为完成业扩报装时限要求线下流转后在系统内补录；规范停（送）电管理简化报批手续未执行到位，部分工单未按期纳入停（送）电计划；业扩配套工程建设限时机制和公开客户受电工程平均造价尚未执行，公司"放管服"改革措施尚未完全执行到位，公司管理水平和服务理念还需进一步加强和提升。

（2）审计建议。

一是优化配套工程物资供应模式，加强物资计划及储备管理，拓宽物资领用渠道，提高物资供应时效，避免因配套电网物资供应不及时，为赶工期委托施工单位垫支材料引起的质量及安全风险。

二是营销部（客户服务中心）对上级重大决策部署应建立快速反应机制，组织员工进行政策宣贯，解读政策要领，掌握"放管服"改革业扩报装要求，转变经营理念，优化运营模式，加强服务创新，对"放管服"执行过程中"物资配送不及时、停（送）电难、工单脱离营销系统流转"等难点问题制订出切实可行的解决方案，加强部门协同；压减客户办电成本，降低客户工程造价，改善营商环境，保障市场竞争优势，确保"放管服"改革政策有效落地。

4. 案例特点及启示

一是"放管服"政策的贯彻落实关系到供电企业的方方面面，要求各专业管理部门提高政治站位，胸中有大局，心中有客户，坚持以客户为中心，围绕"三压减、二加强、一提高"方面工作，转变经营理念，主动参与市场竞争，进一步推进各项工作提质增效，改善营商环境。

二是通过开展专项审计有效提升了专业部门"放管服"政策执行力度，提升了被审计单位业务管理水平，扭转了传统工作意识和方法，以客户为中心，以市场为导向的服务意识明显增强，推动客户"获得电力"优质服务水平持续提升，同时也推动了相关部门业务联动机制的有效完善。

三是审计人员要时刻保持职业敏感，不断学习，提高业务能力，拓宽审计思路，有效利用数字化审计方法快速提取数据，准确定位审计疑点，缩短现场审计工作时长，有针对性地进行现场核查。要时刻保持热爱审计职业的心，不断增强学习能力，掌握系统思维方法，学会归纳整理、沟通交流，不断积累经验，丰富知识，在细微处发现疑点，找准问题切入点，追根溯源，为公司提出合理化建议，实现公司价值增值。

案例七：数字化手段助力疫情期间高耗能企业电价政策执行规范准确

1. 审计案例概述

疫情期间，为降低企业用电成本，支持企业复工复产，国家发改委先后印发《关于阶段性降低企业持企业复工复产的通知》（发改价格〔2020〕258号）、《关于明确阶段性降低用电成本政策落实相关事项的函》和《关于延长阶段性降低企业用电成本政策的通知》（发改价格〔2020〕994号），明确自2020年2月1日～12月31日，对除高耗能行业以外执行一般工商业及其他电价、大工业电价的电力用户（含已参与市场交易用户），统一按原到户电价水平的95%结算。依据相关政策文件，对疫情期间高耗能企业电价政策执行情况进行审计，保障电费应收尽收、收必合理。针对未严格执行疫情期间电价降价政策审计事项，××公司组织抽调审计和专业人员，协同开展专项审计工作。

2. 审计过程及表现特征

梳理疫情期间降低企业用电成本相关政策，明确不享受降价优惠的高耗能企业范围。借助互联网公开数据（企查查 APP），结合电网公司掌握的用电企业信息（营销业务应用系统客户电费等内容），综合利用数字化审计手段构建审计模型，对这些数据进行关联分析，精准锁定高耗能企业执行优惠电价问题。

一是梳理疫情期间电价降价政策，明确高耗能行业范围：石油加工、炼焦和核燃料加工业，化学原料和化学制品制造业，非金属矿物制品业，黑色金属冶炼和压延加工业，有色金属冶炼和压延加工业，电力、热力生产和供应业等六大行业。以企业营业执照中的经营范围为主要依据，对用电行业属性进行甄别。

二是根据用电行业属性，在数据中台通过编写脚本设定条件获取疫情期间执行优惠电价的高耗能行业用户基础数据，包括企业名称、执行电价、月度电费等内容。例：× 地市公司用户 ×××（户号：0900186×××），行业类别：结构性金属制品制造，属于高耗能行业，通过查询 SG186 营销业务系统发现，2019 年 3~4 月，均按照到户电价水平 95% 结算电费，涉及金额 10.6 万元。

三是应用企查查 APP 获取该用户相关企业所属行业、经营范围等信息。

四是在营销业务应用系统中查询关键数据进一步确认疑点。户号：0900186×××，用户名称：×××，行业类别：结构性金属制品制造。检查疫情期间优惠电价执行情况，比对营业执照信息，经相关单位现场核实，情况属实。现场为建材制造用电，营业执照经营范围为建筑材料制造，该用户属于高耗能企业，不应享受优惠电价。整改措施：订正行业类别，追补优惠电费，5 月份整改完成。

3. 审计结果

（1）审计结论。

通过对高耗能企业疫情期间电价政策执行情况的大数据筛查和分析，发现 ×× 省公司 2020 年累计发现 15 户高耗能企业享受优惠电价的问题，涉及漏收电费 110.24 万元。

（2）审计建议。

专业部门要进一步加强电价管理，及时和严格执行国家颁布的各项电价政策，确保电费应收尽收、收必合理，有效规避各类合规风险。

4. 案例特点及启示

本案例在审计过程中，首先使用数据中台获取基础数据，后通过外部网站企查查取得核心数据，继而利用业务系统查询关键数据，整合数据后比对分析，最终确定被审计单位存在未严格执行疫情期间电价降价政策。此项审计在保障电价执行准确，挽回电费资金的同时，进一步拓展审计以及专业管理的视角，在引用外部公开数据加强现代企业内部管理作出有益尝试。随着我国数据强国建设的不断加快，数据资源开放共享力度将不断加大，大数据将得到全面发展和应用，数字化审计也将是适应新时代发展的必然选择。推广借鉴此项审计案例，可以进一步开拓数字化审计思路，更好地促进新时期审计作用有效发挥。

第十章
控 制 类 审 计

根据《关于印发〈关于加强中央企业内部控制体系建设与监督工作的实施意见〉的通知》（国资发监督规〔2019〕101号）、《关于做好2022年中央企业内部控制体系建设与监督工作有关事项的通知》（国资厅监督〔2021〕299号）等相关文件要求，内部控制体系建设与监督审计目标就是督促企业持续强化组织领导体系建设，建立健全党委（党组）顶层谋划、主要领导亲自负责、董事会（或类似决策机构）全面领导、内控职能部门主责推动、业务职能部门协同配合的内控建设与监督管理体制；切实发挥内控职能部门统筹协调、组织推动、督促落实、监督评价的作用，压实内控建设和监督主体责任；充实内控部门人员力量，提供必要的工作组织保障，形成领导有力、职责明确、流程清晰、规范有序的内部控制机制。强化内部控制审计特征。转变传统审计观念及方法，深入探索以内部控制评价和风险评估为基础的审计，切实提高审计效率，保证审计质量。围绕公司及业务层面内控体系建设运行情况，综合运用穿行测试、控制测试、问询、访谈、检查等审计方法，对内部控制设计及运行的有效性进行审计，并对内部控制缺陷开展成因分析，对风险管理过程的有效性和适当性进行评价。

第一节 审 计 事 项

一、内部控制体系建立健全情况

（一）组织架构情况

公司是否建立规范的内部控制结构和议事规则，明确决策、执行、监督等方面的职责权限，形成科学有效的职责分工和制衡机制。

（二）制度建设情况

公司是否结合"十四五"战略规划目标和措施要求，分领域、分步骤有序开展内部控制制度标准化建设工作，按照主要业务领域、核心业务流程、关键控制环节、合规评价标准等维度类型，构建分层分类的制度体系框架，促进形成系统完备、层次分明、相互衔接、务实管用的公司治理和内部控制制度标准化体系。是否建立健全公司治理和内部控制制度制定、评估、改进等工作机制，定期开展制度梳理，确保将外部监管要求及时转化为公司治理和内部控制规定。公司治理和内部控制规定是否有效嵌入生产经营管理全流程并覆盖落实到全体员工。

（三）责任落实情况

公司主要领导人员是否落实公司治理和内部控制体系监管工作第一责任；各业务部门是否严格遵照各项规章制度履行专业职责；是否明确专门职能部门或机构统筹公司治理和内部控制体系工作职责；内部监督部门是否开展公司治理和内部控制体系监督检查工作等。

二、内部控制体系执行情况

按照不相容职务分离控制、授权审批控制等内部控制体系管控要求，严格规范重要岗位和关键人员在授权、审批、执行、报告等方面的权责。梳理关键业务流程和管理流程，检查公司治理和内部控制设计情况和执行情况。

"三重一大"执行方面，检查是否存在"三重一大"制度未建立或不完备的情况；决策内容是否违规违法，决策程序和权限是否合规，是否存在应纳入未纳入"三重一大"的事项。

销售管理方面，检查销售计划管理、市场拓展、新兴业务开展与信用管理、销售定价管理、销售审批与合同订立、服务的提供、客户服务、销售折让和退回等管理环节内部控制执行情况。

财务资产管理方面，检查资金营运管理、投资业务、存货管理、金融资产管理、固定资产管理、无形资产管理、废旧物资管理、财务报告、预算执行控制等管理环节内部控制执行情况。

人力资源管理方面，检查人力资源计划配置（重点关注员工聘用）、组织机构、全口径用工（重点关注市场化用工、业务外包）、薪酬福利（重点关注工资福利分配）、社会保险（重点关注补充保险）、教育培训等管理环节内部控制执行情况。

采购及物资管理方面，检查需求计划和采购（含劳务）计划的编制、采购申请、招投标管理、框架协议或采购合同的订立、监造和供应过程管理、对采购业务的检验接收、付款等管理环节内部控制执行情况。

三、内部控制体系信息化管控情况

重点关注信息化管控总体规划及建设情况，以及利用信息系统实施内部控制等方面的情况。

（一）内部控制体系信息化水平

公司是否结合国资监管信息化建设要求，加强内部控制信息化建设力度；信息系统总体规划是否覆盖子公司、重要领域和关键环节；是否对信息系统的安全性，信息系统设计合规性进行有效管控；内部控制体系建设部门是否与业务部门、审计部门、信息化建设部门协同配合，推动公司各业务系统的集成应用；运维部门是否落实系统运维主体责任，是否对运维供应商进行风险管控，运维稳定性和数据质量是否符合监管及内部管理要求等。

（二）信息化监管情况

公司是否明确运维人员、系统开发变更人员及业务人员权限范围；是否梳理并规范业务系统审批流程及各层级管理人员权限设置，将公司治理和内部控制体系管控措施嵌入各类业务信息系统，自动识别并终止超越权限、逾越程序和审核材料不健全等行为；是否推动各项经营管理决策和执行活动可控、可追溯、可检查，有效减少人为违规操纵因素；是否进行系统控制有效设计，相关控制是否有效执行；是否开展内部控制体系实时监测、自动预警、监督评价等。

（三）对信息系统一般性控制的审计

信息系统一般性控制是确保组织信息系统正常运行的制度和工作程序，目标是保护数据与应用程序的安全，并确保异常中断情况下计算机信息系统能持续运行。信息系统一般性控制包括硬件控制、软件控制、访问控制、职责分离等关键控制。审计人员应当采用适当的方法、合理的技术手段对信息系统建设的合规合法、信息系统的安全管理、访问控制、基础架构、数据保护以及灾难恢复等方面开展审计。信息系统一般性控制审计应当重点考虑下列控制活动：

1. 系统开发和采购审计

内部审计人员应当关注组织的应用系统及相关系统基础架构的开发和采购的授权

审批，系统开发所制订的系统目标以及预期功能是否合理，是否能够满足组织目标；系统开发的方法，开发环境、测试环境、生产环境的分离情况，系统的测试、审核、验收、移植到生产环境等环节的具体活动。对应用系统的开发与实施过程所采用的方法和流程进行评价，以确保其满足组织目标。评估拟订的系统开发或采购方案，确保其符合组织战略目标；评估项目管理过程，确保组织在满足成本效益原则的基础上实现风险管理框架下的组织业务目标，确保项目按计划开展，并有相应文档充分支持；评估相关信息系统的控制机制，确保其符合组织的相关制度规定；评估系统的开发、采购和测试、维护，对系统实施定期检查，确保其持续满足组织目标。

2. 系统运行审计

内部审计人员应当关注组织的信息技术资产管理、系统容量管理、系统物理环境控制、网络环境资源配置、系统和数据备份及恢复管理、问题管理和系统的日常运行管理等内容。一般控制措施包括但不限于保证数据安全、保护计算机应用程序正常运行、防止系统被非法侵入、保证在错误操作或意外中断情况下的持续运行等。评估组织在信息系统运行日常操作以及信息系统基础设施管理的有效性及效率性，确保其支持组织的目标；评估信息系统服务相关实务，确保内部和外部服务提供商的服务等级是明确并可控的；评估运行管理，保证信息系统支持功能有效满足业务需求；评估数据管理，确保数据库的完整性和最优化；评估性能的发挥及监控工具与技术应用；评估问题和事件管理，确保所有事件、问题和错误被及时记录。

3. 系统变更审计

内部审计人员应当关注组织的应用系统及相关系统基础架构的变更、参数设置变更的授权与审批，变更测试及移植到生产环境系统中的流程控制等。评估变更、配置和发布管理，确保变更被详细记录。

4. 信息安全审计

内部审计人员应当关注组织的信息安全管理制度，物理访问及针对网络、操作系统、数据库、应用系统的身份认证和逻辑访问管理机制，系统设置的职责分离控制等。

内部审计人员对逻辑、环境与大数据技术基础设施的安全性进行评价，确保其能支持组织保护信息资产的需要，防止信息资产在未经授权的情况下被使用、披露、修改、损坏或丢失。评估逻辑访问控制的设计、实施和监控，确保信息资产的机密性、完整性、有效性和授权使用合规性；评估网络框架和信息传输的安全；评估环境控制的设计、实施和监控，确保信息资产充分安全。

（四）对信息系统应用控制的审计

信息系统应用控制是指在业务流程层面为了合理保证应用系统准确、完整、及时完成业务数据的生成、记录、处理、报告等功能而设计、执行的大数据技术控制。对业务流程层面应用控制的审计应当考虑下列与数据输入、数据处理以及数据输出环节相关的控制活动：

（1）授权与批准。审计应用程序的访问控制，必须关注是否有被授权的使用人才可以访问系统数据或执行授权范围内的程序功能，输入控制是否保证每笔被处理的事务能够被正确完整地录入与编辑，是否只有合法且经授权的信息才能被正确输入。

（2）系统配置控制。审计配置控制主要关注应用系统基础参数的设置与调整。包括参数的正确性、审批与授权、调整日志等。

（3）异常情况报告和差错报告。审计信息系统在出现不能正常运行、计算结果错误等异常情况时，系统能否自动提醒、处理，接收、保存差错输出报告。

（4）接口、转换控制。审计应对接口的数据流向、数据传输能力、数据转换准确性等进行测试和检查，接口、转换能否保证数据流通的正确性以及数据传输能力是否满足系统功能需求。

（5）一致性核对。审计系统间传输时，需重点检查传输报告分发是否建立了相应的人工控制环节，包括但不限于安全打印、接收签名、加密、只读等，以防范非法篡改造成不一致。

（6）职责分离。审计系统数据的录入、修改与审核的职责分离，关注对数据进行加密和敏感性分级处理的规则以及加密方式是否满足工作需求。

（7）系统计算。审计信息系统对数据计算的准确性及计算效率。

第二节 组织模式

一、在公司侧，明确内部控制审计提升方向

公司审计部强化"审计＋保障＋业务"协同，以数字化审计和内部控制审计相融合，

实现对传统审计模式的重大突破，不仅是技术和方法的创新，更是组织和管理的变革，需要统筹规划做好内部控制管理模式、作业方式的深度融合，坚持以防范和化解风险为目标，揭示公司在内部控制体系完整性、运行有效性以及经营管理中存在的缺陷、问题以及风险，为公司持续规范监管提出高质量管理建议，发挥审计服务公司高质量健康发展的重要作用。

（1）突出重大风险导向。主要关注内部控制缺陷给业务带来的负面影响，以问题和风险为审计切入点，将充分揭示重大业务风险作为内部审计的首要任务。坚持重要性原则，充分考虑风险的容忍度，守住系统性风险底线，重点对公司的主营业务、资金管理、投资运作等经济活动和高风险领域以及内部控制体系有效性开展审计。

（2）突出内部控制特征。以内部控制健全性和有效性作为本次审计"着力点"。将内部控制"五要素"（内部环境、风险评估、控制活动、信息沟通与内部监督）融入审计监督各环节，有针对性地选择重点领域综合运用穿行测试、控制测试、问询、访谈、检查等审计方法，分析内部控制缺陷，对内部控制设计及运行的有效性进行审计评价。

（3）突出研究型审计和数字化审计。以研究型审计作为审计的基本审计思想，数字化作为重要审计手段。面对新形势下的全新业务领域，要认真落实"研透、数说"要求，把政策研透，业务研透，风险研透；研究数字化审计方法在全数字化审计的切入点、审计抽样和测试的关注点以及疫情防控条件下开展非现场延伸审计的结合点，确保高质高效开展审计。

二、在省公司侧，强化内部控制审计过程管控到位

（1）细化审计实施方案。审计组应在前置审计阶段了解被审计单位业务特点、行业概况、国家和公司有关管理制度，遵循审计质量管控要求，拟订资料清单，需包含被审计单位主要业务管控流程和电子数据清单，提前发至被审计单位，商请配合提供，审计组应在审前调查初步识别被审计单位存在的主要风险，科学合理调配审计资源，制订详细审计方案。

（2）确保审计开展有力。以远程视频或现场进点方式介绍审计工作安排和相关要求，听取被审计单位内部控制管理情况介绍，根据情况开展在线查证核实、远程交互、现场交流等审计工作，保证审计方案确定的具体审计目标得以实现，审计步骤和方法得以有效执行。

（3）审计事项注重"点面结合"。在完成规定内容的同时，围绕网省公司发展最强烈、最迫切的重点、难点、风险控制点，拓展资金安全内控管理、物资强基固垒等方面审计内容，逐项进行专题研讨，挖掘审计深度；围绕重点审计事项，构建自用审计模型和中间表，深入开展"全样本、全覆盖"数据分析，对网省公司整体情况进行评价，拓展审计广度。

第三节 审 计 方 式

审计组应综合运用远程在线、视频交互、穿行测试、个别访谈、调查问卷、专题讨论、实地查验、抽样和比较分析等方法，对被审计单位内部控制体系建设执行情况开展查证核实工作。

一、分析各项内部控制制度

取得并分析企业全套内部控制制度、风险管控制度、公司章程、组织机构图、各机构部门工作手册等资料，分析评价企业内部控制制度是否符合《关于印发〈关于加强中央企业内部控制体系建设与监督工作的实施意见〉的通知》（国资发监督规〔2019〕101号）、《关于印发企业内部控制配套指引的通知》（财会〔2010〕11号）、《中华人民共和国公司法》（主席令第42号）、《国务院办公厅关于进一步完善国有企业法人治理结构的指导意见》（国办发〔2017〕36号）、《上市公司治理准则》（证监会公告〔2018〕29号）等规定。

审计人员可以将"国资发监督规〔2019〕101号"文的各项要求做成调查表，全面分析企业有关内部控制制度、风险管控制度、国家有关内部控制、风险管理、合规管理要求后，判定这些制度是否有机融合，是否符合"国资发监督规〔2019〕101号"文的要求。

二、分析内、外检查评价报告

检查企业内部控制自评报告、内部审计报告、外部审计报告、内部控制评价报告等，取得针对这些报告的整改文件、内部控制修订文件等，检查企业是否分析了这些审计报告或者检查报告中披露的问题、涉及的内部控制缺陷，并及时整改，完善相关内部控制制度。

三、检查信息系统

检查信息系统的功能模板，是否涵盖全部业务、部门、分公司、岗位。由软件方面专家协助分析相关程序的逻辑流程是否符合公司治理和内部控制制度相关规定，如重要业务的审批流程是否符合设定的内部控制制度审批流程。分析信息系统是否实现风险分析、风险预警功能。信息系统审计人员应当了解和掌握常用的审计技术方法和工具，比如系统调查法、资料审查法、信息系统检查法、数据测试法、数据验证法、工具测试法、风险评估法、专家评审法等。

四、结合其他实质性审计结论评估内部控制有效性

实施其他实质性审计程序发现了问题，往往说明内部控制设计不完善，或没有得到有效执行，或者管理层凌驾于控制之上。审计人员应该结合其他实质性审计程序发现的问题，分析内部控制设计或者执行是否存在问题。

五、具体业务层面内部控制审计

具体业务层面内部控制，包括采购、销售、资金等，审计人员应结合相关业务的实质性审计程序进行。主要思路是在了解业务的基础上，了解内部控制制度、业务流程，并进行穿行测试，评价控制设计是否合理。在了解内部控制和业务流程的基础上评估审计风险，指导实质性审计，以实质性审计的审计结果反过来分析内部控制是否设计合理、是否得到有效执行。运用穿行测试、控制测试、样本抽取等方法，对被审计单位内部控制体系建设执行情况开展查证核实工作。

1. 穿行测试

穿行测试是指通过追踪同一笔业务在整个内控流程中的处理过程，了解被审计单位各业务流程具体控制节点，识别相关业务流程关键控制环节和重要风险点，将运行结果与设计要求比对，检查流程设计是否符合被审计单位管理实际。它主要用于验证流程设计和制度设计的合理性。若测试结果存在异常，表示内部控制设计无效或存在缺陷，即在内部控制设计时，缺少实现控制目标的必要措施，或现有的措施不能满足控制要求，表现为规章制度缺失、不相容职责未有效分离、控制设计不合理等，无须再进行执行测试；若测试结果无异常，则需进一步实施执行测试查验内部控制执行情况。针对已验证存在设计缺陷的流程，应运用其他审计方法综合审计评估该设计缺陷带来

的损失风险及影响，并在报告中反映。

2. 执行测试

执行测试是指在穿行测试的基础上，针对设计有效的流程，进一步查证被审计单位内部控制执行情况，检查发现业务过程是否符合内控要求和制度规定，是否存在执行缺陷。它主要用于验证控制在各个不同的时点是否能够按照既定设计一贯执行。若测试结果存在异常，表示设计合理且有效的内部控制未被正确执行，表现为未按设计方式运行、执行人因未获得必要的授权或缺乏胜任能力无法实施等。

3. 样本抽取

审计人员应根据控制措施的性质、复杂程度、重要程度、风险程度、发生频率等情况，采取常规抽样和个性化抽样相结合的方式，综合运用职业判断确定抽样数量，提升抽样效率和效果。

4. 数据分析方法

在数字化审计过程中，审计人员应综合运用数据分析、视频交互、个别访谈、调查问卷、专题讨论、实地查验、抽样和比较分析等方法，其中数据分析是核心方法。

数字化审计的数据分析技术方法中，应用较为广泛的两种方法是"审计中间表"方法和"审计分析模型"。"审计中间表"是利用被审计单位数据库中的基础电子数据，按照审计人员的审计要求，由审计人员构建，可供审计人员进行数据分析的新型审计工具。它是实现"数据式审计"的关键技术。

"审计中间表"按照目的不同，可分为"基础性审计中间表"和"分析性审计中间表"。前者可以帮助审计人员选定审计所需的基础性数据；后者可以帮助审计人员实现对数据的模型分析。

第四节 典型案例

案例一："审计猫"捕捉隐藏在电费回收背后的"硕鼠"

1. 审计案例概述

收费环节作为公司经营成果实现的最后一个环节，在公司经营管理中具有至关重要的作用。根据营销 POS 机刷卡收费流程，收费员使用 POS 机刷卡收取电费金额后，在营销系统坐收界面进行"结算方式"为"POS 机刷卡"的收费信息录入。一个收费员在一天中的单笔 POS 机收费金额或当日汇总的 POS 机刷卡收费金额能够对应到银联系统当日某台 POS 机清算金额。

审计通过数据库管理工具和 SQL 语句，将营销系统收费和银联系统刷卡清算两组数据中的日期与金额建立跨系统关联关系，形成收费员—日期—金额—用户—刷卡卡号的数据链条，找出刷卡次数明显不合理的 POS 机对应的收费员，从而进一步分析刷卡行为对应的收费业务真实性。经大数据分析处理，发现 ×× 地区三年内所属县公司月底批量刷卡代缴电费收费记录 6.12 万条，涉及收费金额 515.85 万元；收费员使用个人银行卡代刷电费属实的银行卡 68 张，核实确认问题率 80%，涉及刷卡金额 1758.18 万元。揭示了电费回收环节的资金风险并督促整改，进一步促进电费回收和优质服务提升，提高了公司内部控制水平。

2. 审计过程及表现特征

提供两项审计疑点查证方法，分别是月末批量刷卡疑点和收费员使用个人银行卡代刷电费疑点。

一是设定逻辑规则。月底批量刷卡完成考核指标规则是同一解款编号下刷卡户数超过 100 户，且收费日期在 26~31 日的，为完成考核指标批量刷卡疑点；收费员使用个人银行卡代刷电费规则是，通过建立"刷卡收费记录"与"银联 POS 机流水"之间的跨域关系，形成收费员—日期—金额—用户—刷卡卡号的数据链条，找出刷卡次数不合理的银行卡对应的收费员，分析刷卡业务真实性，设定单张银行卡年刷卡合理次数为 36 次。

二是建立匹配关系。将营销数据和银联数据关联匹配，输出单笔匹配结果 6736 条；按解款编号汇总金额匹配结果 2581 条。根据匹配结果筛选出月底批量刷卡完成指标审计疑点 310 条，对应收费记录 6.12 万条，涉及收费金额 515.85 万元；收费员使用个人银行卡代刷电费输出疑点银行卡 85 张，刷卡金额 2044.04 万元。

三是现场反馈核实。经验证月底批量刷卡疑点数据全部属实，收费员使用个人银行卡代刷电费属实的银行卡 68 张，核实确认问题率 80%，涉及刷卡金额 1758.18 万元。

3. 审计结果

（1）审计结论。

×× 公司为完成电费回收考核指标，存在收费员月底批量刷卡集中收费 6.12 万条，收费金额 515.85 万元；收费员收取用户现金电费后截留，再使用个人银行卡刷卡缴费，增加了刷卡手续费支出。

（2）审计建议。

建议业务部门修订电费回收考核办法，加大收费员人为调整电费回收金额的处罚力度，规避投诉风险，提升内控管理水平。

4. 案例特点及启示

聚焦电费收费内控环节，分析 POS 机刷卡管理存在的痛点，将营销系统收费和银联系统刷卡清算两组数据进行关联对比分析，找出刷卡次数明显不合理的银行卡对应的收费员，从而进一步分析刷卡行为对应的收费业务真实性。

一是收费员在电费回收考核日前大批量刷卡、与现实严重不符；

二是年刷卡次数较多，单张卡刷卡远远超过设定阈值，且收费员相对固定，即认定存在风险。

案例二：主要物资"甲转乙供"无所遁形

1. 审计案例概述

物资采购管理是近些年来各类检查关注重点，但是工程实际实施过程中，部分单位仍然存在因初设不严谨、工程量变更、规避招标等原因，未严格按照网省公司两级采购目录的要求进行物资需求提报和采购，而是由施工方进行主材采购的现象。在对 ×× 公司"××110kV 输变电工程"全过程管理进行审计时，发现工程管理单位 ERP 系统未见光缆采购和出库，且未见光缆结算，但根据项目实际实施内容，判断应有光缆等材料，与项目实际物资需求严重不符。通过核实通信系统变电站线路图及入网通信设备，发现项目实际使用了光缆，经进一步核实，项目管理单位将应进行集中采购的 12.6km 光缆交由施工单位采购，存在物资"甲供转乙供"问题。

2. 审计过程及表现特征

一是获取工程物料清单。首先运用工程管理系统获取所有已完工工程，导出工程清单，应用 Excel 中的筛选工具，筛选出 ×× 公司截至审计日竣工投运的所有 110kV 工程，并去除改扩建工程和输电线路工程，审计人员重点对剩余 5 个项目的物资进行核实。应用 ERP 系统的事务代码 CJI3 查看 5 个工程实际成本，应用 Excel 筛选工具去除与工程物资采购无关内容（例如法人管理费、工程施工合同等），留取 WBS 元素、数量、物料描述等关键字段，应用 Excel 数据透视表对 5 个项目物资采购情况进行分析。通过项目之间的比对，发现项目编码为"1609×××× W"的 110kV 输变电工程未采购光缆，存在疑点。

二是查找现场核主材。通过通信系统查看该工程建变电站入网通信设备的实际情况，发现该站已入网通信设备 2 套"2.5G SDH 光传输设备"、2 根长度分别为 4.45km 和 8.15km 的 48 芯光缆。通过上述系统的查询比对，发现该工程所需的 12.6km 光缆存在"甲转乙供"嫌疑。

3. 审计结果

（1）审计结论。

通过运用数字化手段锁定审计疑点，结合项目档案资料、工程现场情况进行核实，发现"××110kV 输变电工程"由施工单位采购 12.6km 光缆，存在物资"甲供转乙供"问题。

（2）审计建议。

一是在设计管理方面，应严格开展项目设计，执行设计合同考核条款，同时要求项目经理必须全过程参加设计图纸会审工作。

二是在物资管理方面，应进一步加强工程物资采购管理，正确编制项目设备、材料采购需求计划，及时上报物资需求，杜绝甲供物资由施工单位采购的现象。

4. 案例特点及启示

主要突出全量审计，通过在数据中台分析，将工程所有出库材料清单进行比对，发现项目材料异常，未见光缆物资；同时与项目初设批复、项目结算书中所需材料进行比对，同样未见光缆材料；关联匹配找出疑点，光通信设备一般应有光缆才能工作，只有设备没有光缆与实际情况不相符，由此产生疑点，然后通过其他途径进一步核实。

案例三：巧借 IP 地址信息追查内控大风险

1. 审计案例概述

主要查证 ×× 供电公司自助报销系统账号审批管理情况，是否存在多个账号在同一台电脑上短时间内登录快速通过审批，造成不相容岗位未实质分离的风险。而最可能发生这类风险的环节是在业务部门经办和业务部门领导之间，特别是业务部门经办为实际收款人的业务。假设业务部门经办和部门领导的账号由同一个人进行操作，就很容易发生舞弊的情况。而传统的审计方法对这样的风险束手无策。

从自助报销系统操作日志入手，通过与财务管控系统的资金流水数据进行比对，对照被审计单位的二级核算员名册，通过数据过滤分析，将特征数据同业务系统实际的业务凭证进行对应。锁定疑点后，通过对比其他信息系统中审批人在业务发生当天的活动日志（如绩效系统查考勤记录），筛查业务审批时审批人并不在岗的情况，从而印证了存在同一单审批流程中审批流程并非由审批人亲自操作的情况，存在二级核算员一条龙办理虚假报销业务的可能，揭示了该单位内控存在严重的薄弱环节和资金管理的重大风险。

2. 审计过程及表现特征

一是获取必要数据信息。在财务管控系统、自助报销系统导出业务经办人、审批人的 IP 信息和通过时间等信息的功能。审计组借助省公司数字化审计专家团队的力量，通过数据爬取技术，获取了业务系统 20×× 至 20×× 年 ×× 公司资金流水和操作管理日志。其中资金流水数据包括了付款时间、对方户名、付款金额、补款状态、退款状态等信息；操作管理日志数据包括了操作人员姓名、操作类型（登录 / 退出）、操作的 IP 地址、操作时间等信息。

对资金流水分类进行分析，筛选资金流水中对私转账的情况，设置筛选条件为对方户名为人名，对未进行补款、退款，金额在 10000 元以上（设定金额，本案例以 10000 元为阈值），简化数据字段列表，去除无关字段，从而得到了对私转账表，包含了人员名称、金额、转账次数、付款内容等信息。

二是开展比对分析。通过对比 ×× 公司提供的部门二级核算员清单台账，对资金分析表中对私转账金额较大（大于 10000 元）的二级核算员进行筛选。将筛选结果中的二级核算员名单与系统操作管理日志进行比对，记录下每位二级核算员常用的 IP 地址，再反向筛选该 IP 地址的操作日志，得到同一 IP 地址下不同账号的操作日志。对系统中使用同一 IP 地址的业务进行筛选，筛选在同一 IP 地址进行操作的所有账号。

注意：因爬取的数据源自动记录了登录系统服务器的 IP 地址，因登录方式不同，系统一般记录出两个 IP 地址，一个是实际操作的计算机的 IP 地址，一个为服务器的

IP 地址。实际操作中，应先把服务器 IP 地址进行过滤删除，得到实际操作的计算机的 IP 地址。同一 IP 地址进行操作的所有账号的操作日志的信息进行排序，筛选不同账号中，发起业务系统的账号退出系统时间和完成审批的账号登录系统时间间隔小于 5 分钟的业务。本步骤主要完成将上述记录的操作退出 / 登录时间信息同 SES 自助报销系统中的发起 / 审批业务时间信息进行匹配的工作。经过核查，有 24 例在业务发起后 5 分钟内通过审批的情况，其中审批间隔时间最短的是 11 秒，存在明显异常。存在同一部电脑登录使用多个系统账号通过审批流程的现象。

三是现场核实。对上述 24 例业务的审核人员在业务审批当天的行程进行跟踪核查，实际审计工作中，可以通过对比绩效管理系统查看审批人的考勤情况，对比车辆调度管理系统查看审批人是否有派出外出，对比两票系统查看审批人办票工作记录，以及对比会议签到记录等方法，来印证审批账号管理人不在审批现场。

以对比绩效管理系统为例，通过比对绩效管理系统审批人的考勤状况，印证审批账号管理人不在审批现场的情况。先记录业务审批账号进行审批操作的时间；在绩效管理系统中查询当天审批人的外出情况。如存在外出，即印证了审批操作不是由其本人完成。该笔业务的审批人和经办人均无法提供相关的审批授权的证明材料。

3. 审计结果

（1）审计结论。

经核实，证实被审计单位的业务系统账号管理存在漏洞，存在二级核算员一条龙办理虚假报销业务的风险，揭示了该单位内控存在严重的薄弱环节和资金管理的重大风险。通过延伸调查，所涉及的业务中存在虚假报销，套取现金的情况。

（2）审计建议。

一是定期对业务系统的管理权限进行梳理，严禁同一个账号具备不相容岗位的系统权限，以及业务系统账号由非本人使用。

二是加强业务系统账号密钥授权管理，授权期结束后应及时更换密钥。

4. 案例特点及启示

通过 IT 技术创新内控问题发现手段，给今后类似的流程类内控审计提供了很好的参考。

一是业务收款人和业务发起的二级核算员为同一人；

二是业务发起的 IP 地址和业务审批的 IP 地址相同；

三是同一业务发起的账号退出系统时间和业务审批的账号登录系统时间间隔很短，存在异常（通常认为小于 2 分钟为异常，本案例为扩大样本量设定为 5 分钟）。

案例四：资金安全管理存在不规范现象

1. 审计案例概述

农村电网维护费包括农村电能损耗、电工合理报酬和农网运行费用三部分，其中农网运行费用属于电力企业常规业务支出。农村电网维护费管理秉承"统一管理、单独列账、专款专用"原则，电力公司应建立健全农村电网维护费收支、使用和管理制度，尤其关注农村电网维护费资金安全管理，关注农村电网维护费资金收支全过程的安全控制和风险防范。在具体工作中，财务人员存在安全责任意识和风险防范意识薄弱的问题，往往会出现对公业务通过员工个人账户进行结算的情况，存在一定的资金安全风险和廉政风险。针对"对公业务通过员工个人账户结算"这一事项，D 电力公司组建审计组进行了专项审计，重点关注农村电网维护费管理使用情况，通过 ERP 系统查询某供电公司是否存在直接向员工个人账户支付业务费用、未通过业务单位银行账户结算等资金支付管理不规范的情况。

2. 审计过程及表现特征

（1）事项陈述。

在对"对公业务通过员工个人账户结算"管理情况进行审计时，审计组发现该供电公司存在直接向员工个人账户支付业务费用、未通过业务单位银行账户结算等资金支付管理不规范的情况。审计组通过农村电网维护费科目明细账，与银行流水进行比对，排除通过单位银行账户直接支付的凭证，筛选出向员工个人账户支付农维运行费用的凭证；通过 ERP 系统—人资模块对个人信息进行查询，查证农维运行费用收款人是否为公司职工，最终检查出资金管理不规范行为。

（2）表现特征。

一是分析抽样找不同。在 ERP 系统财务模块中，通过将抽取的农村电网维护费支付信息与该供电公司银行流水进行比对，发现多处支付异常问题。

二是关联匹配找出疑点。通过支付信息中员工姓名与 ERP 系统人资模块员工个人信息进行关联匹配，由此产生疑点，然后通过其他途径进一步核实。

（3）审计方法。

审计组主要通过 ERP 系统基础数据、财务管控系统资金管理模块数据，采用大数据技术进行审计。

一是审前调查，明确目标。初步了解农村电网维护费资金安全管理要求，对关键环节进行流程梳理，最终明确审计重点。

二是对接系统，数据准备。运用 ERP 系统财务模块功能点查询农村电网维护费农网运行费用支出明细账，运用财务管控系统资金管理模块功能点查询该供电公司银行流水，为数据分析工作打牢数据基础。

三是数据分析，全面验证。建立审计中间表，抽样比对获取农村电网维护费支付信息。通过比对得出农维费检修运维费、委托运行维护费、物业管理费均存在单位账户对公结算现象。对于审计疑点，审计组建立模型，进行了全量审计。

四是延伸审计，疑点核实。采用穿行测试的方法，审计组选择疑点业务流程，抽取其最具代表性的一笔业务作为样本，运用 ERP 系统人资模块功能点员工信息与支付个人信息进行关联匹配，查看支付个人是否为单位内部人员，进一步确认疑点，发现农村电网维护费多处存在常规业务通过员工个人账户结算的现象，涉及金额百万元以上，最终判断农村电网维护费支付流程实际执行与设计要求不一致，该流程相关控制设计对风险控制不健全、不完备、效率低，存在设计缺陷。

3. 审计结果

（1）审计结论。

综合运用数字化审计手段，确定该供电公司存在向员工个人账户直接支付业务费用的问题，资金支付管理不规范。一是深入检查疑点费用，查看凭证附件，一一核实，确认该供电公司存在向个人支付业务费用的现象；二是查询员工个人信息，确认支付对象所涉及的收款人员是否为该供电公司全职员工，确定该供电公司向员工个人账户直接支付业务费用。

（2）审计建议。

明确"严格执行资金收支流程、规范资金业务行为"的资金管理原则，在该供电公司进行全面宣贯；深化资金集中管理，强化资金安全管控，为提升资金防范和安全保障能力，在该供电公司进行全面自查；全面督促此类问题整改，严禁将对外支付款项转入职工个人账户，杜绝使用个人账户办理资金结算业务。

4.案例特点及启示

资金安全内部控制一直是审计关注的重中之重。该案例主要通过农村电网维护费科目明细账，与银行流水进行比对，排除通过单位银行账户直接支付的凭证，筛选出向员工个人账户支付农维运行费用的凭证；通过 ERP 系统—人资模块对个人信息进行查询，查证农维运行费用收款人是否为公司职工。若为公司职工，即存在向员工个人账户直接支付业务费用的情况，资金管理不规范。

案例五：充电桩资源配置不合理

1.审计案例概述

××电力公司深入贯彻落实习近平总书记关于"碳达峰、碳中和"系列重要讲话，率先打造"碳达峰、碳中和"先行示范区，成立双碳工作领导小组。运用新"三线模型"工具，即运营管理、风险管理及内部审计三道防线，构建了"内部审计职责地图"，通过资源利用最大化实现公司的战略目标，发挥内部审计战略咨询服务的新职能和价值增值作用。

2.审计过程及表现特征

（1）事项陈述。

为了有效保障公司战略任务落地，××电力公司审计组以公司战略任务为中心，将充电桩管理情况纳入审计监督范围，立项"双碳行动"战略任务跟踪审计项目。针对目前充电桩的布局、利用率、运维情况、市场拓展等方面，确定"优化公共充电桩资源配置，改善充电体验，促进城市绿色发展"为审计目标，确保审计目标与公司战略的一致性。

（2）表现特征。

一是结合车联网平台及营销业务应用系统数据，对充电桩进一步开展全量审查，发现由于电动汽车公司对停运桩运维不及时，影响其使用效率。

二是对比电动汽车公司与领先企业的实践效果。电动汽车公司充电价格调整机制不灵活，客户流失率高。远郊居住区充电桩建设布局先发优势不如市区核心区域明显，建设可根据需求稳步推进。

（3）审计方法。

在审前调查中，审计组通过对充电桩资源配置的政策，以及××电力公司的政策和布置现状进行了解，制订审计计划。在远程审计过程中，审计人员主要采用新"三线模型"、控制测试、业务流程控制、大数据分析等多种途径开展疑点线索核实，多措并举提升审计效率。

一是构建"充电桩政策内部审计职责地图"。审计组运用新"三线模型"工具，构建了"充电桩政策内部审计职责地图"，将内部审计与运营管理、风险管理等其他职责明确区分，聚焦自身第三道防线的基本职责，关注重点风险领域。

二是控制测试。审计组通过了解××电力公司充电桩相关管理办法及其资源配置情况，判断充电桩管理制度是否随着政策而作出相应的修订，通过财务系统检查资产控制制度，是否囊括了各部门的职责，是否明确了相关人员的岗位职责等。

三是业务流程控制审计方法。审计组通过采用PDCA循环方法梳理充电桩项目采购、招标、管理等多个业务流程，针对不同的业务流程进行审计检查，并根据检查发现的问题及时整改，实现"计划—执行—检查—处理"审计工作自循环。

四是建立大数据智能审计体系。审计组创新引用人工智能技术，通过智能持续审计平台，开展远程审计，以充电桩分布和年度充电量为数据基础，应用审计中间表，综合周边基础设施展开大数据分析，建立充电桩建设合理性评价分析模型，对充电桩资源配置情况进行审计评价。在现场审计中，审计组通过实地走访、与被审计单位人员沟通交流，发现审计盲点，寻找新的审计线索，就审计疑难点问题进行现场讨论。

3. 审计结果

（1）审计结论。

新"三线模型"为内部审计发展提供了很好的框架性、方向性引导。基于该工具构建的"内部审计职责地图"，在进行内部审计战略计划时评估组织治理机构期望，协调各风险管理部门，保持了客观性和独立性。

（2）审计建议。

一是加强充电桩运维管理，优化充电设施建设布局。减少政府办公区建设，增加高速快充区建设。规范故障运维、降低停运时长。

二是推进灵活计费，提升管理水平。改变单一计价策略，探索停车费分段计价模式，利用价格机制有效降低满电占用问题。利用典型区域充电行为画像，合理配置不同区域峰谷电价基准。

三是优化服务策略，拓展营利通道。跨界整合商场、公园、广告商等资源，利用服务费分成模式快速抢占高价值建设场地，以充电桩为载体拓展广告服务市场。

4. 案例特点及启示

随着新能源电力汽车的广泛使用，充电桩的安装成为电力公司的新发展业务，充电桩管理情况纳入审计监督范围。本案例在审计过程中，主要运用新"三线模型"工具。审计初期，主要对相关政策、充电桩布置和业务流程、数据情况进行了解。后续通过控制测试、业务流程测试等传统审计方法，并以充电桩分布和年度充电量为数据基础，对充电桩资源配置情况进行审计评价。推广借鉴此项审计案例，可以进一步开拓大数据审计思路，更好地发挥新时期政策审计工作的作用。

案例六：营销系统数据管理内控不规范

1. 审计基本情况介绍

为了有效保障公司战略任务落地，B 电力公司依据《营销业务模型设计》，于 200× 年 10 月 1 日完成公司营销系统的设计和开发，正式上线运行。应用范围覆盖公司所有供电单位的营业网点和营销管理机构，逐步实现了营销业务全过程管理。公司审计部与营销部、科信部等组成审计组，于 201× 年 9 ~ 10 月，对 B 电力公司营销系统数据管理内部控制情况进行了审计调查。审计重点是营销系统后台数据操作内控管理和前台账号权限内控管理情况，确保审计重点与公司战略的一致性。

2. 审计过程及表现特征

（1）事项陈述。

营销系统数据库管理员账户及后台数据管理存在未备案的数据库管理员账户直接操作数据库的情况。未备案的数据库管理员账户对系统数据进行操作，绕过了营销部和信通公司的相关检查和控制，存在极大的安全隐患。营销系统内建"档案维护"权限可以不通过系统流程环节，直接对用户基本信息、计量信息、计费信息等内容进行增、删、改操作。截至审计日，拥有"档案维护"权限的角色有"市营销部报装专责"等6种，系统内拥有相关角色的账号共计 2021 个。201× 年 1~9 月，营销系统中档案维护记录使用"档案维护"权限直接修改的 42.78 万条，占比 38.42%。

（2）表现特征。

一是审计发现除账号"SY*"外，系统还存在两个未备案的数据库管理员账户，分别是"SY*TEM"和"SPLEX_ROLE_BOT*"。

二是审计组对 42.78 万条用户基本信息、计量信息、计费信息等记录进行抽查，发现除维护用户的地址、联系方式等基本信息之外，还涉及对用户计量、计费、电量信息的直接修改，可能会影响电费计算和收取。此次抽查也发现了无依据直接修改用户备用变压器关系、计量装置起止码、用户电价等情况。

（3）审计方法。

数据管理基本规范的熟悉是营销系统数据管理审计实施的前提和基础。审计组通过与被审计单位进行现场调查和视频会议，了解被审计单位数据管理的逻辑关系后，确定审计目标、审计重点和审计指标。主要采取以下审计方法：

一是穿行测试法。审计组通过追踪数据系统管理员在营销系统操作记录，了解营销系统操作流程具体控制节点，结合营销业务性质和数据表结构创建多张审计中间表，将运行结果与设计要求比对，检查发现存在未备案的数据库管理员账户直接操作数据库的情况。

二是控制测试法。审计组针对营销系统权限设计了有效的流程，进一步查证营销系统中业务流程不同用户账号权限对应行使工单中不同节点的操作存在不规范现象，没有对不同业务流程的分级内部控制。在对数据管理内部控制的合规性和有效性进行评估时，使用对应的审计数据分析模型中的审计指标进行分析，并依据内部控制规范要求，对数据管理内部控制设计和运行的有效性生成审计数据分析报告，以记录分析采购业务审计数据的过程和结果。

三是数字化审计方法。审计组制订营销数据分析策略。基于营销业务规则和分析方法结合审计人员经验制订数据分析策略，构建营销系统数据管理内部控制审计数据分析模型。利用专业工具（营销在线系统原型、PL-SQL、BI、Excel 等）进行营销数据分析以及对用户 IP 地址、起止时间和节点代码进行全量与抽样数据分析。最后提交疑点数据分析报告。

3．审计结果

（1）审计结论。

营销系统经过多年建设与应用，在业务过程管控、服务实时响应、市场能力拓展等方面日趋完备，有效保障了公司向用户提供优质、高效、专业的服务。根据此次审计调查情况，公司在信息系统内部控制制度建设、数据安全管理、系统权限及流程管理方面还存在一些薄弱环节，需进一步加强。

（2）审计建议。

一是厘清营销系统开发单位、运维单位、使用部门之间的权责关系，明确管理界面，定期对数据安全进行会诊，堵塞管理漏洞，保障数据资产安全，防范系统风险。

二是借鉴现代企业内部控制制度的要求和规范，建立从后台数据、系统用户、角色、权限的管理标准体系，为营销系统内控管理提供保障。

三是梳理业务基本信息，明确内控流程的起点与终点，按照风险导向和效率最优原则提炼标准化流程步骤，制订流程步骤内控要求，对步骤执行账号和地址进行扫描监督，对不符合内控标准的流程进行前端控制，逐步形成流程步骤内控管理的闭环管理。

4．案例特点及启示

电力销售一直是公司核心的业务之一，营销系统是电力公司重点开发的大数据系统。数据管理内部控制情况也是审计内容之一。审计组人员结合过往的经验，主要采用了穿行测试法、控制测试法、数字化审计方法，基于营销业务规则和分析方法，构建营销系统数据管理内部控制审计数据分析模型，最终提交疑点数据分析报告。此案例的推广，有利于电力企业有效管理大数据系统。

第十一章
评 价 类 审 计

评价类审计主要以绩效审计为主，全数字化综合审计在评价类审计的应用主要是通过数字化审计方法收集并分析相关运营数据，对被审计事项涉及的经济性、效率性和效果性开展审计。与传统的合规性审计不同，此类审计一般以评价型为主，且突出数字化审计手段和方式方法的深度应用。

评价类审计在全数字化综合审计中的应用主要体现审计组织和方法，关键是用好数字化审计手段，发挥数据要素、数字化审计方法、数字化审计工作室和审计专家团队的"四位一体"聚合优势，对审计事项经济性和效益性开展审计。

第一节 审 计 事 项

评价类审计主要围绕效益评价，可以结合审计目标和被审计单位具体情况，按照"主题化"方式选择开展，一般包括投资类效益评价审计和内部控制类效益评价审计。其中投资类效益评价审计主要是相关工程建设、科技研发、新产业投资等方面，在项目投资可行性研究、前期计划管理、过程建设管控、项目结算管理以及投资效益等环节开展评价，更多突显效益性。内部控制类效益评价审计主要对关键业务和关键岗位控制、监督机制有效性进行评价，对风险相对集中的投资计划、招标采购、项目建设、资金管控开展评价，更多突出风险性。与传统审计不同，评价类审计要更突出评价和管理提升的建议，以推动组织更好、更规范、更有效益地发展。

第二节 组 织 模 式

一、做好顶层设计

要突出数字化审计的特点，采用"总体分析、分散核实"的"1 + N"数字化审计组织模式，将数字化评价类审计与各类专项审计等项目相结合，让审计技术资源和审计成果应用最大化，实现"一审多果、一果多用"。

二、坚持精准立项

在总结前期审计成果和风险研判基础上，选择本单位或特定业务投资大、风险集中、社会关注高的项目开展评价，也可以选择本单位主营业务中控制机制建设情况、风险管控情况开展评价。一般主要与销售、物资、建设等相关，审计组可根据情况具体开展相关审计。

三、推动"数审融合"

建立组织协调、数据保障、质量管控和成果运用等机制，优化审计项目组织构架，设立"数据分析小组"，配置熟悉业务的审计骨干和技术人员利用数据和技术优势开展全量筛查，提供技术和数据支持，将上级重点审计、示范引领与基层单位对照核查、自主拓展相结合，上下两级资源互补，步调一致。

第三节　审　计　方　式

一、识别风险，确定重点

根据审计目标与审计内容，结合组织相关业务发展实际、运营情况及制度流程，分析审计工作的难点与要点。按照典型、动态、可量化的原则，确定不同业务类型的关键管控环节和评价要点。可以利用以前年度审计成果开展"审计画像"，从可能性、危害性、效益性等方面进行审计风险评估，开展跨专业、跨部门、跨层级全过程控制环节审计对象画像，准确识别关键业务环节和评价重点。

二、确定审计程序

和传统审计一样，评价类审计也分为项目计划、审计准备、审计实施和审计结论四个阶段，但各阶段的侧重点不同，在应用数字化审计手段上的特点也不同。如，在审计准备阶段，开展审计调查和审计方案时，要明确评价的重点和目标，设立评价的标准，以及采用的评价方法或是审计方法。要将总体评价目标进行细分，把风险性、经济性和效益性分解为分目标，利用数字化手段确定样本范围，扩大审计覆盖面和适应性。在实施阶段，要加大数据分析的内容，依托数字化审计数据量全、核查速度快、业务覆盖面广的优势，全量扫描各单位数据资源，通过远程查询业务信息系统、分析经营管理电子资料和电子数据、现场核实等相结合的方式进行验证，将普遍性、倾向性问题的集中揭示，从总部层面直接向基层一线穿透。

三、研究审计方法

绩效审计采取何种方法，应根据审计项目特点、审计事项的性质来确定，并结合数字化审计手段，建立数据关联分析模型，对相关业务数据进行跨域综合分析。几种常见的分析方法举例如下：

成本效益分析法，是将一定时期内项目的总成本与总效益进行对比分析的一种方法。利用数字化数据分析针对支出确定的目标，在目标效益额相同的情况下，比较支出所产生的效益及所付出的成本，通过数据比对分析效益性。

数量及因素分析法，即对经营管理活动相关数据进行计算分析，并运用抽样技术对抽样结果进行评价的方法。它将影响投入（支出）和产出（效益）的各项因素罗列出来，分析所有影响收益及成本的内外因素，计算投入产出比，进行综合分析。

分析程序法，是指通过对与审计事项有关的重要金额、比率、结构或者趋势进行比较和分析，从中发现异常变动和异常项目的审计方法。此类方法重点是找差异、找分析。如：通过计算各种比率来分解、剖析被审计项目绩效；通过对某项信息各个组成部分所占的比例进行分析，剖析结构组成。通过与被审计项目有关的若干期财务或者非财务数据进行比较和分析，从中找出规律或发现异常变动，对趋势开展分析。

综合评价法，是在多种指标计算的基础上，根据一定的权数计算出一个综合评价值，依据综合评价值对项目进行评价。该方法可综合成本效益法、最低成本法、专家意见法、生产函数法等各方法的优点，适用项目支出、单位支出、部门支出和财政总体支出等各层次的绩效评价。

审计人员要根据具体情况决定采用哪一种审计的技术和方法。不论审计人员决定采用什么技术和方法，都必须以保证审计报告的客观性和公正性为原则。

第四节　典　型　案　例

案例一：基于跨域数据分析模型开展充电站运营效率审计

1. 审计案例概述

A公司在开展全数字化综合审计过程中，围绕公司落实"双碳"目标、推进新兴产业的相关要求，选择充电站运营效率开展审计。

2. 审计过程及表现特征

充电站运营涉及投资成本、供电量、售电量、电费和充电费、地理信息等数据，分散在不同系统中，要实现数字化，最难的就是解决数据分散、数据质量差的瓶颈。审计组构建审计数据集市，建立了"全量接入、按需授权"的模式，通过后台采集了公司内部系统各类用电数据和基本信息等，进入审计数据集市，进行"过滤第一道筛子"，发现损耗高、长期无电量、有电量无电费等疑点。同时，采集自建充电桩的车联网数据、电量采集系统数据和财务收入数据等跨域数据超过300万条，采用成熟的数据分析软件开展透视分析和异动穿透等，通过地理展示、曲线展示等方式，对电量损耗、电费回收和核算方式开展分析，即"过滤第二、三道筛子"，通过数据展板可以快速发现异常的充电站，综合平台的其他模型进行分析，开展重点现场核查。

通过这种模式，能够全量分析公司自建充电站的近年的综合损耗和全口径利用率情况（分别为18%和9.65%），以及损耗和利用率在集中式充电、公交充电、高速充电、居民充电等四类典型场景差异。通过数据分析了影响损耗和效率的技术因素和管理因素。

3. 案例特点及启示

本案例在审计过程中，首先构建了充电站相关的数据集市，同时采用成熟的数据分析软件，找到审计疑点，并通过现场检查方式发现了审计问题。此案例构建数据集市这一经验对于大数据审计工作推动有重要作用。

案例二：关键岗位内部控制有效性评价

1. 审计案例概述

对关键岗位监督失之于宽、失之于管，将会造成重大损失。B公司（电力企业）针对当前对关键岗位的监督与风险控制不健全、不完整，手段单一等问题，利用数字化手段通过内外部数据资源，创新性地建立关键岗位投资任职审计模型，开展内部控制有效性审计。

2. 审计过程及表现特征

利用数据分析工具，全面梳理排查供应商名录，重点是梳理与公司有资金往来、签订合同的外部单位名录，通过公开信息查询渠道，获取名录内公司主要供应商的基本信息，含法人、股东、董事、监事、高管人员等 26 个关键要素，并提取这些公司的关联企业图谱。将梳理的名录与公司内部员工花名册进行匹配。对匹配成功的员工进行梳理，按照属地情况、重名概率等要素进一步分类，明确需要进一步核查的对象。通过调阅合同、访谈、问询的方式，明确该员工在外投资、任职情况是否属实。

对属实员工，进一步明确其是否为关键岗位人员，是否向有关单位报备。对查实的关联企业，重点从其电费电价执行、招投标、合同签订、业务结算等各环节入手，全面核实员工个人是否利用职权之便，直接或间接影响关联企业与公司的正常交易。对查实的相关企业，进一步现场核实该企业的上网结算、购电环节是否符合业务规定，是否存在不合规的现象。对查实的风险事项，移交相关单位予以处理。对不适合继续从事原有岗位工作的人员予以调岗，对违规行为人依据有关规定进行考核问责，对已发生业务的企业做好资金结算审查，建立关联企业黑名单。

3. 案例特点及启示

关键岗位控制属于常规审计任务。随着大数据在公司内部的广泛使用，审计人员通过数据分析工具，可以全面梳理关键岗位是否与供应商存在不正当关系。推广此案例，可以为国有企业开拓思维，更好地管理关键业务岗位。

案例三：利用数字化手段开展配网投资效益审计

1. 审计案例概述

C公司围绕工程投资效益，针对"配变负载率低"问题根源，深化业审协同，开展"小而精"的配网投资效益审计，促进投资精准化精益化，实现挖潜增效。

2. 审计过程及表现特征

根据确定的审计主题，从经济效益评价、网架运行评价、社会服务评价三个维度选取了 15 项指标组成的后评审指标体系。根据评价体系梳理业务数据取数入口，构建后评审数据库，将 13 项指标数据从 ERP、PMS、配网过程管理系统、用采系统等信息平台及信息系统采集原始数据，保证数据客观统一，排除人为干扰。借助矩阵图、雷达图等多种可视化形式直观展现、量化分析和评价市县公司配网投资及运营成效，同时进行多指标多维度关联性分析，结合现场评审的核实查证，以审计的视角对市县公司配网投资及运营成效作出评价。针对评价情况，采取检查账目、实地盘点、现场核查、抽样试验等方式，对相关单位近三年配电网的退出配变开展现场核查。

3. 案例特点及启示

通过本次审计，分析总结不同区域配电网的运行情况和经济效益，将评审成果反馈至业务前端，形成不同区县的配网投资建设关注点，更精准地确定投资方向、管理策略，推动传统电网投资机械平衡理念向精准投资转变，揭示配网工程管理存在的问题，落实投资主体责任，促进问题整改，提升精益管理水平。运用后评审成果，为公司的投资规模和投资时序提供决策参考。

案例四：人力资源管理工作评价

1. 审计案例概述

社会保障管理的规范性属于人力资源审计工作的薄弱环节，在审计过程中容易被忽视，造成人工成本不必要的支出且存在一定的廉政风险。为了完善人力资源审计工作的覆盖面，不留审计死角，更加全面地对被审单位的人力资源管理工作作出客观全面的评价，为企业减少人工成本支出，杜绝相关廉政风险，在审计工程中尝试了运用内外部信息系统相结合的方式针对，生育保险的执行情况进行全面审核。

本案例运用了 ERP 系统、人力资源管控系统、考勤及餐饮数据统计系统、财务管控系统及社会保障管理系统等，各系统数据相互配合、相互印证，保证了数据的真实性、可靠性。通过 SQL 语句及 Excel 高级函数建立数据分析模型进行数据筛选分析，经过现场核实得出审计结论，填补了数字化审计手段在社会保障管理专业的空白，加大了审计业务的覆盖面。充分考虑到绩效考核及其他类型休假的因素影响，巧妙地设置了相应的阈值和筛选条件，有效地控制了疑点数据量，为后期的审计核查工作降低了工作量，提升审计效率。

2. 规章制度

（1）《国家电网公司社会保险管理办法》（国家电网企管〔2017〕209 号）第四十条"女职工生育享受产假、享受计划生育手术休假的，应向所在单位申请申领生育津贴。"第四十一条"申领的生育津贴应支付给职工本人。社会保险管理人员应将生育津贴申领结果通知薪酬管理人员，以核减职工相应工资。"第四十二条"（一）

职工应按规定提供生育医疗费用单据及医学诊断证明书等费用报销材料"。

（2）《××市企业职工生育保险规定》（××市人民政府令第154号）第二十条"申领生育津贴以及报销产前检查、计划生育手术门诊医疗费用，由企业负责到其参加生育保险的社会保险经办机构办理手续。"

（3）《关于企业职工生育保险有关问题处理办法的通知》（××劳社医发〔2006〕178号）"一、本市行政区域内的城镇各类企业、民办非企业单位、实行企业化管理的事业单位中持××市人事局签发的《××市工作居住证》的职工，用人单位应当为其及时办理参加生育保险手续，并按规定缴纳生育保险费用。"

3．审计过程及表现特征

运用大数据分析在线审计方法，应用Excel高级函数及SQL语句将人力资源管控系统数据、ERP人资模块导出数据、量化考勤数据及用餐数据等信息形成数据分析模型，进行数据比对分析，通过人力资源保障系统对疑点数据进行现场核实，审核被审单位生育保险执行情况。具体审计思路如下：

（1）运用ERP业务系统人资模块导出员工连续两年工资发放明细表，运用Excel函数功能建立年度工资发放情况数据分析模型，形成2016年度及2017年度工资总额数据分析表，用于验证是否在休假期间按照规定核减相应工资。

（2）通过人力资源管控系统导出人员信息基础库，对应提取，性别信息，缩小疑点人员范围。

（3）从考勤设备、食堂用餐刷卡设备、公司门禁设备、OA系统登录数据等（根据实际情况选取两种，作为数据印证）中导出数据，运用Excel函数功能建立数据分析模型，通过"透视表"功能输出超过88个工作日无考勤记录的人员，同时完成同用餐刷卡记录的模糊比对。通过SQL建立数据筛选模型，输出同时满足"2017年度比2016年度工资下降2万元以内""女职工""88个工作日无考勤信息"等条件的人员信息。将输出的"疑点人员"，通过人力资源保障系统进行现场核查，查看是否存在用薪酬发放代替生育津贴，扩大公司人工成本的情况。

4．审计结果

××公司未按照《国家电网公司社会保险管理办法》（国家电网企管〔2017〕209号）第四十条"女职工生育享受产假规定提供生育医疗费用单据及医学诊断证明书等费用报销材料。"

5. 案例特点及启示

通过对被审计单位的职工考勤情况、生育保险缴纳情况、生育期内的薪酬发放情况及生育津贴的领取情况进行大数据分析，审核被审单位执行公司及当地社会保障部门生育保险政策的执行情况，达到令职工在生育期间充分合理享受政府生育保险政策的同时，最大化地节约公司人工成本支出的目的。推广此案例，有助于国有企业解决内部人员管理问题。

案例五：物资管理评价

1. 审计案例概述

在内部审计过程中，由于时间原因，审计人员往往只能通过抽查的方式来评价一系列问题，从而使得由部分项目引起的问题往往会被疏漏。如施工单位代采购应由甲供物资的问题，在前期项目抽查的过程中，如果未能抽到对应的项目，该类问题往往就无从发现，或者即使抽取到个别项目也由于涉及资金量太小被忽略，不能继续进行问题深层次的发掘。因此，该类问题也是配网工程物资审计中的薄弱点与困难点。

2. 审计过程及表现特征

根据配网工程项目计划，从项目审计管理系统中批量导出项目结算数据，分析结算书中数据关联关系，再运用 Visual Basic 批量处理手段进行关键数据的比对分析，并形成清单，使审计人员能够准确和快捷地查询到施工单位代采购甲供物资的具体项目，并经过筛选统计出问题项目数量和代采购甲供物资的体量，进一步揭示存在风险的重要程度。

一是通过计划统计管理系统获取项目清单。利用计划统计管理系统"投资管理—项目立项"，获取××公司2017年度配网修理项目的单体项目明细清单并导出，共计697项。

二是利用项目审计管理系统批量导出项目结算书并进行数据整理。利用项目审计管理系统"资产项目管理—项目专业管理—项目审计管理—综合查询—综合信息查询（新）"，粘贴对应的项目定义号，查询××公司2017年度配网修理项目的结算，按同一家审计事务所筛选并选择"带文件导出"，导出该年度配网维修项目结算资料，共计225项。以此为例进行下一步分析（对于不同事务所出具的审定结算书，版本格式可能存在差异，如需要达到全面排查的目的，需要对调用的表名和格式进行微调，统一原始数据格式后再进行批量比对）。将导出的年度配网维修项目结算资料进行合并，通过模糊搜索文件名的方式，抽选并整理需要进行分析的竣工结算书，归入"结算书"文件夹。抽查分析结算书中数据关系，查找可能存在施工单位采购甲供物资的数据疑点（比如在乙供材清单中存在应由甲供的物资名称等）。

创建 VisualBasic 宏文件，对疑点数据进行批量汇总分析。在"结算书"文件夹同一目录下建立 VisualBasic 宏文件，新建 Excel 电子表格，选择"开发工具—宏"，新建宏。将完成的宏文件保存为"*.xlsm"格式，并执行（审计人员应根据实际情况调整相应查询范围，同时也建议各单位要求事务所对出具结算书中材料清册的格式进行统一，便于原始数据的采集）。

因项目数量较多，按照疑点重复性原则，本次审计对上述项目中存在施工单位采购甲供材料的 10 个项目进行了抽查核实，发现抽查项目中均未领用相应的角铁横担等物资。进一步通过经法系统进行合同核实，未发现施工合同中约定由施工单位采购甲供物资的相关约定。施工单位提供了项目管理单位出具的签证材料，说明由于工程主材未到，建设单位要求角铁横担等物资由乙方供应，材料费用计入工程结算。

3. 审计结果

×× 公司 2017 年配网维修项目未按规定将所需材料纳入物资需求计划，存在要求施工单位采购应由甲供的角铁横担等物资的违规情况。如在抽查的华南新村 10 号配电变压器（以下简称配变）0.4kV 低压线路维修等 225 项年度配网维修项目中，有 127 项工程存在由施工单位采购线路角铁横担的情况，总金额为 31.73 万元。

4. 案例特点及启示

本案例通过公司项目计划统计管理系统、项目审计管理系统、物资管理、经济法律等系统，批量提取被审查项目的结算数据，再根据工程结算书编制模板的特点，批处理比对，分析施工单位采购应由甲供的物资情况，从中提取出异常数据，使审计人员能够准确查到施工单位代采购甲供物资的项目，并汇总统计数据，最后通过使用系统验证，确定问题疑点，并进行下一步核实。推广此案例，相关审计工作可以更好地聚焦项目疑点问题。

第十二章
经营与绩效类审计

经营与绩效审计应重点关注公司经营管理活动的经济性、效率性和效果性进行的审查和评价。重点从重大经济事项决策与执行、发展战略规划制订与执行、经营绩效情况等方面开展审计。

第一节 审计事项

1. 重大经济事项决策与执行情况

审计部门对党和国家经济方针政策、公司党组重大决策部署宣贯、落实、推动和执行情况进行审计。审计公司是否结合实际研究制订了贯彻落实的工作方案或措施，并根据有关规定履行相应的决策程序，保障方案或措施的合法合规与切实可行。是否对方案或措施执行过程进行跟踪管控，确保执行结果达到预期目标。

2. 发展战略规划制订与执行情况

审计部门对战略制订情况，规划执行情况，综合计划、全面预算管理情况等进行审计。审计战略规划制订和履行的决策程序是否规范；综合计划、全面预算是否落实并按规定全过程进行管控；战略规划实施结果是否进行后评估，企业发展是否达到预期目标要求；战略规划是否因主观原因频繁变动或由于前期研究不够充分，导致资源浪费，危及企业高质量发展。

3. 经营绩效情况

审计部门对企业财务状况、经营的稳健性和可持续发展能力、主要业绩考核和风险监管指标完成情况等经营绩效情况进行审计。审计财务状况、国有资本保值增值，年度资产、负债及所有者权益的变化情况和真实合法性等；经营成果的变化情况及财经法规制度的执行情况，年度收入、费用、利润的真实性、准确性及合法性；与上级单位签订的年度各项考核指标完成情况，核实考核指标的真实性和合规性。

第二节 组 织 模 式

公司主要通过组织开展经营与绩效审计项目，对企业经营管理情况进行审计。经营与绩效审计项目按照计划管理模式组织开展。根据管理监督需要和审计资源等实际情况，可以同时对公司经营管理活动的经济性、效率性和效果性进行审查和评价，也可以只侧重某一方面进行审查和评价。

公司各级审计部门商同级组织人事、纪检监察部门，提出审计计划安排，履行规定审批程序后，纳入年度审计项目计划。公司对审计对象实行分类管理，科学合理安排年度审计项目计划，推进经营管理情况审计全覆盖。

近年来，公司不断创新任期经营与绩效审计项目的组织管理模式，科学配置审计资源，加强与其他审计项目统筹协调，积极探索融合式、嵌入式、"1 + N"等审计项目组织方式，做到"一审多效""一审多果""一果多用"。

第三节 审 计 方 式

在经营管理审计的方法和模式上要做到与时俱进，重视审计方法创新，从而适应不断变化的审计环境。目前，经营与绩效审计结合远程审计和现场审计两种方式，充分采用大数据技术开展审计工作。

审前调查阶段，统筹运用数字化审计和现场实地调查方法，对被审计单位基本情况进行详细了解。远程审计和现场阶段，要在充分考虑审计目标、审计重要性、审计风险和审计成本等因素的基础上，立足经营与绩效审计特点，在强化大数据技术在审计工作中的应用基础上，综合运用座谈、问卷调查、访谈、监盘、函证、实地走访、抽查核实等多种传统审计方法。

大数据技术体系在经营与绩效审计中的应用大致分为四个层面：数据采集、数据预处理、数据分析和数据可视化。

（1）数据采集可使用内部经营管理数据获取平台、**Python** 网络爬虫等技术工具；

（2）数据预处理可运用 **SQL** 等中间件工具技术；

（3）数据分析可采用文本挖掘、聚类分析、关联规则等引擎及算法；

（4）数据可视化可选用文本可视化、网络可视化、多维数据可视化等方法。

内部审计人员可以积极应用数字化审计方式确保审计抽查比例，确保被审计单位及重要的所属单位均纳入抽查范围。在发现结果异常或出现重大问题时，应根据风险评估水平扩大审计范围或开展全量审计。

第四节 典 型 案 例

案例一：对业绩指标进行多重"粉饰"

1. 审计案例概述

202×年5月，在开展F电力公司任期经济责任审计过程中，审计组基于新一代电网发展平台、SAP系统，利用资本性项目综合计划关键指标完成情况的审计中间表、审计模型，并通过访谈询问、查阅资料、现场监盘等审计方法，发现F电力公司对业绩指标进行多重"粉饰"。F电力公司主要通过调控原材料结转时间、资产折旧计提不足等手段调节利润，涉及金额6688.45万元。

2. 审计过程及表现特征

（1）事项陈述。

在对F电力公司实施任期经济责任审计中，审计组获取管理层述职报告，着重核实管理层各项指标的完成情况，发现F电力公司财务考核指标占比较高，其中利润指标完成情况良好。结合F电力公司属于完全市场化公司的背景考虑，审计组对利润指标的实际完成情况产生了怀疑。在进一步获取F电力公司任期内财务报表数据分析后发现，F电力公司存货占比较大，经实物抽盘发现F电力公司原材料存在大量已发货但未结转成本的情况，涉及金额4933.39万元；同时，审计组对比任期内F电力公司大额资产类项目发现，F电力公司在建工程中钢管塔征地扩建项目长期无变动，实施现场勘查发现该项工程已完工且投入使用，经测算因未及时转资而少计提折旧1755.06万元。

（2）表现特征。

一是调控原材料结转时间，少确认产成品成本。F电力公司属于订单式生产企业，按照客户需求设计产品图纸、编制物料清单、采购物资、组织生产。经审计组人员职业判断，此类企业应仅对少量、通用、低值的备品备件提前采购，但在审计过程中获取 F 电力公司财务数据分析发现，F 电力公司原材料比例较大；通过原材料监盘发现 F 电力公司存在账实不符的情况，经向财务人员核实，主要原因是大量已发出存货未及时确认成本。二是在建工程转资不及时，少计提折旧。F 电力公司为扩大生产规模而实施钢管塔征地扩建项目，根据 F 电力公司产量情况分析，在建工程应已如期投入使用。但 F 电力公司账面资产显示，该工程一直在在建工程中核算且长期未发生变动，经审计组人员现场勘查证实，F 电力公司钢管塔车间确实于 201× 年 5 月投入使用；进一步询问财务人员，了解到该工程截至审计日仍未办理竣工验收手续，也未办理预转资，财务人员以决算审计程序滞后为由，人为延迟了正式转资时间。

（3）审计方法。

在审前调查阶段，审计组按照"重大决策事项初步清单""重大决策全部事项清单"和"重大决策核查事项清单"等"三项清单"应用要求，通过大数据分析和现场调查，梳理 F 电力公司管理层职责内重大事项的组织管理情况，初步对 F 电力公司基本情况进行了了解，找准审计切入点和着力点，确定了审计目标、审计重点。在审计实施过程中，审计组主要采用大数据分析、现场访谈、现场勘查法。

一是对比法。审计组通过新一代电网发展平台、SAP 系统导出的年度工程项目的计划投资、里程碑时间等关键信息，与 SAP 系统中的项目完成资金、转资完成时间等比对，输出的审计中间表，迅速锁定疑点项目及其关键信息。

二是询问访谈。访谈 F 电力公司管理层，获取 F 电力公司管理层述职报告，了解管理层针对各项考核指标制订的工作计划及完成情况，以此作为评价管理层履责情况，以及认定管理层对具体问题应承担的经济责任的基础。三是数据分析。审计组通过获取 F 电力公司报表数据，分析各项目资产占比情况，根据审计职业判断，发现 F 电力公司原材料金额较大、个别在建工程项目长期无变动，存在重大风险。四是存货监盘。审计组通过获取存货明细表，对各类存货存放地点进行实地监盘，核对财务数据与实物。五是现场勘查。审计组通过获取在建工程结、决算资料，对在建工程进行现场勘查，核实在建工程实际转资时间。

3. 审计结果

（1）审计结论。

F 电力公司通过"库存商品－其他物资仓库"科目核算原材料已领用未结转成本

的物料，隐藏产成品部分成本，用以调增利润。F 电力公司人为延迟在建工程转资时间，少计提资产折旧，调增利润。F 电力公司在调节利润的同时，掩盖了公司真实的盈利情况，不能准确反映公司的可持续发展能力。

（2）审计建议。

一是 F 电力公司应加强财务管控，严格执行公司总部会计核算办法，不得通过人为手段进行调节，真实反映财务状况，分年有计划地消化已形成的虚增利润。

二是 F 电力公司应制订有效的考核指标完成计划，落实各层级工作职责并量化考核指标，净化单位风气，正确引导全体员工真实完成考核指标。

4. 案例特点及启示

经济责任审计是国有企业的重点审计内容之一，其中对公司业绩的审计也一直是任职审计的基本审计内容。审计组人员首先按照"三项清单"应用要求，在审计实施过程中，审计组主要采用大数据分析、现场访谈、现场勘查法，评价管理层履责情况，以及确定管理层对具体问题应承担的经济责任。

案例二：日常差旅费管控不到位

1. 审计案例概述

201×年 7 月，在某公司审计部门开展年度任期经济责任审计时，提前组织对全省资金管理情况进行了持续在线审计，发现直属单位 F 公司日常对差旅费管控不到位，造成一名长期借用外地的技术人员利用出差便利虚报冒领差旅费的情况，涉及金额 24.6 万元。

2. 审计过程及表现特征

（1）事项陈述。

201×年 7 月，审计人员对全省主业单位资金支付情况进行全覆盖检查，发现 201×年全省 105 家单位累计支付给个人的差旅费，超 10 万元的有 9 人，涉及 4 家单位，共计 174 万元，其中支付给直属单位 F 公司的差旅费占 60%，金额最大的为支付给 F 公司员工贾××24.64 万元。审计组以此为突破点经过层层挖掘，发现其在借调期间虚报冒领差旅费的真相。

（2）表现特征。

一是差旅费报销金额大。贾××出差期间产生大量差旅费，共计 24.6 万元，按年均工作日 239 天计算，其平均一天差旅费为 1029.29 元。

二是出差时间长。贾×× 201× 年 12 月至 201× 年 12 月的差旅费报销单显示其在 2017 年共出差了 292 天。

三是频繁更换住宿酒店。在出差地点相对固定的情况下，频繁变动酒店 27 家。通过进一步对其频繁入住酒店进行核查，发现在北京入住的 4 家酒店共产生 10.79 万元的住宿费，占入住北京酒店的 66.4%。

四是酒店信息异常。针对以上 4 家酒店情况进行核查，在各大酒店预订平台均找不到以上酒店预订渠道，所留电话也均为空号；3 家酒店通过天眼查发现因"登记的住所或者经营场所无法联系"而被列入企业经营异常目录；酒店地址不符合常理，公司借用人员工作场所和根据百度地图查询到酒店地址距离较远，无论选择地铁或坐车，均需 1 小时以上。

（3）审计方法。

一是数据分析法。通过数字化手段采集数据、建立模型、锁定疑点。利用 MySQL、Python 等数据工具，采集全省单位的银行资金流水数据，严格按照标准程序清洗数据、建立资金流水、人员花名册数据表等多个数据基础表，而后利用大额资金对私支付规则模型进行匹配分析，最终锁定疑点。

二是核对法。多渠道、多系统寻求数据相关性，将无关数据转化为相关数据，将线索立体化。通过 SES 员工自助报销系统导出审计时段内的差旅费报销单，对出差地点、出差时间、交通票据、酒店单价、酒店入住时间、酒店总价、伙食补贴、公杂费等重点要素进行分析；同时内部联动 ERP 系统、财务管控系统、经法系统、人资系统，外部联动中共中央纪律检查委员会网站、中国旅游饭店业协会网站、飞猪网、百度地图、天眼查等，多渠道加工相关数据，将线索立体化，最终确认问题。

3. 审计结果

（1）审计结论：直属单位 F 公司贾×× 在借调期间，利用长期出差的便利，通过在外租房另找公司代开更高金额的住宿业发票，虚报冒领差旅费用。

（2）审计建议：经办人根据业务实际发生情况据实报销差旅费，业务部门对业务真实性负责，严格审核出差事由和差旅费标准，确保票据来源合法，内容真实完整、合规。

4. 案例特点及启示

本案例结合内部数据和外部数据，对公司差旅费情况进行了审计。推广此案例，可以给审计工作提供利用外部数据等新的思路。

案例三：多维角度审计亏损企业治理情况

1. 审计案例概述

201×年×月，在对某公司（以下简称"A公司"）进行审计时，将内部经法系统合同数据、财务管控资金流水数据与关联交易知识图谱数据库进行关联和聚类分析，通过构建关联方交易审计模型，并进行数据清洗、交叉分析、匹配筛查，精准发现该公司的二级子公司（以下简称"B公司"）通过减免下属公司资金占用费的方式，降低亏损企业数量，亏损企业治理方法涉嫌利用关联交易操纵关联企业利润，涉及金额3844.85万元。

201×年末，A公司纳入合并范围的子企业48家。其中：三级子企业3家，四级子企业45家。当年年末，A公司累计亏损企业14家，累计亏损5.53亿元。其中：三级子企业1户，累计亏损0.44亿元；四级子企业13家（均为B公司下属发电公司），累计亏损5.09亿元。

A公司贯彻落实上级关于开展亏损企业治理工作要求，于当年11月，召开党组会，研究并原则通过《关于公司"两金"清理与亏损企业治理工作方案》。治理目标为：当年亏损企业压降至10户，亏损金额压降至1.61亿元；下一年压降至7户，亏损金额压降至9542万元。并与相关企业主要领导签订了三年完成目标任务责任状。B公司是亏损大户，根据A公司要求，采取减收下属发电公司资金占用费的手段，减少亏损企业数量和亏损金额。当年11月，B公司在难以完成当年压降目标的情况下，召开总经理办公会议，决定免收下属16家发电公司3～12个月资金占用费3844.85万元，免息后，亏损企业数量由12个降为6个。亏损金额降至9041.98万元，分别降至当年亏损企业个数和金额压降目标。

2. 审计过程及表现特征

一是数据分析法。灵活应用QuickBI等数据分析工具，构建关联交易知识图谱，基于业务场景对数据进行深度关联分析，实现知识抽取自定义图形化关联展示。分类A公司201×年14家亏损企业层级与关系，形成可视化数据关联关系，发现B

公司的子公司亏损企业数量占总数的 92.86%，亏损金额占亏损总数的 92.04%。B 公司作为母公司，亏损企业治理实施方法起到决定作用，因此 B 公司作为重点关注对象。

二是现场核对法。从多维角度索取亏损企业治理信息资料并进行核对。该审计事项索取了涉及 A 公司和 B 公司办公室、财务、生产技术和发展策划等部门和发电公司三年相关资料进行核对，从中核对出同一事项描述和数据不一致、口径不对应和不符合逻辑的问题。

三是询问法。在掌握审计证据的情况下，审计组向相关人员进一步了解情况，询问亏损企业治理方法和分别取得的降损效果。最后得出 B 公司存在通过关联交易调节关联企业利润，亏损企业治理不到位，未完成 201× 年亏损企业压降目标的结论。

3.审计结果

（1）审计结论。

B 公司通过免收下属发电公司资金占用费，减少亏损电厂和亏损金额的做法，使 6 家亏损企业"扭亏为盈"。不符合企业会计准则相关的配比原则，导致对所属电厂亏损整治目标任务完成情况不真实，瞒报 6 家亏损电厂，少报率占 50%。

（2）审计建议。

一是 A 公司应当认真分析亏损企业的原因和影响因素，采取整治措施。应当坚持依法依规、科学决策公司经营重大事项，杜绝违规决策。

二是应当建立健全公司管理体制、机制和制度体系。对所属部门和电厂宣贯和执行法律法规和规章制度情况进行督导检查，抓好落实，切实做到依法治理和管理企业。

三是提高标准化、精细化和科学化管理水平。定期开展经济活动分析，及时发现问题和解决问题，不断提高经济效益，真正实现亏损企业治理目标。

四是严格按照企业会计制度规定的配比原则，正确划分各项收入和与其相关的成本、费用，应当在该会计期间内确认。真实反映电厂的经营情况和经济状况。

4.案例特点及启示

（1）案例特点。

一是下属企业严重亏损。201× 年，A 公司亏损企业 14 户，亏损金额 5.53 亿元，除 1 个三级企业外，另外 13 个全部为四级企业——B 公司的子公司，企业数量占总数的 92.86%，亏损金额占亏损总数的 92.04%。

二是部分企业连年亏损。审计时段内，B 公司 48 个下属子公司中，26 个公司连续 4 年资产负债率在 70% 以上，2 个公司连续 4 年资产负债率在 100% 以上。5 个公司连续 4 年处于亏损状态，累计亏损 2.32 亿元，其中 4 个公司亏损处于逐年扩大趋势。

三是会议记录揭露问题。B 公司当年 11 月的总经理办公会议记录，决定免收下属 16 家发电公司 3 ~ 12 个月资金占用费。

（2）案例启示。

一是从多维角度索取资料并进行对比分析。该审计事项涉及 A 公司及 B 公司办公室、财务、生产技术和发展策划等部门和发电公司。根据审计需要，要求相关部门和单位提供相关资料。将重大会议相关资料与财务资料和业务部门提供的资料进行对比分析，从中发现问题。

二是做好审计访谈和沟通工作。充分做好访谈准备，带着重点题目和内容与被审计单位不同层级的相关工作人员进行访谈，了解和掌握一些书面资料看不到的信息和审计线索。

三是审计小组与审计人员之间互相配合。在项目审计中，审计小组和审计人员既有明确分工，又有互相配合。积极进行沟通，提出和提供需要协查核实的事项，集中审计力量完成重大和复杂的审计事项，既提高审计效率，又提高审计质量。

案例四：电费回收存在信息系统风险

1. 审计案例概述

按期回收售电费是公司的重要工作，电费回收率（即月末电费应收账款余额）也是公司下属供电单位最重要的考核指标，用户经营情况直接影响公司电费资金回收。201× 年，国家经济发生重大转型，部分工业用户经营受到较大冲击，用电量在连续 15 年增长后首次出现负增长。然而，根据当年统计指标，A 公司等部分供电公司却超额完成了公司下达的电费回收指标，为此，次年 1 月审计部对 A 公司开展电费管理专项审计调查。审计部通过比较法发现电费管理问题，综合运用分析法、复算法和质询法等审计方法找到了超额电费的原因。最后，公司修订相关管理制度 2 部，增加和完善了审计信息系统功能点 3 处，追缴电费资金 1947.57 万元，扣减 A 公司当年 15.32% 工资总额，依规处理相关责任人 51 人，其中，A 公司领导 2 人，中层干部 14 人。

2. 审计过程及表现特征

（1）事项陈述。

为了查明A公司电费管理中存在的问题，首先，审计组运用常规审计手段，全面清查未达账款，全面核查用户电费进账单据，统计分析非关联用户预收互转记录，但均未发现价值线索。然后，审计组梳理线索资料，通过比较法发现A公司客户缴纳电费的POS机刷卡费用与应收电费之比高于其他供电公司，存在收费人员利用银行卡套费问题；通过三次应用分析法，利用SQL语句获取了A公司当年180.66万条银行卡刷卡支付信息，揭示了收费人员利用POS机刷卡套现问题；通过编程逐条计算POS机刷卡费用，并应用复算全面核查营销系统中总金额，确认A公司利用144张银行卡套现及挪用客户预收电费8113.28万元。最后，通过质询法对部分当事人进行全面了解，发现了当事人的套现动机。

（2）表现特征。

一是利用信用卡违规套现现象，审计组发现A公司的客户缴纳电费的POS机刷卡费用与应收电费之比，明显高于其他供电公司，利用SQL语句获取了A公司该年度180.66万条银行卡刷卡支付信息，确认了A公司利用144张银行卡套现的事实，累计套现（滚动金额，含已还款金额）10233.12万元，截止当年12月底，已套现（未还款金额）1128.08万元，A公司为此多支付银行手续费41.18万元。

二是违规截留企业资金并调节关键考核指标现象，利用获取的银行卡支付信息，通过大数据分析明确了“刷卡次数”和“收费人员姓名”两大关键点，确定了可操作的疑点信息范围和核查数量，发现了A公司收费人员累计截留预收电费8113.28万元。截止当年12月底，截留预收电费余额778.31万元，其中698.1万元用于垫支其他用户欠费，并通过事后质询了解了问题的全貌及涉事人员行为动机。

（3）审计方法。

一是通过比较分析发现信息系统漏洞，对POS机刷卡费用与营销系统及财务系统结算数据进行分析。尽管整个流程均由系统自动完成，但最终能核对的数据只是支付给银行的费用总数，而人机对话界面不能显示POS机刷卡条目明细，这是很有可能成为被人利用的漏洞。

二是利用SQL语句获取支付信息清单，向审计组开放了接口程序的源代码和管理员权限，并派出该程序的设计开发人员加入信息支撑小组。经过权衡，通过在接口程序中嵌入一个用 SQL 语句写成的只读查询代码，获取了 A 公司当年银行卡的全部刷卡支付信息，共计 180.66 万条。

三是利用数据分析确定疑点范围，对获取的庞大数据进行分析，确定"刷卡次数"和"收费人员姓名"两个关键点，成功缩小存疑信息数量，将核查数量控制在可操作范围内。

3. 审计结果

（1）审计结论。

A 公司部分收费人员将收到的用户电费截留存于个人银行卡，再用个人信用卡支付电费，以达到信用卡套现和获取信用卡积分的目的。同时发现 A 公司收费人员将用户的预收电费截留，存于个人银行卡，用于垫支其他用户欠费，达到获取公司绩效奖金的目的。

（2）审计建议。

一是关注时代发展对企业经营的影响，建立"异常点"审计早控措施。及时分析国家经济总体走势对公司经营的影响，将问题控制在萌芽初期。

二是关注信息系统底层大数据的发掘和分析，建立持续审计监控功能。了解信息系统所保有的不在人机对话界面显示的分析清单，找出正确的分析方法；对不能在"营销系统"中显示但存在于底层数据库的信息进行梳理分析，逐步固化于"管控业务审计系统"中，纳入日常审计监控范围。

三是关注不同业务信息系统链接"缝隙"，建立"缝隙"漏洞防控机制。对信息数据传输过程中可能存在的漏洞进行分析，进行风险等级评价，制订补救措施及防控预案。

四是关注信息审计人员在项目中的作用，建立项目大数据技术支撑体系。在审计团队组建中加入大数据技术支撑小组，并规范其工作职责和范围，将更有利于审计内部的专业化分工和协作，提升审计质量。

五是关注低职人员违纪高发现象，建立"三位一体"的风险应对策略。坚持预防为主，由审计部直接对基层工作人员进行相关法律知识的宣贯；在审计工作中加入对重要岗位的定期轮换和强制休假执行情况的检查工作；对审计查处的类似问题在公司内部进行逐级通报，最大范围内起到震慑作用。

4. 案例特点及启示

本案例通过比较法发现电费管理问题，综合运用分析法、复算法和质询法等审计方法进行电费审计。审计组人员首先确定人员、系统等关键审计事项，对于系统漏洞进行排查，最终发现疑点。推广此案例，有助于规范国有企业业务流程问题。

案例五：供电所套取和挪用电费资金

1. 审计案例概述

电力购销是 Q 电力公司主营业务，能否按期回收售电费是 Q 电力公司的重要工作，为此 Q 电力公司制定了严格的规章制度，并将电费回收率（即月末电费应收账款余额）作为对 Q 电力公司下属供电单位最重要的考核指标，直接影响公司员工 21% 的薪金。

201× 年，受国家经济转型影响，部分工业用户经营受到较大冲击，用电量也在连续 15 年增长后首次出现负增长。Q 电力公司售电模式以赊销为主，用户经营情况的好坏直接影响电费资金回收，因此当年 Q 电力公司的电费回收工作也遇到前所未有的困难，但从当年公司统计的所辖供电公司的绩效指标完成情况看，包括 A 公司在内的部分供电公司却超额完成了公司下达的电费回收指标。为准确掌握各供电公司电费回收的真实情况，Q 电力公司审计部在上报公司党组同意后，决定于次年 1 月 4 日，对 A 公司开展电费管理专项审计调查。

2. 审计过程及表现特征

（1）使用常规审计手段未发现有价值线索。

审计组首先对 A 公司当年月末未达账款进行全面清查，未发现利用未达账款调节应收电费余额的情况；然后对 A 公司当年 6 月和 12 月的用户电费进账单据进行了全面核查，经过与公司主营业务系统"电力营销业务应用系统"（以下简称"营销系统"）中的销账记录对比，也未发现利用非关联用户进账单核销其他用户应收电费的情况；紧接着对 A 公司当年营销系统中非关联用户预收互转记录进行统计分析，也未发现什么有价值的线索，一时间审计工作陷入僵局。

（2）应用比较法发现问题端倪。

在对多条线索进行梳理比较后，审计组发现 A 公司的客户缴纳电费的 POS 机刷卡费用与应收电费之比，明显高于其他供电公司，意识到 A 公司的收费人员可能在银行卡上做文章。

（3）应用分析法直击问题真相。

审计组通过三次应用分析法，对提供具体审计证据，最终揭开问题面纱起到不可替代的关键作用。

第一次是对 POS 机刷卡费用与营销系统及财务系统结算数据进行分析。审计组了解到，营销系统在后台自动按 POS 机刷卡记录核销对应客户的应收电费，同时自动生成支付给银行刷卡手续费，然后传递到财务系统与相关银行进行对账，整个过程没有人为干预，且这两年运行未出现与银行数据不一致的情况。审计组多次分析后认为，尽管整个流程均由系统自动完成，但最终能核对的数据只是支付给银行的费用总数，而人机对话界面不能显示 POS 机刷卡条目明细，这是很有可能成为被人利用的漏洞。

第二次是对营销系统与银行 POS 机传送的接口进行分析，找到获取明细数据的方法。作为内部审计机构，无法直接从相关银行获取其支付信息，但信息支撑小组通过分析认为，可以通过银行与营销系统的数据传输接口入手，获取公司与银行进行结算的底层数据表单。该想法得到公司营销主管部门的支持和配合，向审计组开放了接口程序的源代码和管理员权限，并派出该程序的设计开发人员加入信息支撑小组。经过权衡，通过在接口程序中嵌入一个用 SQL 语句写成的只读查询代码，获取了 A 公司当年银行卡的全部刷卡支付信息，共计 180.66 万条。

第三次是对获取的庞大数据进行分析，确定"刷卡次数"和"收费人员姓名"两个关键点，成功缩小存疑信息数量，将核查数量控制在可操作范围内。

（4）应用复算法确保证据准确。

审计组在获取明细数据后，为确保获取的数据与实际一致，采用编写程序重新逐条计算 POS 机刷卡费用，然后与营销系统中总金额进行比对的方法进行复算，最终确认 A 公司利用 144 张银行卡套现及挪用客户预缴电费的事实。

（5）应用质询法了解问题全貌。

审计组在获得大量实质性审计证据后，对部分当事人进行质询，在质询过程中严守 CIA（注册内部审计师）准则，事前准备各种数据证据，列好提问提纲，在质询过程中所提问题由浅入深，并始终保证提问人和记录人分开。最终四名被质询人员基本如实回答了所有问题，并在审计询问记录上签字。质询法的应用不但最终坐实问题性质，而且了解到当事人背后的动机，提高了审计意见的全面性和准确性。

3. 审计结果

（1）信用卡违规套现造成公司重大财务损失。

A公司部分收费人员将收到的用户电费截留存于个人银行卡，再用个人信用卡支付电费，以达到信用卡套现和获取信用卡积分的目的。当年，A公司收费人员累计套现（滚动金额，含已还款金额）10233.12万元，截止当年12月底，已套现（未还款金额）1128.08万元，A公司为此多支付银行手续费41.18万元。抽查发现，A公司收费员杨某套现38.33万元用于炒股，左某和邹某套现72万元用于银行理财，张某套现32.9万元用于房屋装修。

审计组针对上述问题，提出三条审计意见。

一是要求A公司相关人员在次年2月15日前归还所有非法套现所得；

二是要求A公司厘清多支付给银行的手续费41.18万元所对应的人员，并在次年3月15日前收回；

三是按《国家电网公司领导干部责任追究办法》和《国家电网公司员工责任及事故追究办法》，对相关责任人进行处理。

（2）违规截留企业资金并调节关键考核指标获取绩效奖励。

A公司收费人员将用户的预缴电费截留，存于个人银行卡，用于垫支其他用户欠费，达到获取公司绩效奖金的目的。当年A公司收费人员累计截留预收电费8113.28万元，截止当年12月底，截留预收电费余额778.31万元，其中698.1万元用于垫支其他用户欠费。

审计组针对上述问题，也提出三条审计意见。

一是要求A公司相关人员在当年2月15日前归还截留的预收电费778.31万元；

二是要求A公司在营销系统和财务系统中还原用户真实欠费，并按还原的真实欠费进行清缴，在当年3月15日前，对上一年已发放的绩效考核奖金进行调整；

三是对挪用用户预收电费的相关人员按规定进行责任追究。

4. 案例特点及启示

（1）关注时代发展对企业经营的影响，建立"异常点"审计早控措施。

本项目的开展是在分析国家经济总体走势对公司经营的影响后，对比基层单位的反馈情况，"顺时应势"开展的一项专项审计工作。由于项目开展得及时，公司在较短的时间内就追回了套取和挪用电费资金，并将问题控制在萌芽初期。

（2）关注信息系统底层大数据的发掘和分析，建立持续审计监控功能。

了解信息系统所保有的不在人机对话界面显示的大数据清单，找出正确的分析方法，使之固化到我们的审计信息系统中，能有效提高审计效率，完善审计职能。在对本案例的深化应用的过程中，已实现在"管控业务审计系统"中对 POS 机刷卡记录的分析监控功能，并着手对不能在"营销系统"中显示但存在于底层数据库的信息进行梳理分析，逐步固化于"管控业务审计系统"中，纳入日常审计监控范围。

（3）关注不同业务信息系统链接"缝隙"，建立"缝隙"漏洞防控机制。

本案例中，A 公司涉案人员正是利用营销系统和财务系统"接缝"中的漏洞，大肆进行违规违纪行为。审计部开展对公司五大主要信息系统以及信息数据传输过程中可能存在的漏洞进行分析，并进行风险等级评价，制订补救措施及防控预案。

（4）关注信息审计人员在项目中的作用，建立项目大数据技术支撑体系。

本案例中，信息审计人员对顺利完成审计目标起到了重要作用，同时也为如何使用和提升信息审计人员的作用作出了有益尝试。在专项审计调查和经济责任任期审计中加入大数据技术支撑小组，并规范其工作职责和范围，将更有利于审计内部的专业化分工和协作，提升审计质量。

（5）关注低职人员违纪高发现象，建立"三位一体"的风险应对策略。

受公司"扁平化"管理影响，低职人员违纪比重呈上升趋势。此类违纪波及用户数量多，对公司形象产生较大的负面效应，成为国有大型企业的一个新的突出问题。结合本案例，从内审角度提出"三位一体"的防控措施。

一是坚持预防为主，由审计部直接对基层工作人员进行相关法律知识的宣贯，将审计触角直接深入到公司一线；

二是在审计工作中加入对重要岗位的定期轮换和强制休假执行情况的检查工作，从制度制定和执行两个层面建立长效管控机制；

三对审计查处的类似问题在公司内部进行逐级通报，最大范围内起到震慑作用。

第十三章
重点业务类审计

　　紧扣服务公司依法合规经营和高质量健康发展，突出主责主业，围绕公司财务、营销、人资、工程、物资等重点领域、关键环节，主要从资产管理、资源配置、业务管控、提质增效等4个方面进行审计。结合公司近年来数字化建设成果，深化应用数字化审计手段，发挥数字化审计跨专业、全链条、时效强的特点，实施维度更丰富、定位更精准、贯穿更深入的数据分析，提升审计揭示问题的深度、广度、精准度，推动公司经营管理提升。

第一节　审　计　事　项

一、资产管理方面

　　聚焦输配电资产完整性、规范性及有效性，围绕资产管理、款项回收、投资风险、低效无效资产等4个方面。

　　（1）在资产管理方面，重点关注固定资产购置、使用、出租、改造、报废、盘盈盘亏等管理是否规范到位；是否存在有账无物、有物无账情况；是否存在项目实际未竣工提前转资情况。

　　（2）在款项回收方面，重点关注应收款项管理是否到位，是否健全相关催收机制与流程；是否存在大额逾期应收账款；是否存在坏账准备核销不规范等情况。

　　（3）在投资风险方面，重点关注各级单位是否存在违规偏离"一体四翼"发展布局或高风险类投资情况。

　　（4）在低效无效资产方面，重点关注处僵治困、亏损企业治理等专项任务是否完成；对外投资股权结构是否合理；是否存在长期未分红的低效无效投资；是否存在因所投资企业长期亏损或非持续经营，形成投资损失等情况。

二、资源配置方面

聚焦公司资源配置，围绕物资利用效率、资金安全管控、人力资源配置、项目投入产出等4方面重点，对核心资源的配置、使用和管控进行全景式审计。

（1）在物资管理方面，重点关注物资收发货管理情况，是否存在通过频繁收发货操作，压降库存余额、隐匿结余物资等情况；是否存在虚假收货、物资去向不明、物资毁损等物资账实不符情况；是否存在废旧物资回收、保管、处置程序不合规，导致公司利益损失情况等。

（2）在资金安全管控方面，重点关注资金拆借是否符合监管要求，是否存在违规调度运作大额资金、违规大额现金付款、违规使用备用金的现象；电费是否足额回收；电费收取管理是否规范。

（3）在人资管理方面，重点关注组织机构、人力资源设置和使用是否规范，机构个数设置是否符合规定，主业和产业单位的各类用工是否合法合规，干部员工绩效薪酬管理是否按规定执行。

（4）在项目投资方面，重点关注项目立项是否合理，是否存在损失浪费、重复投资现象。

三、业务管控方面

聚焦公司财务、营销、人资、工程、物资等核心业务，围绕计划和执行力、过程合规管控、业务基础规范等3方面，重点对核心业务管控的规范性、合理性进行全过程审计。重点关注预算分解、执行、调整、考核评价是否规范，各类关键业绩考核指标是否真实完成；是否存在虚列成本费用、提前列支成本费用的现象；电价执行是否正确，电价与行业类别是否相符；抄表管理是否规范；工程项目合同管理是否规范，结决算及转资是否准确；是否存在违规分包或违法转包；周转房、公务用车配置使用是否符合规定，车辆使用费、业务招待费、会议费列支是否规范。

四、提质增效方面

聚焦助力公司提质增效，围绕加强管理增效、开拓市场增效、政策贯彻增效等3方面重点，对提质增效的真实性、有效性进行全方位审计。重点关注收入确认和计量是否规范；关联公司交易是否规范；营销业务费是否足额准确收取；教育培训经费、福利支出是否超标准、超范围、超计划，各险种缴费比例和基数是否符合国家规定；

民企清欠、两金压降、优化营商环境、降价清费等政策是否落实到位等。

第二节 组 织 模 式

在开展重点领域、关键环节审计时，可以从审计资源配置、项目边界突破、监督体系融合等组织管理方面进行变革，提升审计质效。

（1）在资源配置方面，可以打破常规模式，建立"业务＋数据"双牵头机制，确保数据接入、模型创建、疑点筛查、问题核实等工作同步推进。也可以突破专业分工，组建"专业＋综合＋技术"专业团队，按照专业提出业务需求、综合统筹数据资源、技术提供模型支撑的机制，协同作战，共同推进实施。

（2）在项目融合方面，可以数据驱动，突破传统审计项目边界，按照数据分析与现场核实两轮驱动的方式，深入实践融合式、嵌入式、"1＋N"审计组织方式，将集中数据分析融入审计作业全过程，按需向各类审计项目推送疑点问题线索，着力提升审计效率。

（3）在方式共进方面，可以改变传统完全事后审计模式，充分发挥数字化审计实时、高效的特点，实时监督分析业务数据，预警潜在风险，推动审计关口不断向事中、源头前移，从经营管理延伸至生产服务环节。

（4）在业审协同方面，可以改变以往单向审计方式，协同相关专业部室研究会商审计要点，将成熟的数字化审计模型与专业部门共享共用，推动实现审计监督源端化，推动审计第三道防线向第一道、第二道防线融合。

第三节 审 计 方 式

重点业务审计通常主要采用业务流程控制方法审计，同时内部审计控制测试方法也是审计重点业务的有效方法。在使用内部审计控制测试方法时，要着重分析被审计单位业务管理制度内容是否符合相关标准制度，并且检查管理制度是否随着政策而作出相应的修订。检查业务管理是否具有清晰的工作流程，确保业务管理各个环节手续处理，并且相关手续的办理要符合控制制度的规范。检查资产控制制度，是否囊括了各部门的职责，并且是否明确了相关人员的岗位职责等。

同时，基于审计的重点内容和方法，可以探索开展远程审计模式，建立数据需求、模型构建、远程核实等高效可行的新型数字化审计作业流程。

在数据分析阶段，确定数据需求、业务逻辑、数据来源、系统路径、资料需求，依托数字化审计平台、数据中台、业务管理系统等，充分应用收集的经营管理电子资料和电子数据，优先充分应用审计中间表及通用审计模型，积极构建各类非通用审计模型，深入开展"全样本、全覆盖"数据分析，通过系统分析、对照、比较，把握总体，突出重点，发现疑点或问题，为问题核实阶段精准开展延伸、核查、确认工作奠定坚实基础。

在疑点核实阶段，可以突破人员时空限制，通过"远程＋现场""交叉＋就地""视频＋资料"等多种途径开展疑点线索核实，多措并举提升审计效率。

第四节 典 型 案 例

案例一：逾龄资产治理不到位

1. 审计案例概述

根据目前国家输配电定价成本监审及价格核定的相关政策文件规定，逾龄资产不计入有效资产范围，不计提定价折旧费用，且在核定资产运维费用时也不予考虑，若不及时进行治理，会形成不合理的输配电价。××公司"基于逾龄资产管理模型分析应用情况"模型主要通过数据库 SQL 语言，将财务资产卡片信息、生产设备基本信息、生产设备运行信息进行关联，通过业务系统或数据中台导出全量数据，涉及处理 8 项数据表，31 项关键字段数据，9.49 万条疑点数据。通过全量、跨域分析，层层剖析资产从财务卡片到生产设备管理再到设备运行管理链条信息，发现账面逾龄资产金额较大，未有效治理或改造效益差等现象。

2. 审计过程及表现特征

（1）事项陈述。

××地区所属市县公司逾龄资产规模较大，涉及单位较多，管理对象复杂，管理难度相对较高。通过对该公司逾龄资产管理链条进行审计，发现截至审计日逾龄资产账面价值有 22.47 亿元，同时存在 49 条账面逾龄资产残值合计 899.97 万元资产未足额计提折旧；12 项技改线路项目转资到老资产卡片，未重新评估资产使用年限，影响折旧558.47 万元；涉及 46 项逾龄配电资产长期低电压、重过载未及时治理。

（2）表现特征。

一是逾龄资产占比分布显示薄弱环节。将资产卡片信息通过 BI 展示，按照逾龄资产总体分布、各类型资产中逾龄资产占比及各单位资产的逾龄化程度，分析逾龄资产总体分布情况，对逾龄资产占比过大的配电线路和设备作为重点管控区域。

二是分析账面残值和折旧异常现象。

1）残值率方面，计算资产卡片信息表中各逾龄资产残值率，按照 5% 以下、5%、5%~10%、10%，通过 BI 进行分析，发现其中差异，对实际残值大于 5% 初步判断账面逾龄资产实际未足额计提折旧；

2）折旧计提方面，计算资产卡片信息表中 2019—2021 年通过技改当期原值有增加，且折旧期间未延长的固定资产，判断存在未重新评估资产使用年限，导致加速折旧，账面提前进入逾龄状态。

（3）审计方法。

一是各系统数据全量获取。

1）通过财务 ERP 系统抓取市县公司资产卡片信息，包括资产编码、设备编码、逾龄标识等 13 项关键字段数据，获取市县公司 7.99 万条全量资产数据；

2）通过 PMS 系统抓取市县公司配变设备信息及 10kV 线路信息 2 项数据表，包含设备名称、运行编号、投运日期等 8 项关键字段数据，获取市县公司 1.29 万条全量资产数据；

3）从生产实时管控系统抓取 2019 年至 2021 年 7 月市县公司配变低电压、配变重载、配变过载等 5 项数据表，包含配变名称、线路名称、异常次数等 10 项键字段数据，获取 0.2 万条全量资产数据，并进行数据梳理，删除冗余数据。

二是形成关联的数据表。

1）将财务 ERP 系统与 PMS 系统通过设备编码进行关联，形成资产设备数据表；

2）将生产实时管控系统获取的配变低电压、重过载数据字段"配变名称"、线路重过载数据字段"线路"，与 PMS 系统获取的配变台账信息表字段"设备名称""线路名称"进行关联，建立配变、线路设备运行审计中间表，包含关键字段如"设备名称、投运日期、连续发生异常天数"等多项信息。根据实际需求对设备运行情况进行分析。

三是进行 BI 直观展示。

1）将资产卡片信息通过 BI 展示，可直观查看逾龄资产总体分布、各类型资产中逾龄资产占比及各单位的逾龄化程度，分析逾龄资产总体情况；

2）将实际残值大于 5% 判断账面逾龄资产以及加速折旧资产进行展示，可分析残值率过高及加速折旧资产分布情况，所属单位分布情况等；

3）将配变、线路设备运行情况进行展示，可了解配变设备运行状态分布、配变设备及线路低电压、重过载分布情况等。

3. 审计结果

（1）审计结论。

××公司存在逾龄资产数 22.47 亿元；49 条账面逾龄资产残值，合计 899.97 万元资产价值未足额计提折旧；12 项技改线路项目转资时转到老资产卡片，未重新评估资产使用年限，影响折旧 558.47 万元；涉及 46 项逾龄配电资产长期电压、重过载未及时治理。

（2）审计建议。

一是开展固定资产折旧计提自查自纠，确保折旧计提的准确性，固化 ERP 系统折旧计提规则，防止出现前改后犯的情况。

二是加强逾龄资产清理，根据逾龄资产真实状态，分析电网投资精准性及改造的效益性情况，确定逾龄资产下一步改造方向。

4. 案例特点及启示

本案例通过数据库 SQL 语言，对被审计单位逾龄资产管理链条进行审计。首先，通过财务 ERP 系统获取全量数据，对关键字段进行梳理。然后，将财务 ERP 系统与 PMS 系统通过设备编码进行关联，最终通过 BI 直观展示，查看设备逾龄资产总体情况，并得出了审计结论。推广此案例，有利于做好逾龄资产售后回租工作，加强运营管控，促进存量资源价值释放，激发国有资本活力和竞争力。

案例二：少收基本电费，造成公司经济损失

1. 审计案例概述

在对 ××公司开展日常在线监督审计过程中，对大工业用户基本电费收取情况

进行了重点审计。审计组利用审计系统中大工业用户暂停超时限功能点、SG186 营销业务系统中"客户档案资料管理""应收电费查询"及"服务工单"等系统功能点，导出暂停少于 15 天用户清单，通过分析性复核及 SQL 结构化查询语言排除冗余数据，缩小疑点范围，再通过营销业务系统核对，审核暂停少于 15 天的大工业用户基本电费是否足额收取。

2. 审计过程及表现特征

（1）事项陈述。

根据审计系统与 SG186 营销业务系统获取大工业用户暂停少于 15 天清单明细表，对比电费收费具体情况，判断暂停少于 15 天用户是否足额收取基本电费，共发现××公司 2 户大工业用户暂停少于 15 天，少收基本电费 7.1 万元。

（2）表现特征。

用户暂停及启用时间间隔少于 15 天，而收费记录中相对应的月份基本电费有扣减，同时计算暂停基本电费是否与扣减金额接近或相等，视为疑点。

（3）审计方法。

一是审计系统来帮忙。数据通过审计系统中大工业用户暂停超时限功能点，导出暂停少于 15 天的用户清单，因审计系统将设备标识作为一列参数，导致同一用户一次暂停多台变压器，系统会将每一台变压器单独作为一条疑点数据列示，所以通过 Excel "数据删除重复项"功能，以"业务年月"和"用户编号"为参考列将重复数据清除，共发现 111 个疑点数据。

二是分析性复核助全面。然后将疑点表中"供电单位""用户编号"和"用户名称"三列提取出来，并以"用户编号"作为数据库查询条件，通过 SQL 结构化查询语言在营销数据库中导出疑点用户的"用电类别"和"用电地址"（地址用于辅助判断用户所属供电单位），获取最终的疑点用户数据。

三是系统对比出结果。根据疑点数据，通过 SG186 营销业务系统进行核实。点击"客户档案资料管理/档案信息管理/客户统一视图"功能点，首先核实用电类别是否为大工业用电，确定该户为大工业用电后，再根据"服务工单"功能点查询暂停工单和暂停恢复工单，根据暂停及恢复日期计算暂停天数，结合"应收电费"功能点判断暂停及恢复月份是否照常收取基本电费。

3. 审计结果

（1）审计结论。

××公司2户大工业用户暂停少于15天，少计收基本电费7.1万元。

（2）审计建议。

××公司及时追补少计收的基本电费，挽回公司经济损失。同时加强政策学习及执行，开展基本电费收取情况自查自纠，规避此类现象。

4. 案例特点及启示

电费业务是电力公司的核心业务，对于此项业务进行审计属于常规性审计。本案例选取工业用户用点情况，主要采用分析性复核、SQL数据分析方法，获取最终的疑点用户数据。通过系统对比出结果，根据疑点数据，通过营销业务系统进行核实，判断暂停及恢复月份是否照常收取基本电费。推广此案例，主要针对大工业企业电费审计工作，可以为相关审计工作提供经验。

案例三：供电服务系统不完善

1. 审计案例概述

2020年，国务院办公厅印发的《关于进一步优化营商环境更好服务市场主体的实施意见》（国办发〔2020〕24号），要求深化"放管服"改革，优化营商环境。B电力公司深入贯彻国家重大政策实施要求，积极服务地方社会经济发展，以客户需求为出发点，全面推进优化电力营商环境。优化电力营商环境政策落实情况涉及B电力公司营销管理、工程建设、运维检修、财务管理等各个专业，点多面广。B电力公司审计组通过强化数据资源整合力度，以营销业务应用系统、业务支持系统、营销精益化管控平台、供电可靠性系统、ERP系统等多个业务系统资源及云数据为基础，依托高性能、海量式、高可靠、易用的管控业务审计平台，采用智能审计、数字化审计等手段，深入开展跟踪审计。

2. 审计过程及表现特征

（1）事项陈述。

B电力公司审计组认真落实公司提升"获得电力"服务水平的九项措施，组织开展基于"获得电力"指数的业扩专项审计，以"大数据融合"为基础，以"高质量审计"为理念，以"审计监督效能提升"为主线，以"落实重大政策，规范公司管理"为宗旨，全面提升优化电力营商环境服务水平，有效推动"进一步优化营商环境更好服务市场主体"重大政策落地实践。揭示和披露被审计单位出现的问题。

（2）表现特征。

由于优化电力营商环境政策的宏观性，牵涉面广，在具体实施过程，审计组主要根据政策落实流程对以下 2 项进行重点审查。

一是管控业务审计系统流程存在异常。导出各单位 2020 年 6 类新装增容业务流程中低压居民新装（增容）、低压非居民新装（增容）、高压新装（增容）等疑似问题数据清单，共计 1011 条流程。

二是中止流程历时工作时长大于考核时限的条目。发现重发流程从业务受理环节到装表接电环节均在超短时间内完成，不符合实际工作时间逻辑，判定存在利用中止方式规避时限考核的问题。

（3）审计方法。

B 电力公司审计组主要采用以远程审计为主和现场审计为辅的审计方法。

1）远程审计。

一是聚焦政策导向，精准定位审计目标。审计组人员通过收集政策文件确定改革执行力度及时效。查阅内部制度、方案等文件，确定优化电力营商环境的落实情况，了解被审计单位是否严格按照上级部署开展工作，优化电力营商环境政策是否有效落地。

二是围绕模型建设，突出远程审计优势。结合审计目标，以"获得电力"指数为基础，审计组人员通过预制多种审计监督场景，对高效电力接入、精简办电手续、降低办电成本、提升供电可靠性等方面进行细化分析，并建立专项审计模型，对被审计单位实行审计全覆盖。同时，审计组人员通过对业务数据和财务数据进行全量审查、总体分析，比如编制 SQL 语句并导出营销业务应用系统中审计期间新装增容流程数据清单，筛选出流程中止时间至重发流程受理时间历时大于公司规定的配套工程建设考核时限的流程，通过数据比对、分析、筛选等方式形成审计疑点和线索，为提高现场审计效率提供基础。

三是建立多维审计监督评价指标，深化指标计算应用。审计组人员通过构建以数字化审计为支撑的多维审计监督评价指标，对取得的基础数据通过模型分析作出科学判断和预警。比如，高、低压业扩报装配套项目费用异常率指标，采用基于模糊聚类法，根据选取项目基本特征数据，以精度 ±10% 为标准将待审工程与典型工程相对比，找出相似工程并进行关联分析。

2）现场审计。

在现场审计中，审计组人员对审计疑点进行现场检查、调研和访谈。

一是系统数据与纸质资料核对。调阅高、低压业扩报装配套项目费用支出等资料，导出工程 ERP 模块物资领料单等资料与系统资料核对，查看差异。

二是现场检查取证。对管控业务审计系统流程涉及的新装增容业务流程中低压居民新装（增容）、低压非居民新装（增容）等问题进行实地现场核实。

三是走访了解。根据管理权限，分别对营销、工程、财务相关部门专责进行。

3. 审计结果

（1）审计结论。

针对本次审计调查结果，审计组人员揭示和披露了被审计单位在优化电力营商环境重大政策落地过程中存在的服务信息不透明、服务行为不规范、服务质量不高效等突出问题和漠视侵害客户利益的行为。B 电力公司审计组进一步拓展审计成果运用渠道，向被审计单位出具《审计管理建议书》5 份，剖析问题成因，共同探讨解决方案；向业务部门出具《持续审计工单》10 份，进行典型性、普遍性、倾向性问题的整体分析和预警；落实向党组负责和定期报告机制，向公司党组汇报《审计重要事项报告》1 次，揭示重大和系统性。

（2）审计建议。

一是推动营商环境持续优化。通过审计成果运用，政企联合前置配套，降本增效。

二是完善业务流程。根据审计调查结果，优化 12 个信息系统功能，实现专业互通互联，在供电服务指挥系统实现业扩全环节预警及监控。

三是走访了解，汇总政策落实流程现状及存在问题。

4. 案例特点及启示

营商环境政策属于范围宽泛的审计内容，审计组人员主要根据政策落实流程进行重点审查，采用远程审计为主现场审计为辅的审计方法，以多个业务系统资源及云数据为基础，依托管控业务审计平台，采用智能审计、数字化审计等手段，深入开展跟踪审计。此外，建立多维审计监督评价指标，揭示和披露被审计单位在优化电力营商环境重大政策落地过程中存在的突出问题和漠视、侵害客户利益的行为。推广此案例，有利于电力公司优化营商服务环境。

案例四：小水电购电费都去哪儿了

1. 审计案例概述

近年来公司系统对资金安全管理高度重视，各级单位多次组织开展资金安全专项检查及自查，但某些单位在资金安全管理过程中仍存在一些"习惯性违章"做法，导致资金安全存在一定风险。为有效防范并化解资金管理风险，做好资金安全监督保障，守好资金安全管理的最后一道防线，公司将资金支付安全作为日常持续审计监督的重点主题，对银行账户管理、现金使用情况及备用金管理情况进行审查。

重点关注是否存在大额对私支付或超范围使用现金的情况，通过财务管控资金支付系统抽查20××年1～5月期间资金支付情况，发现某县级供电公司（以下简称"A公司"）擅自简化资金支付流程，未将公司的小水电购电费直接支付至各小水电站的对公账户，而是通过银行批量代发的方式将购电费转入102家小水电站股东的个人银行账户（其中23个小水电站股东为A公司员工），此行为存在较大资金风险和法律风险。

2. 审计过程及表现特征

一是查询某时段全部资金支付情况。登录财务管控，选择A公司，查询"资金管理/资金支付/付款查询"功能点，选择"全部支付事项查询"模块，付款单位选择"A公司"，付款时间"20××年1月1日"到"20××年5月31日"，查询该时间段A公司全部资金支付情况。

二是审查大额资金支付情况及是否存在对私支付情况。将资金支付情况导出Excel文件，利用表格数据筛选功能将"付款金额"大于5万元的支付笔数筛选出来，统计出A公司在20××年1月1日至4月30日时间段内付款金额大于5万元共有81笔；对"对方户名"并结合"摘要"进行审查，是否存在异常户名或对个人支付款项的情况。经查发现，存在5笔付款事项收款方户名为"A公司"，但摘要显示为"付小水电上网电费"，小水电购电费只会支付给水电站，可为何收款单位却是A公司，审计针对此疑点进一步追查。

三是调取小水电购电费财务明细账和凭证。登录财务管控系统，选择"集团账务/

数据查询/科目汇总表查询"功能点,科目选择"应付账款/应付购电费"。逐笔查询购电费支付凭证,并穿透查询资金支付申请单据信息,点击凭证"相关查询"功能点,选择"业务单据",根据抽查的资金支付申请单据显示,支付摘要显示为"支付购电费",而收款方均为"A供电有限责任公司"。经统计,20××年1月至4月支付给该账号的小水电购电费共5笔,金额合计680.78万元。

四是核对A公司银行账户开户信息。在财务管控"资金支付/账户管理"功能点,选择"账户查询/高级查询"模块,日期选择"20××年5月末",单位名称选择"A公司"。经查询,发现A公司未在农村信用合作社开设尾号为10002的银行账户,审计初步推断此收款账号为A公司的银行代发虚拟账户。

五是调取A公司员工信息。为进一步核实款项实际收款方是否包括A公司员工,审计组通过人力资源信息管理系统调取A公司员工信息。登录A公司人力资源信息管理系统,选择"综合报表劳动统计"模块,点击"基础库生成"功能点,选择日期"20××年5月",点击"导出",导出A公司人员基础库信息表。

六是索取购电费付款凭证相关附件。针对A公司可能存在将购电费转入该公司银行代发账户这一审计疑点,审计组向A公司索要了部分小水电购电费支付凭证的附件,包括发票、购电费结算单及银行转账单等。经核实,购电发票由各水电站开具,每月由营销部门出具上网电站电费结算单,财务部门按照购电情况编制购电费结算明细表并履行资金支付审批流程。但财务在实际付款时却未将购电费支付给各电站对公账户,而是直接转入了A公司的银行代发账户,通过银行代发账户将购电费转入个人账户中。审计组将银行打印的款项支付流水、购电费结算明细表和A公司员工信息三者进行核对,涉及支付的小水电站共102个,其中由A公司员工投资入股的电站共有24个,涉及人数13人,其他均由外部自然人投资。随后审计组又向A公司索要了A公司员工的入股小水电站的相关持股证明资料,并逐一进行了核实。同时,A公司对该问题解释由于A县上网小水电站较多,财务部门为简化付款流程选择银行批量代发方式,而银行批量代发只能用于收款人为个人的账户,因此A公司则与各小水电站私下约定直接将购电费转至小水电站股东个人账户。

3. 审计结果

(1)审计结论。

A公司将大额小水电购电费对私支付,存在较大资金风险。A公司20××年1~4

月期间支付 102 个小水电站购电费 5 笔，金额合计 680.78 万元，款项未直接支付到各小水电站的对公账户中，而是全部通过 A 公司银行代发虚拟账户转至各电站股东的个人银行账户。经核实，其中 24 个小水电站支付对象为 A 公司员工，20×× 年 1 ～ 4 月支付金额合计 153.51 万元。

（2）审计建议。

一是严格按照资金业务支付流程办理各类款项支付，强化付款单据管理，加强沟通协调，保证业务发起端单据信息完整准确，增加财务部门对前端业务知晓度，保障资金安全，提升支付业务办理效率。

二是严禁将对外支付款项转入职工个人账户，杜绝使用个人账户办理资金结算业务。

4. 案例特点及启示

小水电购电一直是容易被忽视的审计内容，加上资金支付管控较为敏感，这些因素杂糅形成了一个典型的内控管理案例，重点关注是否存在将资金支付给员工的情况，下一步再穿透异常资金支付业务的科目明细账及相关凭证，并向被审计单位索要相关资料进行进一步核实，审查是否存在违规行为。

案例五：电价执行不规范

1. 审计案例概述

电价执行的规范性，关系到公司收入及利润，是公司营销管理的重要风险点，属于营销业务审计的关注重点。为此，Y 电力公司组建一支跨专业、跨领域、跨部门的柔性审计组，以审计结果为导向，开展营销电价数字化审计工作。Y 电力公司审计组采用数字化审计方法，利用平台模型和中间表建模，开展疑点筛选和疑点核实，借助大数据，对数据进行全量分析，实现"大海捞针"，快速锁定疑点，发现 Y 电力公司存在电价执行不规范的问题，随后利用数据工具分析聚焦疑点找出问题所在，统计了由于电费管理不规范导致的损失金额。

2. 审计过程及表现特征

（1）事项陈述。

Y 电力公司客户分散，业务管理难度相对较高；数据量大，审计工作难度相对较高。

因此，审计组采用数字化审计方法，通过全量数据分析对所有电价执行情况进行审计，发现电价执行错误问题。截至审计日，审计组发现用电类别与主电价不一致问题，经工单核实存在 13342 条疑点，核实为 11627 条问题，其中电价错误 136 条；分时电价与行业类别不符问题，发现 7697 条疑点，核实为 6796 条问题。

（2）表现特征。

一是用电类别与行业类别不对应。提取用户的用电类别和行业类别，两者不存在对应关系的，可能存在电价执行错误问题。

二是峰谷电价与行业范围不符。查询峰谷电价标识为"否"，同时又不在规定范围内的行业用户，即为峰谷时电价与行业类别不符疑点。

（3）审计方法。

在审前调查阶段，审计组通过对 Y 电力公司所在市县区的电价分类结构、实施范围等相关政策及其执行情况进行了解，明确审计目标，制订审计计划。在审计实施阶段，审计组主要采用"远程＋现场"的审计模式和大数据分析方法，开展疑点筛选与核实。

一是平台模型优先。审计组优先采用数字化审计平台现有模型开展疑点筛选，并根据省情差异对统一推广模型进行优化。已优化的模型通过电费明细表查询峰谷分时标识为"否"的用户，剔除部分行业用户，得到分时电价与行业类别不符的疑点输出。

二是中间表建模。对审计事项没有统一推广模型的，利用审计中间表、CIM 模型表开展审计工作。具体地，利用模型提取用户的用电类别和行业类别，两者不存在对应关系的，作为用电类别与主电价不一致的疑点输出。

三是数据工具分析。审计组通过运用数字化手段，采用电费中间表直接查询分类汇总的方式，再利用 vlookup 函数，根据用户编号查找涉及金额，得到最终损失电费统计。

四是现场调查确认。审计组根据大数据分析中发现的主要风险问题和重点线索，对识别出的电价执行问题进行实地走访，通过访问当地居民和工厂财务人员，核实电价执行疑点，并与被审计单位沟通交流，进一步了解问题的成因，最终明确整改方向。

3. 审计结果

（1）审计结论。

Y 电力公司存在用电类别与主电价不一致问题，经工单核实存在 13342 条疑点，核实为 11627 条问题，其中电价执行错误 136 条；存在分时电价与行业类别不符问题，发现 7697 条疑点，核实为 6796 条问题。电价执行错误后，少收取用户电费部分，给公司带来经济损失，增加经营风险；多收取用户电费部分，给用户带来利益损失，增加社会舆情风险。

（2）审计建议。

一是实时监督电价执行错误，基于数字化审计平台实现对电价的实时监督审计，由传统的"事后审计"转变为"事中审计"，及时发现电价执行问题，降低经营风险。

二是及时纠正电价执行问题，对发现的电价执行问题立查立改，及时完成涉及电费追补工作，降低社会舆情风险。

4．案例特点及启示

电价执行的规范性是审计的重点风险点，重点关注用电类别与主电价不一致的疑点，然后根据用户编号查找涉及金额，得到最终损失电费数据，最后根据大数据分析中发现的主要风险问题和重点线索进行实地走访。此案例为典型的内控管理案例，经审计该公司挽回了收入及利润损失。

第五部分

展望篇

随着大数据技术的快速发展和后疫情时代的到来，以及数字化和去全球化的大趋势使公司面临的风险更加复杂多样，内部审计工作的重要性也不断增强，审计职责范围不断扩大，面临的挑战也与日俱增。

全数字化综合审计既是积极践行科技强审理念、促进审计数字化转型的重要抓手，也是建设以新能源为主体的新型电力系统，建设具有中国特色、国际领先的电力企业的现实需要，更是公司"一体四翼"发展布局的重要保障，对促进公司全面高质量发展、促进体制机制改革具有重要意义。

在全数字化综合审计的实践中，公司主要面临以下四个问题：

一是业务数据壁垒制约审计全覆盖。内部审计部门与业务部门沟通不够充分，造成数据存储逻辑不清、数据获取路径不畅的问题；部分负面清单和敏感数据的获取需要业务部门授权，手续繁多。

二是审计资源有限，制约审计效率。在数字化审计模式下，开展"全域＋全量"数据分析发现的问题和疑点数量巨大，现有审计资源无法对其进行全量核查。

三是平台功能有限，与业务结合不紧密。平台部署没有与审计工作有机结合，建设和应用存在一定程度的割裂和孤立。主要表现在平台功能点智能化程度不高，统一推广模型与审计业务关注点契合度不高，平台本地化落地应用可操作性不强，存在建用脱节的问题，审计人员使用意愿较低，审计平台对审计工作的支撑作用有限。

四是成果共享不足，制约整改成效。缺乏严格的审计模型和审计方法共享机制，内部审计部门未能及时优化管理流程，导致审计成果的运用难以充分发挥成效。

基于上述提到的全数字化综合审计实践过程中面临的现实问题，结合党的二十大对审计工作作出的重要部署，本章根据全数字化综合审计的体系构建逻辑和实践经验，明确全数字化综合审计工作的优化方向和优化目标，并从优化组织模式、革新审计方式、完善保障机制三个方面，提出优化全数字化综合审计体系的重点举措。

本篇第十四章对全数字化综合审计体系的运用提出了指导意见。从统筹规划、数据赋能、科技立审、质量立审、人才培育、人才团队等角度提出了优化方向。

本篇第十五章主要介绍全数字化综合审计体系的特色与展望两部分内容。在特色上，一是提出中国特色内部审计理论。二是构建全数字化综合审计体系。三是服务公司"三项职责"和"三项保障"的落实。在展望上，从优化思路和优化目标两方面指明全数字化综合审计体系的优化方向，为未来完善全数字化综合审计体系提供借鉴。围绕"全面提升审计工作质效、全力推动审计转型发展、提高审计发现问题精准度、降低公司管理成本、服务公司高质量发展、增强审计人员价值认同感"6大核心目标，持续优化全数字化综合审计体系与实践应用。从制度、组织、流程、人员、技术等方面，评估公司全数字化综合审计体系实践的成熟度，并提出优化举措。

第十四章
全数字化综合审计体系的运用指导

第一节　坚持"统筹规划"，明确"业审融合"方向

全数字化综合审计是以数字化为抓手，突破专业部门传统意识和数据壁垒，与互联网部、大数据中心等专业部门建立权限开通、数据获取、数据治理、问题整改等一体化的运作机制，打通业务数据获取渠道、增强审计成果应用时效性，实现对传统审计模式的重大突破。这不仅是技术和方法的创新，更是组织和管理的变革，需要统筹规划做好全数字化审计管理模式、作业方式的深度融合，进一步提升审计服务能力。

一、建立管理原则，推进工作模式变革

落实公司审计部"两统筹"要求，科学制订工作计划，坚持总部引领、强化管控，确保审计方向正确、资源配置合理、执行控制有力，确立全数字化审计三项基本原则。坚持顶层统筹与自主探索相结合。突出顶层设计，公司审计部统一制订审计指导意见，明确管控机制、工作流程和审计重点等内容，加强统筹管理和引领指导；鼓励灵活自主，现阶段以自查自纠方式实施，各单位充分发挥主观能动性，结合本单位实际积极探索拓展审计新领域、应用审计新技术、构建审计新模式，推动数字化审计工作生态不断完善。

坚持跨域综合与全量分析相结合。强化数字化审计思维，坚持以综合运用数字化审计平台和数据中台获取全量业务数据为主，开展全场景、多维度的跨域综合、全量数据分析，辅以远程查询业务信息系统、分析经营管理电子资料和电子数据、现场核实等方式进行验证，以实现对问题和风险的全面核查、全面揭示和精准画像。坚持完善治理与审计转型相结合。依托数字化审计平台数据实时接入，通过跨专业、跨单位、跨年度关联分析，深入揭示公司财务、营销、人资、工程、物资等核心业务领域存在的问题和风险，从公司治理的高度提出战略性、前瞻性、系统性的审计建议，将审计功能从查错纠弊、防范风险提升到促进公司治理，推动审计由事后审计向事中审计、

预警审计转型发展。

二、明确创新目标，促进服务能力提升

以全流程数字化为审计检查赋能，借助大数据精确筛查重大风险隐患和问题线索，以新视角审视问题，更好地发挥数字化审计的优势作用。以跨域集成应用为审计平台赋能，依托公司各类经营管理数据跨域集成共享机制，推动审计数据常态化归集、标准化处理、智能化分析和多维度展示的数字化审计平台建设应用。

全面检验数字化审计平台功能。深入运用数字化审计平台开展全业务数字化审计，对平台数据接入情况、中间表和审计模型建设情况等进行全面验证，以用代验、以用促建，推动平台完善升级，有效支撑审计管理与审计作业一体化。

全面推进数据治理和多维应用。充分发挥审计跨专业、跨系统整合汇聚应用数据优势，推进业务数据全场景多维应用，对数据质量进行全面检验，推动业务协同优化和源端数据治理，助力公司数字化转型战略举措落地落实。

全面推动审计质量和效率提升。进一步健全完善全数字化审计的组织模式、管控机制和工作流程，优化各项核心业务审计中间表和相关数字化审计技术应用的方式方法，拓展审计深度和广度，推动审计工作质量和效率全面提升。

全面打造数字化审计复合型人才队伍。以增强审计人员"四项能力"作为强化监督的基础，发挥专家团队示范引领作用，建立审前培训、工具方法培训、项目实战、"师带徒"等多形式、多层次、多渠道培养体系，打造一支"政治+研究+业务+技术"的专业数字化审计复合型人才队伍。

三、强化项目措施，加速审计工作转型

全数字化综合审计要通过质量立审提升价值，将严管严控审计质量作为决定审计成效的重要抓手，以高质量的审计结果助力公司更好防范风险。首先，完善质量管理体系，优化各类考评指标，规范多维审理规则，充分发挥考评的激励约束和导向引领作用。其次，坚持业务驱动和"业审联动"相结合。全数字化综合审计以需求为导向，突出主责主业，围绕公司资产管理、资源配置、业务管控、提质增效等重点领域、关键环节开展全业务、全单位、全链条审计，在数据溯源与验证、数据分析与核实、审计成果总结与应用等重要环节，强化"审计+保障+业务"三方通力协作和"总部—省公司"两级高效协同，有效发挥"业审联动"作用。

坚持质量考评和审计成果应用相结合。公司审计部组织制定全数字化综合审计项目质量评价标准，加大对项目数据准备、数据质量、数字化审计手段及数字化审计平台应用、审计覆盖面、审计结果质量等方面的考评。围绕突出项目特色和质量提升，重点鼓励总结数字化审计应用成效、组织创新及优秀经验，优化审计成果应用机制，各单位自行建立台账管理并组织自查立改，提升公司依法经营保障能力。

坚持审计作业和审计管理相结合。全数字化综合审计项目实行全过程数字化在线管控，运用数字化审计平台抓好项目质量管控和审计资料管理，规范使用相关审计文档，根据工作时间节点，及时、全面、准确地在数字化审计平台编写审计文档，组织疑点问题相互移交核查，实现项目实施和质量管控全流程线上统一管理，探索构建全数字化综合审计成效指标，逐步实现审计管理由信息化迈向数字化。

第二节 坚持"数据赋能"，释放数据倍增效应

坚持问题导向，以用促治，以用提治，结合审计项目实施，建立高效可行的数据授权、接入、溯源、验证工作机制，通过数据血缘图谱、构建数据质量规则等多种方式，推动中台业务数据精准溯源、数据接入完整高效，推动数据源端治理。坚持数据驱动和探索创新，应用"大、云、物、移、智、链"等新技术，基于数据中台全量数据，实现审计全覆盖，开展跨域数据分析，深入挖掘数据资产价值，从使用频次、重要性等角度对中间表数据应用程度进行分析，挖掘审计中间表数据价值，划分等级，明确高频次中间表，联合互联网部建立数据质量保障机制，有针对性地做好数据维护，有效激发审计数据活力，释放数据倍增效应。

一、拓展数据来源，夯实数据资源基础

1. 充实数据来源渠道

（1）拓展中台数据接入。基于审计需求，聚焦"双碳"等新业务深度梳理核心业务数据，补充规划、交易、计量、省管产业等专业数据按需接入公司数据中台。

（2）拓展外部数据接入。按需接入中小商户经营信息、工业制造业企业经营信息等外部数据。

（3）拓宽外部数据来源。接入 GDP、地形地貌、人才当量等外部数据，建立专门

的数据库搜索应用进行采集，应用 RPA 和 AI 技术开展审计中间表数据分析应用，研发审计机器人、智能助手工具，自行建立审计问题发现、成因分析等多个审计场景。

（4）精准高效识别处理非结构化数据。结合数据中台、业务系统已有的结构化数据接入现状，采用 ApacheFlume（海量数据收集系统）进行结构化数据的采集，利用网络爬虫等技术对半结构化和非结构化的数据进行采集，实现结构化和非结构化数据深度融合，探索构建非结构化应用场景。建设审计依据、对象转换工具，建立规章制度、合同文本等非结构化数据资源目录，构建工程审计非结构化应用场景，推进非结构化数据应用效率。

2. 充实数字化审计数据资源

全面接入审计数据，全量覆盖审计业务，建立"审计＋数据、审计＋业务"双通道数据畅通机制，协同开放系统权限，理清数据存储逻辑，明确数据获取路径，保障数据全量接入。无障碍获取全量高质量数据，建立数据需求审核机制、数据无障碍获取机制、数据监测与闭环治理机制，建立审计数据标准体系，将原本纷繁复杂的数据标准化、有序化，实现数据可管理、可共享、可交换。

3. 贯通数据归集链路

基于数据中台建立业务数据无障碍获取机制，实现审计所需数据全表全字段（含负面清单数据）无障碍接入。研究制订外网和跨信息大区数据接入方案，将规划、调度、交易、计量、省管产业等专业数据按需接入数据中台，拓展数据源头，扩展接入范围。

4. 夯实数据质量基础

制定数据质量问题筛查规则，健全数据监控和闭环治理机制，对数据传输链路实施全程动态监测，协同完成审计数据质量问题治理，确保异常数据及时发现、实时反馈、定时整改，全面扎实开展数据自检，拓展数据、模型验证维度，提高验证结果可靠性。

二、深化数据技术，提高数据分析能力

1. 夯实数据分析基础

（1）创新构建审计中间表。搭建全核心数据要素环境，按照满足审计需求、提高审计分析效率的要求，研发部署审计中间表，汇聚中台全量数据、固化审计数据来源，大大降低审计人员对于中台数据的理解和应用难度，高效完成业务分类和业务全景展

示，有效打破数据壁垒，全面推动审计作业方式从单业务系统前端查询向底层数据后台分析转变。

（2）提高数据贯通效率。对于审计中间表存在的数据质量问题，引导各单位探索建立数据治理协同机制，全面提升"总部—省公司"两级数据贯通效率。协同开展数字化审计数据一致性核查专项工作，完成数据表核验，并对一级数据质量问题进行整改销号，显著提升公司一级部署数据质量。

（3）夯实审计数据标准体系。将数据质量全面纳入审计重点内容，系统梳理审计中间表、审计模型映射关系和关联关系，建立全链条可视化数据血缘关系图谱。明确数据核查规则和数据质量问题分类标准，自动识别数据质量问题，高效推动数据质量源头治理。

2. 创新数据分析方式

充分应用审计中间表数据，从业务合理性、数据准确性、应用有效性、使用频次及重要性等五个维度对中间表数据应用程度进行分析，通过划分等级，明确高频次使用中间表。发挥审计中心"数据分析小组"作用，在项目组配置熟悉数字化审计的人员，采集营销、财务、设备、物资等多系统数据开展多维分析，以数据分析支撑现场审计项目，在审计过程中以数字化审计平台模型初筛、数据工具"二次过滤"，应用"三找"方法（找数据、找逻辑、找线索）开展审计，实行审计数据线索"首发责任制"，即"谁负责任务、谁构建模型，谁发现线索、谁跟踪到底"，确保责任落实到人，应用好数字化审计"精准"和"快速"优势。通过 SPSS 数据分析工具，从数据角度出发，运用贝叶斯统计、逻辑回归、重复度量分析等高级统计方法分析海量数据，让数据说话，发现传统业务逻辑分析难以识别的风险。

3. 提升数据分析可视化

应用可视化溯源工具、数据监控工具，实时监测数据流转链路，推动数据中台更新重构，推动数据治理工作高效开展。推动业务协同优化，促进对于中台和源端的数据治理，灵活应用 QuickBI 等数据分析工具，围绕重点内容构建审计场景，实现审计数据视图化查阅、关联和提取，将后台数据进行前端"可视化"展示，通过柱状图、文字图、饼图、数据地图多维展示，方便审计人员快速直观了解审计成果，为"全要素发力"数据效能发挥夯实基础。

三、加强数据开放，促进数据成果共享

充分发挥数字化审计全量覆盖特点。审计方式由"抽样审计"向"全量审计"转变，综合运用趋势性和回归聚类等大数据分析方法，深挖常规审计监督难以发现的"盲区"，发现趋势化风险、问题。通过全量电力客户数据核查发现降价清费工作不到位问题，通过海量数据回归分析发现废旧物资回收率低、拍卖价格异常等物资管理问题，揭示问题更客观精准。

充分发挥数字化审计跨专业、全链条的特点。打破业务信息"壁垒"，延伸审计监督"链条"，开展维度更丰富、贯穿性更强的跨域、跨专业分析，全方位揭示资金流、物流、资产全寿命周期管理等核心流程和关键环节短板，审计能力由"识别单条业务风险"向"全面识别关联风险"转变。自建跨域审计模型，发现跨域问题。建立调度、物资、工程跨域审计模型，发现物资利库管理不规范、工程虚假投运等问题，有效捕捉公司级管理风险。

灵活应用可视化数据分析工具，围绕重点审计内容构建主题审计场景，以柱状图等形式对分析结果进行可视化展示。基于 **Python** 等技术，研发可视化建模工具。探索"数据中台＋审计中间表＋ **BI 工具**"可视化建模方式，应用拖拉拽等"可视化"建模方式，降低建模门槛，实现全员参与。

第三节　坚持"科技立审"，创新审计业务模式

一、发挥平台优势，拓展审计平台功能

（1）完善数字化审计平台建设，拓展平台功能。

一是持续开展本地化差异改造。以数字化审计平台建设应用为突破口，努力打造"好用、易用、实用"的数字化审计平台，持续开展平台一期功能点迁移、二期数据治理和三期功能点本地差异化改造。

二是开展数字化审计自主建设。数字化审计梯度团队借助全数字化综合审计项目契机，自主开发审计模型，为经济责任审计和投资审计的开展提供了数字化手段和工具。持续开展审计五库功能优化和投资三维全过程审计建设，通过数字化手段实现审计成果线上管理和分析。

三是探索创新开发智能化审计机器人，推进立体型审计场景建设。融合 RPA 和 AI 技术构建机器人的审计大脑，替代重复人工劳动，提升智能分析能力；构建跨业务系统的综合分析场景、具备趋势变化分析的审计监测场景和具有深度学习的动态审计场景，提升系统分析能力、持续审计能力和全要素分析能力，契合"后疫情"时代人工智能审计的趋势，同时促进公司审计工作数字化转型。

（2）统筹协作平台功能验证，优化完善审计模型。

综合运用数据中台工具、平台通用模型和业务系统功能点等平台要素，开展数据交叉验证，保障验证质量。针对影响平台数据质量问题，建立审计、业务和数据部门"联验""联改""联签"机制，做好闭环管控。与技术部门紧密配合开展业务逻辑、审计中间表、审计模型梳理分析工作，建立业务与数据大研讨机制。全面接入审计数据，涵盖近年来财务、营销、工程、物资、人资五大业务全量数据，研究建立高效可行的数据授权、接入、溯源、验证等工作机制。各单位全面扎实开展数据自检，拓展数据、模型验证维度，提高验证结果可靠性。总部成立数据验证小组并抽调专家分赴各省公司，开展现场数据验证，指导数据验证和系统接入。优化审计中间表和审计模型，以数据应用落地为导向，通过数字化审计平台应用，全面梳理验证审计中间表、模型。

二、坚持"业审融合"，创新审计作业模式

（1）加强"业审联动"，完善审计建模。

一是构建模型研发融合机制，调整以往以审计个人为建模主体方式，结合跨域审计要求，在分析业务数据关联关系基础上，组建"审计 + 业务 + 数据"专业团队，实践"审计 + 业务 + 顾问"捆绑式建模方式，实时沟通业务与技术细节，开展多维度的跨域数据分析和审计模型构建，提升审计建模精准度和效率性。

二是全员参与审计模型构建，通过知识沉淀与经验积累，固化形成审计建模操作手册，推动审计人员自主开展简单建模。

三是实践审计模型可视化，采用"审计中间表 + BI 工具"建模方法，通过 BI 工具拖、拉、拽的方式快速建模，摆脱代码编写限制，降低审计建模门槛。

（2）加强"业审联动"，创新工作模式。

一是践行"1 + N"嵌入式、融合式项目管理模式，打破项目类型边界，围绕公

司年度重点工作任务将全数字化综合审计与经营审计、投资审计、专项审计全面融合、统筹实施，构建共享共治新格局。以全数字化综合审计为统领，同步开展任中经济责任数字化持续审计、重大政策跟踪审计等审计项目，全数字化综合审计与经济责任审计、专题审计项目等实现审计成果共享共用共治，做到"一审多效、一审多果、一果多用"。

二是项目"远程"+"现场"联动管理模式，发现各类审计项目共性问题，结合本地数据结构，梳理形成模型思路，提交全业务数字化审计组自建模型或中间表；筛查审计中间表、模型输出的疑点，提供各项目现场审计组进行核实确认。

三是打造"审计+业务"共享模式，协同业务部门研讨各专业业务、数据特点，以管理薄弱环节为导向，有针对性地构建审计模型，精选疑点数据准确、业务契合度高的自建模型思路，供专业部门借鉴，纳入业务流程日常管控，实现了审计监督推动业务监督，事后监督向事中预警的管理提升。

（3）加强"业审联动"，推进问题整改，突出问题统筹研究，整改过程联动督导，整改结果双审验收。各专业部门严格落实管理责任，疑点核实过程中，推进一般性问题的边查边改；疑点核实完毕后，加强普遍共性问题研究指导，从完善制度、优化流程、加强管理、堵塞漏洞的角度研究制订综合性整改措施，指导各单位举一反三彻底地整改问题，推动源头治理，并进一步强化对产业单位的专业指导监管责任，推动产业单位规范管控和健康发展。

三、丰富技术场景，强化审计分析能力

积极应用新技术，全面提升数字化审计平台支撑项目实施能力。打造"一体两翼"审计机器人，推动数据治理与审计工作"双轨并行"。运用RPA技术构建审计机器人开展审计中间表数据分析应用，打造"RPA中间表验证"与"RPA业务场景"，实现数据自动采集、疑点自动输出，数据灵活分析，强化流程自动化技术应用，结合全数字化综合审计项目，开发设计业务场景，解决审计中间表未覆盖到的或者涉及负面清单的以及高重复性数据获取问题。利用审计"天眼"（GPS、GIS）将不同时点地理影像通过三点定位方式和网格化全景扫描，获取征地赔偿红线内沿线影像、地名地址等地理信息，完成基于区块链技术的电网基建工程数字化典型业务场景，探索应用新兴技术。

开发便捷化管理功能，积极探索数字化审计管理新模式。基于平台研发审计项目管控工具，研发内网移动云终端，实现项目实施和质量管控全流程线上统一管理，促

进管理域智能化提升。开发在线审计管理模块，实现审计主题、审计模型、审计中间表、审计疑点、审计问题的在线关联运转。基于平台管理域，开发在线作业工具，实现工单和底稿在线审核、分发流转、反馈确认。搭建"审计数据资源池"，开发一键式工单生成工具，实现数字化审计作业工单结构化存储、归档及数据实时共享。

四、完善审计智库，提升审计应用水平

1. 构建审计知识库

提炼全数字化综合审计实践经验，构建完善审计标准体系，涵盖主题库、模型库、中间表库、疑点库、问题库的全方位审计知识库，实现"五库"互联互通，持续功能优化，完成文档智能评审、审计知识大脑等分项技术路径探究，深化知识图谱等新技术应用。通过系统梳理审计中间表、审计模型映射关联关系，实现审计中间表数据结构可视化，对历年审计数据开展智能阅读，建立全链条数据血缘关系图谱，明确审计模型、中间表与风险点的对应关系，全面提高平台使用的便捷性，为提升审计报告质量和优化审计立项提供支撑。

2. 提炼审计标准方法

通过"全数字化、半数字化、全线下"等多个维度，编制审计指引、建设审计数据标准体系等方式，按照专业、审计场景、中间表数据量级等维度，编制审计人员能够自主便捷查询的数据字典，提升数据实用化水平，提升审计人员对平台应用方法、平台数据内容的了解，增强平台应用普及性。

3. 汇聚审计知识经验

运用知识图谱技术有机关联审计五库的问题库、制度库和方法库，打造数字化审计中枢大脑，为全数字化综合审计提供问题地图、风险领域、基础画像、制度依据等全面的数据服务支撑。

第四节　坚持"质量立审"，提升审计工作质效

一、坚持全程管控，健全质量评价体系

1. 深化全过程管控机制

结合公司重点工作和新兴产业发展特点制订完善审计重点，构建"首发责任制"

的闭环式审计方案宽表，倒排工期强化项目节点管控，加大审计项目在线过程管控力度，依托数字化审计平台和自建管控工具开展进度管控，采取远程＋现场督导方式，动态跟踪工单流转进程。定期收集双周报，择优专项刊发简报，分节点多角度点评各单位工作亮点，全面梳理实施过程中各环节存在的困难，分类施策，形成操作手册下发，指导各单位高质高效开展工作。

2. 自主研发智能审计在线管控系统

根据全数字化综合审计特征，针对项目疑点输出、工单审核、问题整改、统计考核等工作流固化成智能审计系统模块，实现两域深度融合互动，现场与非现场两种模式的全面智能管控。自主建设应用全数字化审计项目线上管理系统，优先公司范围内实行全数字化审计项目全过程在线管理，实现疑点工单、底稿、整改等在线编辑、在线反馈、在线监控。创新建立各类审计项目在线联动功能，实现数字化审计项目成果与传统的经济责任审计、工程投资审计和专项审计等融合共享，逐步实现前置审计和事中审计，并通过传统审计项目完善提升数字化审计的精准性和有效性。

3. 建立"一点三线"的质量管控机制

以平台建用为中心，抓好技术线、业务线、责任线三条关键主线，抓出全数字化综合审计工作成效。①接入数据、跑通模型的技术线。对于已部署的审计模型，抓好源端数据接入、中间表数据接入、中间表数据验证环节工作。对于自行建设的审计模型，抓好模型规则梳理、抽数语句编写、中间表逻辑修改、系统表权限开通、模型存储过程建立、模型结果表建立、模型数据抽取、审计模型开发、模型规则验证、模型异常数据验证等环节工作。②疑点验证、确认问题的业务线。抓好业务系统权限开通、模型规则验证、模型数据验证、疑点验证、问题确认、问题整改、审计报告、质量评价等环节工作。③责任分工、信息沟通的责任线。抓好责任分工、工单报送、工单反馈、结果确认等环节工作。

二、强化实时审计，增强审计监督时效

探索前移监督关口，设定审计预警阈值。在实施全数字化综合审计期间，积极探索并开展经营管理数据实时监督与分析，充分发挥数字化审计实时、高效的特点，推动审计节点由事后审计向事中审计转变，实现管控前移。做好历年审计发现问题

成果"二次开发"，总结提炼审查逻辑，构建预警审计模型，通过平台获取全量数据，研究相关指标数据的标准值区间。探索设置预警阈值。通过数字化持续审计项目开展实时监督，设定风险预警阈值，对重大决策和高风险领域实施动态跟踪监督并及时预警，实时纠正经营管理过程中对既定战略目标的偏离倾向和执行过程中发生的偏差，实现对各项业务的实时监控，及时提示经营管理潜在风险，提高审计的效率与效果。

甄别防范趋势性风险。通过设置预警阈值、大数据多维分析等手段，在揭示问题的基础上，挖掘营销内控角色互斥、关键岗位轮换临期、福利费支出等潜在风险隐患及趋势性风险，自动向有关部门、单位发出风险提示单，进一步促进业务风险防控的关口前移。

三、揭示共性问题，提升公司治理水平

1. 精准聚焦，全面覆盖

在全数字化综合审计过程中，聚焦主责主业，围绕重大政策及决策落实、资产精益管理、资源高效配置、业务精准管控等方面主动发力，依托数字化审计数据量全、核查速度快、业务覆盖面广的优势，全量扫描各单位数据资源，通过跨系统、跨单位、跨专业的全量的数据分析，实现审计监督管控前移，有效解决共性问题和屡查屡犯问题，优化管理流程，提升公司经营管理水平。

2. 深入剖析，促进治理

通过跨专业、跨单位、跨年度的多维对比分析，跳出单一的业务管理领域，突破"以点带面"地阐述单一问题，以综合性的视角，聚焦相关部门之间的数据逻辑异常，准确发现跨专业的管理梗阻点、资源闲置点和风险聚集点，深入分析问题产生的职责界面、业务衔接、信息传导等方面深层次问题和系统性漏洞，推动相关部门开展综合治理，切实提升公司精益管理水平和风险防控能力。

四、推动问题整改，深化成果共享共用

1. 建立整改分类督导策略

深入分析，分类精准施策，对能够立即整改的问题，加强重点跟踪。督促各单

位积极沟通汇报，迅速组织行动，认真对照审计整改要求，第一时间明确整改目标并及时跟进，推动问题即知即改、高效整改。加强普遍共性问题的研究指导。从完善制度、优化流程、加强管理、堵塞漏洞的角度研究制订有综合性、针对性、科学性、可操作性的整改措施，指导各单位举一反三彻底地整改问题，提升审计工作的穿透力和时效性。

2. 采取问题跟踪销号管控措施

建立全链条问题治理清单，专人管理、专人负责，对数据质量问题进行多轮验证，实时跟踪问题治理状态，逐项销号，确保数据治理工作可控、在控、能控。建立健全常态化数据质量闭环管理机制，明确职责界面，完善公司数据质量核查、治理和评估流程，坚持数据价值导向，以业务和应用为驱动，强化数据的产生、存储、加工全过程跟踪监控和治理，打造可靠的数据基础，促进公司整体数据质量水平提升。

五、开展成果评估，改进审计工作方法

1. 固化机制流程

固化数据获取工作机制和远程审计工作流程，修订完善数字化审计工作规则和工作指引，研究构建服务"一体四翼"发展布局的公司全数字化综合审计模式、工作方法、保障机制。①共享审计模型。将各单位研究构建的审计模型，从实用性、创新性、可推广性等方面进行评价，择优向全系统共享应用，鼓励首创精神，实行模型冠名管理。②推动交流示范。开展基于数字化审计平台功能的审计经验总结，分层分类进行发布交流，推进全数字化审计产品化、标准化。

2. 构建成效评估标准化体系

依托各类真实数据，创建"疑点工单问题转化率、审计数据线上获取率、中间表模型有效率、批量共性问题占比"等评价指标，创新应用"数据分析＋图表展示＋成效总结"编撰框架，从"审计效能、数据治理、公司治理"三个方面，全面分析总结工作成效，构建标准模式的数字化审计工作评估指标体系。

3. 建立"一会多表"的成效验证机制

按周召开联席会议，各专业组、各项目组分别汇报工作进展、存在问题、需协

调事项、下一步工作安排，对存在问题进行清单式销号管理。①制订"阶段性成效统计表"，强化技术线、业务线管控。在源数据验证、中间表验证、模型规则验证、模型运行结果数据验证、疑点核实、问题确认、问题整改、成效分析等环节，记录问题情况、处理方案、解决结果、数量、金额、单位、人员、时间等信息，加以统计分析。②制订"各环节验证质量管控统计表"，强化责任线管控。对问题处理、疑点核实等相关工单的报送、反馈、结果确认工作进行跟踪记录、统计分析。③制订"交互验证表"，强化各专业、各单位结果校核。

第五节　坚持"多元培育"，营造数字审计生态

多形式培育，营造良好数字化审计生态。倡导奋发有为、担当奉献的职业精神，营造干事创业浓厚氛围，深化大数据技术运用能力，强化数字化思维方式，厚植审计人才培育沃土，培养数字化审计人才队伍。

一、加强思想教育，培育数字审计理念

第一，思想上，以党建为引领，加强思想淬炼、政治历练，强化服务大局意识、促进治理意识、跨域分析意识和全员数字化意识，逐步由"我与数字化"向"我们的数字化"转变，引领数字化审计工作进入新常态。

第二，业务上，自觉融入数字化审计战略转型发展，围绕风险防范、问题整改等审计业务开展交流与帮扶，推动审计工作向一线延伸。充分运用平台功能和中间表数据，突出前置审计的重要作用，优化审计资源配置，完善工作机制，固化工作流程，推进数字化审计与各项审计任务深度融合，加大数字化审计应用力度，提高审计质效，以现代科技为审计赋能。

第三，培训方面，鼓励审计人员全面加入数字化审计柔性团队，主动学习数字化知识，增强审计人员的使命感和责任担当。积极参加数字化审计技能培训，切实感受全量数据分析的魅力与威力，建立"模型先行"思想意识，转变传统审计思维，自觉借助并探索审计手段，提高业务信息化、流程化水平，主动在审计实战中运用数字化审计方法，大数据分析思维、全量跨越思维、数据透视思维得到有效提升。

二、开展多样培训，强化数字审计思维

第一，以思促训，转变传统审计思维。坚持"用户思维"导向，做好数字化服务审计工作，促进公司审计数字化转型。编制数字化审计服务工作方案，推进基层单位数字化审计工作室建设，以用户需求和用户体验为数字化审计指挥棒，切实做好数字化服务审计工作，努力开创"后疫情"时代公司数字化审计工作新局面。

第二，以学促训，建立数字化审计思维方式。建立省市一体化工作机制，抽调地市公司和业务部门骨干，厚植培育"全员数字化"沃土，引导审计人员掌握数字化审计理论知识，熟练审计业务技能，推动数字化审计理念在基层生根发芽。通过与互联网部等部门开展劳动竞赛的形式营造数字化审计良好氛围。加深数字化审计思维方式。开展多样化活动，如主题征文、优秀案例征集、知识竞赛活动，引导审计人员学史明理，以文促思、以学促思、以思促转、以转求变、以学助赛，增强对审计转型重要性和紧迫性的领悟力和执行力。同时，将数字化审计全面应用于专业审计，增强审计人员的数字化思维习惯，促进审计人员对问题进行延伸性、拓展性、发散性思考，推动审计技术水平和能力快速提升，为数字化审计注入新能量。

三、深化专业知识，加强数字审计学习

一方面，深入学习国家重大政策方针。加强政策文件解读，强化政策研究能力建设，通过举办审计大讲堂，专题解读审计相关重大政策，领会党中央会议精神，有针对性地修编审计指引，锤炼吃得透政策精神、找得准工作切入点、查得出问题和风险、提得出有价值建议的审计专家。

另一方面，积极组织专家论坛会议。充分发挥专家"领头羊"作用，利用专家知识储备、专业解读能力，积极组织专家论坛学习，解读国家战略部署，学习新时期数字化审计技术，鼓励审计人员全员参与，完善审计人员知识体系，提高专业知识能力，以学促思，运用专业知识于日常审计工作，提升审计质效，加快推进全数字化综合审计体系。

第六节 坚持"人才兴审"，建设梯度审计团队

各级专家团队成员怀着责任感与使命感，履职尽责，担当作为，积极参加总部

组织的相关工作，努力发挥团队示范引领效能，以"四个能力"（政治能力、研究能力、专业能力和数字化能力）提升为重点，强化审计人员数字化审计思维，培养能力型、专家型、创新型审计队伍，激发全员参与、全员创新的数字化审计热情。

一、坚持创新引领，发挥专家示范作用

以"创新引领"为突破，激发人才优势，通过现场实践、讲解、研讨、交流等形式，有效发挥专家"引路者、示范者、推进者"的辐射和带领作用。

第一，强化专家团队示范。专家团队成员担任项目实施重要角色，充分发挥专家骨干引领作用，融合专业优势，牵头编制审计方案，优化审计主题，开展全场景、多维度的跨域综合、全量数据分析，发挥中流砥柱作用，将审计内容融入全数字化综合审计，专题讲解数字化审计中间表应用，提升骨干审计人员建模能力，为审计转型发展奠定人才基础。

第二，跨专业优选审计团队业务骨干，开展跨域审计模型研究，有力支撑项目实施，实现审计人力资源"多专业融合、多角度分析、多方式结合"。

第三，强化经验技能传承。遴选高质量团队成员，签订"师带徒"协议，一对一开展业务指导，坚持"干中学、学中干"的策略，全方位加强人才培养，不断强化数字化审计能力。"定制式"培养青年审计团队成为在审计某一领域的"大师""大家"，在某一专业领域有重大创新或突破，形成较强的专业创新能力。

二、协同多元主体，组建柔性审计队伍

第一，组建稳定的柔性团队。跨单位、跨部门、跨专业组建阶段性柔性团队组织，按照人事相宜、人岗匹配、精干高效的原则，合理配置柔性团队人员，充分发挥上下协同作用，将基层单位审计业务骨干纳入全数字化综合审计组，组建专家集中在数字化审计工作室开展项目作业、模型研讨和疑点集中分析，上下联动畅通沟通渠道，发挥响应速度快、资源整合能力强、工作方式灵活、按具体任务聚散等优势，聚焦重大事项、关键技术、重要环节、管理短板、急难险重及临时任务，进行联合研讨、集中攻关。

第二，跨专业融合知识体系。建立重点审查任务清单，以任务目标为导向组建"财务＋业务"柔性技术团队和"综合＋技术"柔性保障团队，形成"审计＋业务""业务＋业务"的多维度考量和突破，通过相互启发，相互促进，实现专业深度关联，

推动多维度的跨域审计实施,以审代培,以老带新,共同开发、应用跨域中间表和模型,强化跨专业协作,"集团化作战"推进审计项目实施,为培养复合型审计人才提供蓄水池,培养审计后备梯队力量。

第三,加强多专业综合能力建设。加大审计业务人员与IT技术人员的协同力度,通过协同开展数据溯源与验证、审计模型构建与运用等方式,全面提升审计人员数据识别与分析能力,要求审计人员实现"1 + 1 + 1"综合能力建设目标,即深化提升既有专业的审计能力,具有独立开展1个关联专业的审计能力,具备独立编程的建模能力。

三、拓展专业能力,培养复合审计人才

以数字化审计工作为抓手,培养一批精业务、懂数据、会建模的复合型审计人才,打造一支专业性强、长期服务审计信息化工作的技术支撑团队。

首先,夯实审计基本功。建立多层面的学习交流机制,提高各类审计项目数据分析力度和标准,加强数字化审计实战演练,引导和帮助审计人员不断丰富数字化审计专业知识,提升数字化审计的业务能力。

其次,提升数字化技术应用能力。在全数字化综合审计项目启动、模型及中间表验证、成果审核等主要环节,围绕平台技术路线、模型数据溯源、中间表数据链路、疑点分析核实、问题整改标准等,开展常态化业务培训和专题研讨会议,持续提升审计人员数字化技术应用水平;以审代培促进能力提升,在项目实施过程中,建立轮训、考核评价等机制。审计人员全过程参与数据导入、数据分析、数据表选取、程序逻辑实现等,发现疑点,确认问题,提升能力。

再者,加强审计经验交流。及时对全数字化综合审计项目进行总结提炼,多渠道推广数字化审计成果。组织公司系统全体审计人员参加线上线下学习培训,通过审计理念、审计方法、审计组织等方面的全面交流,营造数字化审计氛围,培养审计人员的数字化思维,交流数字化审计经验。

四、融合专业优势,提升队伍综合素质

按照培养审计人员"四个能力"要求,积极举办数字化审计业务培训,激发审计人员参与积极性。

首先,强化数字化审前培训,采取"业务 + 数据 + 技术"组合课程,普及"新视角、

新思维、新方法"，促进审计人员吃透审计方案，理清审计思路，抓牢审计要点，推进审计方法模式转型。

其次，强化工具方法培训，围绕"审计主题、中间表模型、业务数据"三个核心要素，从"审计＋业务""业务＋数据""数据＋系统"等方面重点开展数据分析、RPA 机器人流程自动化工具讲解，审计建模全链路流程方法介绍，促进新方法、新技术与审计业务相融合。

再者，强化业务技能培训，采用"线上＋线下"组合模式，通过审计建模及项目质量管理劳动竞赛，邀请业务和技术专家研讨或举办高峰论坛形式，有针对性地介绍业务环节、系统功能及数据结构，促进审计人员掌握专业业务链条、数据框架。建立互通式培训机制，筑牢"业审联动"基础。邀请营销部、物资部等专业部门人员讲解专业知识，同时也应邀到业务部门进行交流，双方通过建立互通式培训机制，实现审计监督和业务管理的互促共进。

第十五章
全数字化综合审计体系的
特色与展望

第一节　全数字化综合审计体系的特色

一、提出中国特色内部审计理论

相比国外公司的内部审计工作，中国公司的内部审计实践既有普遍性，又有特殊性。2018年，审计署修订的《审计署关于内部审计工作的规定》（审计署令第11号）对内部审计理论进行了重大修改，既保持了内部审计工作的中国特色，又体现了内部审计理论的时代性和先进性。通过梳理和总结党中央关于内部审计工作的重要论述和指示，结合公司在内部审计工作积累的先进理念和管理实践，本书扎根于中国土壤，创造性地提出了中国特色内部审计理论，并以此作为本书研究的指导思想。

在核心原则上，中国特色内部审计理论强调坚持党的领导，强化政治责任意识和历史责任感，履行国家重大政策措施落实情况审计等新职责。在组织安排上，我国实行最高党组织领导和总审计师制度的"双层领导"内部审计制度，实现了党的领导和总审计师双轮驱动的管理体制，确保了内部审计的权威性和独立性。在审计内容上，党中央、国务院明确要求内部审计工作对公共资金、国有资产、国有资源和领导干部履行经济责任情况实行审计全覆盖。在审计融合上，中国特色内部审计坚持内部审计和国家审计有机融合，讲究从内部至外部、从微观到宏观，助力国家审计监督体系的高质量建设。在功能作用上，中国特色内部审计强调对权力运行的监督和制约，提高领导干部权责意识，推动反腐倡廉体制机制建设。与西方国家不同，我国将领导干部任职期间经济责任审计作为内部审计工作的重要构成之一。在审计理念上，中国特色内部审计要求内部审计不仅服务于企业，还要坚持服务于党、服务于人民，积极践行国有企业社会责任，以实现内部审计社会需求和组织需求的全面统一。

简而言之，中国特色内部审计理论具有科学性、先进性、动态性等特征，对于指导新时代背景下公司的内部审计工作实践具有重要的指导意义。

二、构建全数字化综合审计体系

在新时代、新技术和新发展的背景下，全数字化综合审计分别从定义、指导思想、目标与原则、构成要素等方面出发，系统性、科学性、综合性地提出了全数字化综合审计体系的概念框架。

一是全数字化综合审计的定义。全数字化综合审计体系坚持以习近平新时代中国特色社会主义思想为核心指导，以落实审计署、国资委关于深化企业内部审计监督工作的部署和要求为行动方针，以全面履行公司"三项职责"、夯实公司"三项保障"为自身使命，坚持科技强审，推进内部审计全面覆盖与质量提升有机统一。融合数字化技术手段和公司数据资源优势，围绕全方面审计、全过程管控、全平台作业，聚焦审计内容综合覆盖、审计手段综合应用、审计成果综合挖掘，形成交叉立体、互联互通的新型审计体系。

二是全数字化综合审计的指导思想。①以习近平新时代中国特色社会主义思想为核心指导。在推动公司治理体系和治理能力现代化建设的进程中，公司应以习近平新时代中国特色社会主义思想作为全数字化综合审计工作的核心指导。②以贯彻落实审计署、国资委关于深化企业内部审计监督工作的部署和要求为行动方针，推动数字化审计转型，建立健全公司全数字化综合审计体系。③以全面履行公司"三项职责"、夯实公司"三项保障"为自身使命，重点围绕"一审、二帮、三促进"要求，构建全数字化综合审计体系，推进内部审计全面覆盖与质量提升有机统一，为丰富和发展中国特色社会主义内部审计建设提供国网经验。

三是全数字化综合体系的目标与原则。全数字化综合体系的目标涵盖公司战略层、数据赋能层、审计工作层。具体目标有四个："数审融合"、监督提效、管理优化、价值领先，环环相扣，最终推动公司自身发展目标与国家战略意图有机结合，推动公司内部高质量发展与外部复杂环境有机适应，推动公司内部审计转型与国家战略部署有机融合。全数字化综合体系的原则涵盖审计管理手段、审计工作模式、审计覆盖范围、审计组织形式。具体来说，审计管理手段以统一指导和分级实施有机结合为原则，审计工作模式以远程审计和现场审计有机结合为原则，审计覆盖范围以突出重点和全量覆盖有机结合为原则，审计组织形式以垂直管理和嵌入实施有机结合为原则。

四是全数字化综合审计体系的构成要素。体系的构成要素包括组织管理模式、技术手段和保障措施。组织管理模式采用以公司总部、二级单位、三级单位的管理层级为纵向维度，以审计业务类型为横向维度的跨层次、跨部门、跨领域的矩阵式组织架构。技术手段根据审计工具和技术类别进行划分，分为信息交互、数据挖掘和分析、平台系统三个方面。保障措施主要从体制机制、人才建设、质量管控、数据安全和创新迭代五个方面出发，为整个体系有效运行提供强有力的支撑。

三、服务公司"三项职责"和"三项保障"的落实

全数字化综合审计体系服务公司内部审计"三项职责"的落实。首先，内部审计作为党和国家监督体系的重要组成部分，必须贯彻落实党和国家重大政策措施、单位党组织决策部署，健全权威高效的审计领导和管理体制机制，服务国资国企高质量发展。其次，内部审计是推动公司治理体系和治理能力现代化的重要监督手段，对于公司内部经营管理活动的监督发挥着重要作用，因此，公司需要加大审计创新力度，盘活用好审计资源，依靠创新提高审计效能。最后，内部审计要对公司经营管理中权力运行、规范管理、重点领域、关键环节和重要岗位进行审计监督，确保国有资产监管到位，从而在推动公司目标与国家宏观政策目标有机统一的过程中，实现公司的高质量发展。

为履行好内部审计工作"三项职责"，公司需要从审计质量、审计技术、审计人才等三个方面建立"三项保障"机制。具体来说，一是坚持质量立审。强化审计管理质量、审计项目质量和审计整改质量管控，发挥质量管理的激励约束和导向引领作用，坚持以高质量的审计结果提升工作价值。二是坚持科技强审。推动内部审计方式从传统内部审计向数字化内部审计转型，加强"大、云、物、移、智、链"等数字化技术在内部审计中的应用，做好中长期规划，搭建数字化审计工作载体，提高内部审计效率，扩大内部审计服务范围，完善公司数字化审计管理体制和工作机制。三是坚持人才兴审。着重提升审计人员"四项能力"，以全数字化综合审计为契机，培养一批讲政治、精研究、懂业务、会技术的复合型审计人才，打造一支政治鲜明、研究精深、专业性强、技术过硬的审计数字化团队，为数字化审计注入新动能。

第二节 全数字化综合审计体系的展望

习近平总书记在党的二十大报告中提出"六个坚持"，要求把握好习近平新时代中国特色社会主义思想的世界观和方法论，坚持好、运用好贯穿其中的立场观点方法。公司要以党的二十大精神为指引、以保障居民用电需求和国家能源安全为目标、以加强审计宏观意识和大局意识为切入点，坚持主责主业，紧密联系公司数字化审计面临的新的战略机遇、新的战略任务、新的战略阶段、新的战略要求、新的战略环境，聚焦于践行"人民电业为人民"公司宗旨，履行公司社会责任，将内部审计监督范围拓展到更多与国家利益、公共利益、国家安全相关内容，防范苗头性问题演变成趋势性问题、局部性问题演变成全局性问题。

一、优化思路

公司应以党的二十大精神为指引，落实"六个坚持"，坚持问题导向和系统观念，把党中央提出的二十大战略部署转化为新时期的工作任务，依法全面开展审计监督，在更高层次、更宽领域、更大效果上发挥审计作用。立足国家治理体系和治理能力现代化，贯彻国家重大政策方针和战略，从宏观经济层面聚焦审计问题，将系统性思维、前瞻性思维、增值性理念融入审计战略、审计目标、审计过程与审计内容之中。

公司内部审计部门应秉承"围绕一个中心，落实两个要求，抓好三项工作，提升四项能力"的优化思路，遵循"规划引领、需求导向、技能提升、注重实效"的原则，以全面履行公司"三项职责"、夯实公司"三项保障"为自身使命，为审计实践应用提供支持和借鉴，推进审计监督全覆盖，切实防范化解风险，有效促进公司治理，并按照"一审二帮三促进"审计要求，不断推动审计工作创新转型发展，持续提高监督效能，为实现公司战略和"一体四翼"发展布局作出新贡献。

二、优化目标

公司内部审计部门需明确以"全面提升审计工作质量和效果、全力推动审计转型发展、提高审计发现问题精准度、降低公司管理成本、服务公司高质量发展、增强审计人员价值认同感"为六大核心目标，持续优化全数字化综合审计体系与实践应用。

（1）全面提升审计工作质量和效果。聚焦审计"三项职责"高效履行，统筹全年任期、专项、后评审等各类审计项目，紧扣质量效益效率，通过合理利用那些维度更丰富、关联更广泛、定位更精准的数字化审计新技术，科学压减现场审计时长，同时发掘常规监督难以触及的管理"盲区"，有效提升各类审计项目整体工作质量和效果，持续提高审计监督效能。

（2）全力推动审计转型发展。聚焦数字化审计深化应用，探索实践数字化审计新模式，推动重构审计作业流程、工作机制和工作标准，以项目实战培养复合型审计人才，实现以满足合规要求的事后监督审计转向服务公司价值增值的全过程审计，持续推动审计工作创新转型发展。

（3）提高审计发现问题精准度。聚焦数字化审计平台的应用，加强运用大数据，强化风险识别，完善结果运用，使审计人员站在公司治理的视角，多维度、多层次透视问题，不同业务穿插获取数据信息，确定审计疑点，实现问题精准定位。

（4）有效降低公司管理成本。公司一方面可以通过远程传输技术和信息数据平台，实现资料实时获取和资源共享共用，另一方面可以通过 RPA 流程自动化作业模式，减少反复的数据抽取、制度查询、审计记录及底稿编制时间，打造一个高效协同的审计模式，致力数字化审计平台深化应用，最终实现提高审计效率，有效降低公司管理成本。

（5）积极服务公司高质量发展。聚焦重点业务、关键环节，充分发挥数字化审计优势，实现事前预防、事中控制、事后监督的融合统一，深入揭示、剖析公司经营管理深层次问题，从公司治理的角度提出有价值、有针对性的意见建议，促进规范管理、完善治理、防范风险，实现公司价值增值，推动公司高质量发展。

（6）增强审计人员价值认同感。让审计人员从单一、重复的工作中解放出来，有效压减出差时间，增加审计人员幸福指数和安全指数。通过服务公司发展大局和助推国家治理体系现代化建设，使内部审计从幕后走到前台，让审计人员升级成为组织提供真知灼见的角色，提升审计人员价值认同感。

三、优化举措

结合公司全数字化综合审计的理论和实践，提出如下重点举措：

（一）优化组织模式

1. 推动项目团队重建

为构建数据赋能的全数字化综合审计体系，公司内部审计部门应在实践中不断推动审计工作向纵深延伸，优化审计项目团队人员配备，实现审计资源、项目边界、监督体系融合共进。具体措施如下：一是突破单一项目团队组建模式，建立"政治＋研究＋业务＋技术"的多元专业人才团队，按照专业团队研究分析提出的政治要求、政策安排、业务需求，统筹安排数据资源和技术手段，协同作战，共同推进项目实施。二是突破专业小组界限，按照审计内容关联度分工及专业人员动态组合，组建跨专业、跨领域、跨部门的柔性审计团队，结合信息化、远程化、智能化审计技术，实现跨业务领域的疑点会诊，为构建迭代跨域模型创造条件。

2. 推动作业流程重构

以数字化审计平台和数据中台为依托，从非现场的数据分析到现场的疑点核查，再到审计结果的可视化展示，公司内部审计部门将数字化审计作业方式贯穿于审计业务始终，探索构建"资源集约化、模型主题化、核查常态化"的常态监督动态预警体系，发挥提前预警功能，强化业务风险防控，提升审计增值效应。同时内部审计部门还应优化数据应用流程，编写审计数据应用规范，完善数据申请、模型建设、数据提供等业务流程。在确保数据安全的前提下，有序向各类审计项目与审计人员提供数据服务，完善数字化审计工作流程，总结中间表优化、审计建模、数据挖掘等全数字化综合审计实践经验。最后，内部审计部门应以业务需求为驱动、以全量数据为基础，建立"需求确认—数据溯源—脚本开发—结果复核—持续迭代—结果应用"流水线式数字化审计模式，有力提升审计人员多维度建模和精准发现问题的能力，助推数字化审计高效开展。

3. 推动管理模式革新

围绕数字化转型的目标方向、实践落点、关键支撑、路径方法，内部审计部门应优化以"审计＋线上流程管控＋线上工作评价"为特点的一体化智能管理工具功能，完善与岗位责任和工作业绩紧密联系的评价机制以及与项目质量管控标准和审计结果评价紧密联系的评价机制，加快推动审计综合管理与建设，实现管理流程驱动的数字化审计模式。如应用工作流程自动化及知识智能管理的人工智能技术、可视化展示技术等，实现对审计模型和审计方法的管理，建立并及时更新传统审计和数字化审计案例库、疑点库、制度库等，满足疑点数据自动推送、现场检查结果反馈、规则模型优化的闭合循环。

（二）革新审计方式

1. 审计内容多维立体

内部审计部门应服务公司"一体四翼"战略，向产业单位审计、金融单位审计拓展。将数字化审计提升到推动公司治理体系和治理能力现代化建设的更高层次深化应用，紧扣审计首要职责，探索覆盖战略落地实施各环节的全过程跟踪审计。

内部审计部门要基于审计全过程开展全覆盖、跨部门、动态调整的数字化审计工作，以满足审前调查、审计过程、审计报告出具和后续阶段所有审计环节对审计工作的系统化需求；把准审计重要职责，围绕公司治理开展审计评价；坚守审计基本职责，紧盯新业务、新业态、新基建等新领域开展持续审计监督；结合审计新模式和新技术应用，以全数字化综合审计为突破口，不断拓展审计的宽度、高度、深度，着力做到"全面覆盖、精确指导、准确检查、有效监督"。针对管理薄弱环节和重要风险点，内部审计部门应进一步将数字化预警审计模式向工程、物资等专业领域延伸，形成"工程+""物资+"跨域审计中间表和模型的快速构建、实时监测和风险即时预警，最终实现成果共享共用，做到"一审多效、一审多果、一果多用"，驱动数字化审计内容多维与机制巩固提升。

2. 审计手段智能高效

在全数字化综合审计的实施过程中，审计人员根据不同的审计内容，综合运用各类技术手段高效完成审计作业。可用的技术手段主要包括数字化审计工作室、数据中台、数据分析处理工具、信息化管理工具、信息通信工具等。同时公司应注重构建以数字化审计为主要手段的常态化审计监督模式，实现公司核心业务全领域覆盖，更好服务公司"一体四翼"战略发展布局，并构建多维度分析可视化场景和全数字化综合审计多维分析展示场景，按照地域、专业、类型等设计多个维度，实现审计主题覆盖情况、审计内容执行状态、审计疑点核实率、各单位问题分布、审计问题类型、高频多发问题等数据的对比分析，实时全貌展示审计成果。大数据、人工智能、机器学习等新兴技术也是提高审计质量和效果的重要手段，公司应组织研发数字化审计专用数据一致性核查工具，实现"业务源端、数据中台贴源层、共享层"数据智能核查，并实时将核查结果维护至数据库，便于运维人员及时发现数据质量问题，及时响应和整改。

3. 审计成果价值增值

围绕加强管理增效、开拓市场增效、政策贯彻增效等方面，公司内部审计部门应对提质增效的真实性、有效性进行全方位审计。首先，内部审计部门应融合人工智能、区块链等新技术应用，深入开展信息系统审计和内部控制审计理论与实践研究，用活审计数据，用好审计平台，强化各类创新研究标准制定，提高成果转化率，以创新驱动审计变革，推动审计质量和效果提升。其次，内部审计部门要在审计实践中将个别经验提炼为一般规律，从现象说明深入到本质揭示，以研究视角挖掘问题深度，从微观层面揭示风险隐患，促进审计成果增值增效，推动公司治理现代化建设。此外，在细化完善管理机制上，内部审计部门应总结经验，进一步健全数字化审计的组织模式、管控机制和工作流程，并在持续审计、预警审计、全流程审计等方面继续发力，推动审计工作质量和效率全面提升。最后，内部审计部门应充分依托信息技术为审计赋能，构建智能化审计发现问题定责工作体系，有效提升定责的准确性，助力公司发展提质增效。

（三）完善保障机制

1. 坚持质量立审，强化审计管理质量

坚持质量立审，就是要强化审计管理质量、审计项目质量和审计整改质量管控。内部审计部门一方面应健全常态化跨专业数据应用保障体系和数据治理工作机制，进一步提升中台的数据服务支撑能力，夯实数据质量基础，确保数据这一重要资源在审计项目中用得了、用得好，持续助推审计工作质量提升。另一方面还应积极构建数据建设、应用、治理反馈联动机制，有效协同数据管理部门推进数据建设治理工作，并依托数字化审计平台，结合"网、省"两级审计项目，持续开展数据质量核查，不断提高数据可用价值，促进公司管理水平提升，发挥质量管理的激励约束和导向引领作用，以高质量的审计结果提升工作价值。此外，内部审计部门还可以综合运用统计分析工具，对公司审计流程进行实时管控，为质量立审目标的实现提供保障。

2. 坚持科技强审，运用数字化审计优势

坚持科技强审，公司应重点推动内部审计方式从传统内部审计向数字化内部审计转型，加强"大、云、物、移、智、链"等数字化技术在内部审计中的应用，做好中长期规划，依托数字化平台，搭建数字化审计工作载体，将公司治理纳入闭环管理流程，扩大内部审计服务范围，完善公司数字化审计管理体制和工作机制。在具体工作中，审计人员需要利用大数据思维进行审计技术方法的创新，以此拓宽研究型审计研究方法的广度与深度，运用好数字化审计的优势，通过在线分析前移审计关口，依托全量数据环境，加强对共性问题的综合研判，深层次分析问题成因，最终提出系统性的审计建议，更好地发挥审计防范风险、促进治理的作用，全面提高审计质量和审计效率，助推实现科技强审之路。

3. 坚持人才兴审，加强审计队伍建设

坚持人才兴审，着重提升审计人员"四项能力"。公司要求审计人员提升"政治能力、研究能力、专业能力、数字化能力"，不断充实业务水平，实现工作效率的提升。为此，公司应该建立多层面的学习交流机制，加强政治能力训练和政治实践历练，提高审计人员政治判断力、政治领悟力、政治执行力；应该培养审计人员的研究型审计思维，提高研究能力，全面提升审计工作能力的必备要素，包括宏观性思维、系统性思维、逻辑性思维、大数据思维等；还应依托内部培训平台，多层次组织开展审计业务和专业技能培训，提升审计人员专业能力；最后应该重点开展数字化培训实践工作，加强数字化审计实战演练，引导和帮助审计人员丰富数字化审计专业知识，提升其数字化审计业务能力。

参 考 文 献

［1］ 鲍国明 . 为完善和发展我国国家制度和治理体系贡献力量［J］. 中国内部审计，2019（12）：4-6.

［2］ 鲍国明，刘力云 . 现代内部审计（修订版）［M］. 北京：中国时代经济出版社，2019：435-466.

［3］ 陈冬梅，王俐珍，陈安霓 . 数字化与战略管理理论——回顾、挑战与展望［J］. 管理世界，2020，36（05）：220-236+20.

［4］ 陈国青，曾大军，卫强，张明月，郭迅华 . 大数据环境下的决策范式转变与职能创新［J］. 管理世界，2020，36（02）：95-105+220.

［5］ 陈健 . 用发展着的理论指导发展着的审计实践［J］. 审计研究，2020（04）：6-7.

［6］ 陈骏，时现 . 审计全覆盖驱动下的审计技术方法创新研究［J］. 审计研究，2018（05）：22-29.

［7］ 董绪林 . 基于国有企业发展和安全目标的新型审计监督体系研究［J］. 中国内部审计，2022（03）：25-30.

［8］ 付江 . 信息化助推内部审计高质量发展［J］. 中国内部审计，2022（07）：37-39.

［9］ 高尚国 . 内部审计"1+N"审计模式创新［J］. 中国内部审计，2019（10）：66-69.

［10］ 胡泽君 . 中国国家审计学［M］. 北京：中国时代经济出版社，2019：17-21.

［11］ 江苏省审计学会课题组，葛红民，任慧莉 . 整体性治理视角下审计项目组织方式管理研究［J］. 审计研究，2021（03）：22-29.

［12］ 李凤雏 . 深入贯彻落实党的十九届四中全会精神 实现新时代内部审计高质量发展［J］. 中国内部审计，2020，（10）：4-24.

［13］ 李光林 . 新时代我国内部审计职能定位研究［J］. 中国内部审计，2020，（01）：12-16.

［14］ 彭德锦，方智.基于大数据技术提升内部审计质量的路径［J］.中国内部审计，2019（07）：58-60.

［15］ 商思争.大数据审计若干理论思考［J］.中国内部审计，2022（01）：93-95.

［16］ 孙宝厚.要充分发挥好新时代内部审计不可替代的重要作用——在中国内部审计协会庆祝新中国成立70周年大会上的讲话［J］.中国内部审计，2019（11）：4-6.

［17］ 王锴.内部审计嵌入国有企业绩效治理的理论思考与实践路向［J］.中国内部审计，2022（05）：4-10.

［18］ 王晓光.国有控股和国有金融控股集团构建内部审计体系研究［J］.中国内部审计，2019（09）：48-50.

［19］ 徐丽红，马兴国.ⅡA新"三线模型"理念在优化基层央行内部审计整改中的运用及思考［J］.中国内部审计，2022（06）：50-54.

［20］ 徐旺，黄新燕.基于PDCA循环理论的"三位一体"协同监督工作机制探析——以B公司巡审联动实践为例［J］.中国内部审计，2022（07）：90-95.

［21］ 徐玉德.内部审计助力国有企业提质增效［J］.中国内部审计，2019（04）：1.

［22］ 徐玉德.内部审计助力央企提升合规风险防控能力［J］.中国内部审计，2022（05）：1.

［23］ 许莉，铁心悦.基于大数据理念的内部审计流程数字化研究——以财务审计为例［J］.中国内部审计，2022（02）：16-21.

［24］ 殷允凤，王雪.基于COSO风险管理框架和IIA新"三线模型"构建外汇检查执法风险管理与控制框架探析［J］.中国内部审计，2021（12）：10-15.

［25］ 余彤.内部审计全覆盖助力国有资产保值增值——读《国有企业和国有资本内部审计全覆盖问题研究》有感［J］.中国内部审计，2022（07）：96.

［26］ 余用云.内部审计推动国企高质量发展的研究与探讨——基于价值动因、制约因素与发展路径的分析［J］.中国内部审计，2022（06）：14-18.

［27］ 张庆龙，邢春玉，芮柏松，崔楠.新一代内部审计：数字化与智能化［J］.审计研究，2020（05）：113-121.

［28］ 张儒芳.基于风险导向的链式审计方法研究［J］.中国内部审计，2022（05）：17-24.

［29］ 张润硕，雷莉萍，刘亚丽，张瑞，吴晓斌，郝晋.电网企业大数据驱动的系统性风险审计模式构建与实践——基于发展和安全视角［J］.中国内部审计，2022（02）：26-32.

［30］ 张晓瑜，闫丽娟.内部审计在国有企业混合所有制改革中发挥作用的路径研究［J］.中国内部审计，2021（12）：38-41.

［31］ 张心蕾，冯均科.国家审计与内部审计协同研究［J］.中国内部审计，2022（02）：86-91.

［32］ 张艳，周永钊.大数据审计在Z公司内部审计中的应用与探讨［J］.中国内部审计，2022（03）：35-40.

［33］ 张悦，杨乐，韩钰，邱保印.大数据环境下的审计变化、数据风险治理及人才培养［J］.审计研究，2021（06）：26-34+60.

［34］ 郑金秀.大数据审计技术方法在内部审计中的运用——以某集团公司销售业务专项审计为例［J］.中国内部审计，2022（02）：58-61.

［35］ 支晓强，王储，赵晓红.国有企业实现内部审计监督全覆盖的机制和路径：一个理论框架［J］.会计研究，2021（10）：166-175.

后　　记

　　经过数月精心打磨、反复推敲提炼，《全数字化综合审计体系实践精要》如约而至、正式付梓，书稿历经大纲研讨、框架搭建、初稿形成、后期完善等多个阶段，数易其稿终成卷。

　　本书由国网审计部组织编写，国网湖北电力组织数字化审计专家团队骨干成员承担了主要的研讨和撰写工作，书稿对近年来国网数字化审计工作进行了系统全面地总结和理论提升，提炼并固化了既往的探索和实践经验，为进一步落实数字化审计转型要求，推进审计模式跨越发展具有非常重要的现实意义。

　　近年来，国家电网公司在建设"开放、融合、动态、智能"的数字化审计平台基础上，加大应用力度，先后开展了电力营销数字化审计，以及覆盖全部核心业务的全数字化综合审计，通过3年的创新探索，逐步积累了一些工作心得和实践经验，促使本书应运而出。书稿编写过程中，公司总审计师，审计部、湖北电力有关负责同志悉心指导、全面把关；韩锟、侯本忠、戚沁具体负责本书第一、二章内容的撰写，参加了本书的统稿工作；胡璟懿、葛晓舰、匡尧、刘莹、李浩尘、陈识、戴卓琼、杨士祺、陈平具体负责本书第三～八章、十三～十五章内容的撰写工作；葛岷、邓亮兵、曹培祥、林熠、林放为、刘博宇、张星具体负责本书第九～十二章内容的撰写工作；黄梅、王参、程方洲、刘高原、孙常鹏参加了本书大纲的研究讨论工作；聂顺林、黄曾光、张婷、张宏艳对书稿提出了修改意见。

　　本书形成后，多次征求高等院校、社会团体以及公司有关单位的学者和专家意见，魏莉、王春明、柳燕、高宝骏、陈丽红等同志对本书提出了宝贵的意见建议，在此表示诚挚的感谢！

　　希望本书的出版发行，能为大型企业或组织的内部审计数字化转型提供更多经验借鉴，作出更多国网贡献。限于编者的认识水平和实践经验，不足之处在所难免，再次欢迎广大读者批评指正！

二〇二三年一月